从中职学校到职业技术大学

教育组织的演变机制研究

王雅静 ◎ 著

FROM SECONDARY VOCATIONAL SCHOOL
TO VOCATIONAL AND TECHNICAL UNIVERSITY
—RESEARCH ON THE EVOLUTION MECHANISM
OF EDUCATIONAL ORGANIZATION

中国社会科学出版社

图书在版编目(CIP)数据

从中职学校到职业技术大学：教育组织的演变机制研究/王雅静著.—北京：中国社会科学出版社，2023.5
ISBN 978-7-5203-8382-0

Ⅰ.①从… Ⅱ.①王… Ⅲ.①职业教育—教育研究—中国 Ⅳ.①G719.2

中国版本图书馆CIP数据核字(2021)第082815号

出 版 人	赵剑英
责任编辑	陈雅慧
责任校对	王　雯
责任印制	戴　宽

出　　版	中国社会科学出版社
社　　址	北京鼓楼西大街甲158号
邮　　编	100720
网　　址	http://www.csspw.cn
发 行 部	010-84083685
门 市 部	010-84029450
经　　销	新华书店及其他书店

印刷装订	三河市华骏印务包装有限公司
版　　次	2023年5月第1版
印　　次	2023年5月第1次印刷
开　　本	710×1000　1/16
印　　张	17
字　　数	281千字
定　　价	99.00元

凡购买中国社会科学出版社图书，如有质量问题请与本社营销中心联系调换
电话：010-84083683
版权所有　侵权必究

序　一

劳动力通过怎样的教育获得劳动伦理和劳动能力是劳动社会学关注的重要问题；庞大的教育体系如何容纳以职业为取向的教育关系到国家劳动力再生产。王雅静以职业教育为研究对象源自于她对中国职业教育发展之快、变化之大、形势之复杂的切身感受，她参与中国职业教育发展的经历为其从事相关田野工作提供了重要基础。

王雅静在博士学习期间持续关注技能劳动力培养和职业学校组织学的问题，并将职业教育的变迁与国家和社会的市场化发展相联系。在研究的过程中，她表现出对学术的热忱和执着，具有扎实田野工作的能力和虚心求教的品质。在不断思考和探索的基础上，她发表了一系列的研究成果，如《中国技能劳动力培养及其职业学校重建——社会学的理论框架和方法》、《我国职业教育管辖权的演变格局——历史沿革、现实与展望》《技能形成制度中的职业教育组织演化逻辑》、《教育项目制：高职教育的项目治理逻辑》、《德国双元制中国化的组织向度——以新星职校的组织演变为例》等，其讨论的问题从职业教育的管辖权、组织演变到"央地互动"关系，分析和讨论了我国职业教育发展的复杂性和多元性。这些研究成果更为系统和全面地展现在她的这本专著中。

本书的重要贡献在于，揭示了从计划到市场体制转型过程中，我国职业教育组织演变的机制和路径，组织升级的现象并不是个别案例学校的表现，而是体现职业教育组织转型发展的一般性规律。我国职业教育组织经历了从工厂学徒制到行业中职学校制度，再到院校职业教育的管辖权从行业系统到教育体系筹的过程，行业、企业逐渐对职业教育的管辖变弱。此时，国家主导的职业教育模式受到了市场化转型的影响，体现了多元利益主体的博弈互动，由此形成院校本位、行业本位、企业本位和市场本位的职业教育体制。但院校本位是培养技术技能人才的主要形式，并不断演化。技能形成体制和职业教育模式的基本特征也体现了"中国特色"和"区域差异"。学校组织理念经历了双元制精英教育、大众化升学教育，再到文凭社会的学历教育，逐渐形塑了职业学校市场理性的组织策略：一方面，追求国家的"名"，以获取身份认同、教育财政和政策资源；另一方面，追求市场的"利"，争取优质生源、大学排名和组织声望。从中职学校到职业技术大学，技能型教育组织的演变逻辑是沿着科层制的路径发展，组织目标不断"向上看"，即聚焦中央、省级教育政策和财政资源，升级导向和规模化发展模式。这容易造成组织内部的认知重构、权力博弈、多元目标、组织同形和人才培养的失准。这些研究有理有据，有洞见，为职业教育的组织研究提供了非常重要的社会学视野；拓展了组织学中职业教育发展和国家、市场的关系研究，其理论分析框架来自扎实的田野调查，对中国本土知识的建构有重要贡献。

党的十九大报告指出，"要深化供给侧结构性改革，建立现代化经济体系"。"完善职业教育和培训体系，深化产教融合、校企合作。""实现高等教育内涵式发展。"应当看到，我国职业学校的技能人才培养情况不容乐观，未来职业教育的社会学研究在专注于学校组织学研究的基础上，还需要回到劳动者本身，只有从劳动者和用人单位的需求出发，中国的职业教育才有发展前途。

佟 新

北京大学社会学系教授

北京大学中国工人与劳动研究中心主任

序 二

改革开放以来的四十年间，我国社会各方面发生了巨大变迁。职业教育领域，也概莫能外。上世纪八九十年代，我国的职业教育的主体是中等职业教育，以教育系统的中职校和劳动部门的技校为载体，大专层次的职业教育很少；1999年高等教育大扩招后，高职教育蓬勃发展，短短的三四年内就成为我国高等教育的半壁江山，承担了我国高等教育大众化的重任，成为职业教育的主体，自然也就推动着我国职业教育重心上移。高职教育为我国成为"世界工厂"发挥了重要的支撑作用，是我国具有中国特色高等教育的重要组成部分，在理论和实践方面为国际职业教育界提供了重要参照。为建立职业教育体系，增强职业教育的吸引力，2014年5月，我国政府明确提出引导一批普通本科院校向应用技术型高等学校转变，重点举办本科职业教育。同时，国家教育行政主管部门有意识地推进新建本科院校和独立学院的应用型大学转型，并批准建立若干技术大学、应用技术大学和职业技术大学等，进行相应的教育改革尝试。2019年2月，《国家职业教育改革实施方案》正式公布，明确提出开展本科层次职业教育试点。截止到2021年，已有21所普通民办高职院校和1所公办高职院校升格为本科层次的职业大学，另外还有一些独立学院在高职院校参与下，转设为本科层次的职业大学。这样在我国的职业教育领域，初步形成了以本科层次为引领、以高职为主体和以中职为基础的学校体系。

职业教育的学校体系是如何在过去的二十年间蓬勃发展，不断冲破层次上的束缚，形成了与普通教育相平行的庞大体系，是值得加以关注和研究的问题。职业教育学校体系承载着国家技能体系的建设，也承载着我国特色职业教育的构想。从组织制度的视角看，职业教育体系还涉及中央政府部门之间、教育行政主管部门之间、职业院校群体之间、行业与企业之间以及这些机构或群体之间的复杂关系的变动。在职业教育从中职层次发展到高职层次，进一步发展到本科层次的过程中，并不是所有的学校都能够幸运地经历这样完整的过程，精心选择一所完整经历了以上各阶段的职业院校进行深入系统的案例研究，对于探究我国职业教育发展的轨迹、特点和规律，有重要的理论价值和现实意义。

王雅静博士的专著恰恰就是对这种现象开展深入研究的一本重要力作。作者在北京大学社会学系受到了社会学理论和方法的长期训练，具有深厚的社会学研究和田野调查的功底，她所选择的案例学校是从一家行业系统主管的、进行中等职业教育培训机构起步的，在较短时间内，就顺利转型为高职院校，并且成为一所国家级的高职示范院校，之后，该校又成功地升级为一所职业技术型大学。这所大学在成为本科院校后，就积极地申报研究生教育，希望探索本科和硕士学历层次的职业技术教育。应该说，这所学校的探索一直是在走在全国职业院校的前列的。也正是因为如此，这所学校自然地承受着关于职业教育各种探索的争议，如职业教育是层次教育，还是类型教育？再如职业教育与技术本科教育之间的关系应该是什么样的，两者是重叠的，还是互相包含，等等。这所学校典型地体现出我国职业教育在发展过程中各种思想、利益和行动方式的冲突。某种程度上，这所学校的发展演变也是我国职业教育发展的典型缩影。

从组织发展的角度看，在较短的时间内，这所学校从中职学校到高职院校再到一所职业技术型大学，经历了不同的发展阶段，这一过程可以始终处在高速发展状态中。通常而言，不同的教育层次对于学校的组织形态、运行方式，对于教师的能力，对于学校的组织能力来讲，都是很不同的。案例学校是如何实现这种快速的变迁，如何在这种组织变动过程中处理关于职业教育的各种思想、观念及主张之间的冲突的，是本案例最引人关注的地方。

在国家职业教育改革实施方法确定后，我国的职业教育进入了新的发展阶段，"纵向贯通""横向协同"成为新发展阶段职业教育体系的主要特点，这对于职业教育体系的运行构成了重大挑战，对于职业院校来讲，也是重大的考验，急需从组织制度的角度对相关问题进行深入的剖析。王雅静对案例学校如何从中职校发展到职业技术大学的深入探讨，相信会为当前职业教育体系的研究提供新的角度和新的出发点，相信会吸引更多的学者从多学科的理论角度开展职业教育组织制度的研究，期待着这一领域的研究产生出更多的成果。

是为序。

郭建如
北京大学教育学院教育管理与政策系、教育经济研究所

目 录

前　言 ·· (1)

第一章　导论 ·· (1)
    第一节　问题的提出 ·· (1)
    第二节　研究的意义 ·· (4)
    第三节　相关研究 ··· (10)
    第四节　核心概念的界定 ·· (31)
    第五节　理论框架 ··· (36)
    第六节　研究方法与结构 ·· (44)

第二章　政策演变下职业学校的发展历程 ·························· (52)
    第一节　中国职业教育的政策演变 ·································· (54)
    第二节　高职教育的政策演变与组织发展逻辑 ·················· (64)
    第三节　高职教育政策演变的实质：规模发展与组织升级 ··· (81)
    第四节　西乡市职业教育政策演变与案例学校 ··················· (84)

第三章　国家统筹下双元制职业学校的诞生 ····················· (88)
    第一节　国家职业教育理念和政策导向 ···························· (89)
    第二节　新华职校的诞生与发展 ····································· (97)
    第三节　德国双元制的本土化：复制与改造 ···················· (106)

第四章　市场化转型中的职业学校：危机与转型 ············· (112)
    第一节　制度转型下职业学校的演变 ······························ (114)

1

第二节　新华职校的危机与转型：双元制的演变 …………（123）
第三节　新华职校的理性选择：进入国家高等教育体系 ………（132）
第四节　高职院校建设下技能培养的规模化 ……………………（138）
第五节　技能型高校制度的社会建构：理念、制度和组织 ……（145）

第五章　项目制下的高职院校：示范校建设与组织升级 ………（148）
第一节　项目治国和大学的再精英化 ……………………………（149）
第二节　信念体系与制度建设："正名"的动力机制 …………（160）
第三节　教育项目制下的组织升级：科层制与项目制 …………（178）

第六章　职业技术大学建设：高职院校的大学化 ………………（195）
第一节　多重制度环境张力 ………………………………………（195）
第二节　进入职业技术大学序列的尝试 …………………………（203）
第三节　职业技术大学的困境：组织升级与内涵建设 …………（213）
第四节　组织回应策略：仪式化与制度化 ………………………（221）

第七章　结语 ………………………………………………………（231）
第一节　中职学校到职业技术大学：职业学校的大学化 ………（231）
第二节　国家、市场和社会：技能型高校转型的制度逻辑 ……（234）
第三节　组织"正名"与职业教育的学术化 ……………………（237）
第四节　对中国职业教育组织发展的启示 ………………………（240）

参考文献 …………………………………………………………（245）

前　言

　　制度变迁决定了人类社会的演化方式，在制度变迁过程中，嵌入到认知体系中的观念史和社会史形塑了制度的发育和演变的路径。本书采用组织社会学的视角，讨论了从计划到市场经济体制的过渡期，职业教育组织的演变机制。本书以一个国家级行业管辖的职业学校为个案，分析其市场化转型在国家教育体系中的成长路径，组织转型形式、特点、动力机制和社会后果。职业学校组织演变的实质是规模发展和大学化的组织升级。中央政府的教育项目制的治理模式激励公办职业学校沿着科层制的路径发展，获取教育体系和知识等级中的身份认同。

　　本书展示了职业技术大学的社会建构过程，涉及中央政府、地方政府、行业主管和教育行政系统、职业学校、行业企业、家长和学生等多元利益主体的互动博弈过程。地方政府根据区域产业和教育发展约束条件，将职业教育作为一种政策手段获取中央政府的财政和政策支持。组织演变背后是技能教育组织在国家、市场和社会力量的博弈中，遵循产业逻辑、政治逻辑、市场逻辑和社会逻辑的过程。与此同时，中国职业教育理念变化和组织发展模式是相互关联的，学校组织的理念受到国家、市场、学术和社会的影响，体现了学校组织决策者在职业教育、职业学校组织发展模式和技术技能人才培养模式等方面的信念体系。组织追求"正名"的身份认同，关注职业教育在知识体系和教育系统中的等级地位，这形塑了职业教育学术化和职业学校大学化的组织发展路径。

　　本书遵循涂尔干《教育思想的演进》中教育理念制度化的理论框架，沿着教育组织变迁的历史性脉络揭示了中国职业技术大学制度发育与生产背后的动力机制。第一，职业技术大学制度的形成是结构化的过程。教育思想嵌入到社会结构和行动者信念体系中，并通过教育实践形塑了教育制度的形态和功能。第二，社会结构性力量形塑了职业教育的理念和原则。教育理念进入社会实践后的演变路径受到了社会环境、制度规则和组织结构的约束。第三，教育理念和大学制度形成是社会互构的过程，体现了制度的二重性。在信念与制度的互动上，嵌入社会历史架构中的大学教育理念，是中国职业技术大学制度发育和生产背后的动力机制。中国职业教育理念和技能型教育组织的演变是相互建构的，它形塑了市场机制下国家主义的教育治理模式。本书采用个案研究法，完整呈现了新华职校在国家制度转型下的组织变迁的历程。在资料收集和使用上，本书从新华职校的校史馆和档案馆收集了该组织30年的历史文档资料，深度访谈学校的前任领导、现任领导、老职工、专业教师、行政人员和学生，参与观察学校的教学和校企合作过程。按照韦伯理想类型（ideal type）的分析框架，本书分析了从计划体制到市场体制，中国技能形成制度从工厂学徒制到学院制的转型过程中，中国职业学校组织变迁的特点和不同发展模式：职业学校从"与行业紧密联系"到"与行业分离"、校企结合方式从"学校—企业"到"学校—市场—企业"的模式变化，推动了职业学校的信念体系、制度环境、组织目标和组织内部机理的变迁。

中国职业教育理念变化和组织发展模式是相互关联的，学校组织的理念受到国家、市场、学术和社会的影响，它体现了学校组织决策者在职业教育、职业学校组织发展模式和技术技能人才培养模式等方面的信念体系。在计划体制时期，工厂学徒制和职工技能培训的教育理念是对企业专用性技能的传承，关注实践操作的能力培养；在市场体制转型中，职业学校制度成为一种正式的院校化、规模化、集群式的培养模式，重视传授系统化的专业知识，建立以知识为形态的间接经验传递的系统课程。此时，职业学校制度和教育理念更倾向精英化和学术性，关注职业教育在知识体系和教育系统中的等级地位，组织追求"正名"的身份认同，这形塑了职业学校大学化的组织发展路径，职业教育从强调工学结合、动手能力转变为学历导向、重视文凭地位、追求组织声望，其社会后果是导致教育功能日益远离技能人才培养的目标。新华职校在转型期借用行业和教育体制资源从行业口进入高等教育系统，获取组织身份认同；扩张期通过示范校建设提升组织声望等级和大学排名；升级期遵循"国家主义"的教育理念和发展模式，在话语体系和仪式工作中赋予职业教育多元政策功能；内涵建设阶段则体现了路径依赖和职业教育改革的制度困境。

国家职业教育理念的转变促使了职业教育对技能培养职业性的淡化、组织目标的多元化和职业教育的普通化。在组织层面，职业教育组织理念经历了双元制精英教育，到大众化升学教育，再到文凭社会的学历教育过程，它形塑了新华职校市场理性的组织策略，一方面，追求国家的"名"，以获取身份认同、教育财政和政策资源；另一方面，追求市场的"利"，争取优质生源、大学排名和组织声望。从中职学校到职业技术大学，技能型教育组织的演变逻辑是沿着科层制的路径发展，组织目标不断"向上看"，即聚焦中央和省级教育政策和财政资源，升级导向和规模化发展模式。这导致组织内部的认知重构、权力博弈、多元目标、组织同形和技能人才培养的失准。

第一章　导论

第一节　问题的提出

中共十九大报告指出，要深化供给侧结构性改革，建设现代化经济体系。中国科学技术发展和产业升级需要建构多层次的人才培养体系作为支撑[1]。2015年国家发布的《中国制造2025》是中国实施制造强国战略的第一个十年行动纲领，文件中提出中国要从制造业大国变为制造业强国。实现中国制造业的转型升级目标，国家将建立多层次的技术技能人才培养体系，培养掌握跨知识、跨技能的新型技术技能型劳动力。2017年国务院的"产教融合"和"引企入校"改革，以及2019年《职业教育改革实施方案》均体现了国家改革职业教育校企结合制度、建立现代职业教育体系、建构服务现代经济发展的技术技能人才支撑体系的战略布局。

在制度设计层面，国家在高等教育体系结构上逐渐形成了研究型、应用型和技能型高校并行的格局[2]。20世纪80年代，中职教育逐渐恢复，到20世纪90年代后期高职教育大规模发展，再到2010年本科教育应用型转型，中国初步建立了中职、高职和技术应用型本科教育的现代职业教育体系。[3] 国家高等教育体系中的高职院校是培养技能型人才的重要教育组织。从招生规模和就业人数上看，它已占据高等教育的半壁江山；从政策导向上看，2004年国家在制度层面陆续出台了一系列促进职业教育发展和高职

---

[1] 王星：《制度优化促本土技能形成》，2017年5月，中国社会科学网，（http://orig.cssn.cn/sf/bwsf_sh/201705/t20170517_3522096.shtml）。

[2] 郭建如：《一流应用型本科高校建设刍议》，《北京教育》（高教版）2018年第10期。

[3] 徐国庆：《从分等到分类——职业教育改革发展之路》，华东师范大学出版社2018年版，第127—146页。

院校建设的政策，目标是建立符合市场经济发展的现代职业教育体系，大力发展高等职业教育。但是，现阶段中国技能劳动力培养状况并不理想。技能人才培养不能适应市场化转型以来中国经济结构调整和产业升级发展的趋势，特别是在技术技能人才培养的专业设置、课程体系、培养方案、岗位匹配度和就业质量方面。主要表现在：第一，职业院校培养的青年技能劳动力严重短缺，在技术层次和人员数量上不能满足产业升级的人力资本积累的需要；第二，技能劳动力的培养在职业工种、知识技能结构、工作伦理等方面不能适应产业结构转型升级的需要；第三，大部分中小企业拒绝在技能人才培养方面投入成本，以规避技能形成的外部性风险；第四，工厂学徒制的技能传递危机后，国家开始依托职业学校建立"现代学徒制"，但其倡导的职业教育的工学结合、校企合作的技能传递和积累模式名存实亡。已有研究已经关注到在市场化转型中，职业教育制度体系和劳动力市场需求匹配的复杂性，指出了制造业发展的技能不匹配性或技能短缺，以及高职院校技能人才培养效率低下的问题，并认为职业教育的研究不能局限于教育领域，应关注高职院校在技能型人才培养过程中外部经济、制度环境的影响，分析政府、企业和劳动力市场对职业教育的作用①。那么，技能形成制度的不匹配问题出在技能培养的哪个环节呢？是教育理念、教育制度、教育组织，劳动力市场与企业，还是劳动者个体？同时，我们发现，在技能形成制度从学徒制到学校制的转变过程中，职业教育的学校体系培养规模持续扩大，2105 年中职学校 1 万多所，在校生 18000 多万人，高职院校 1200 多所，在校生 1000 多万人②。但是，在中国职业学校制度建立后，职业学校从"行业紧密联系"到"与行业分离"，从行业系统和国有企业办学到教育部门统筹的制度体系建设过程，组织不断升级和规模化发展，国家层面逐渐建构了一套"央省集权"的教育治理模式，形成一套科层制的教育管理制度、教育财政制度和绩效评价体系。

---

① 王星：《技能形成的社会建构：中国工厂学徒制变迁历程的社会学分析》，社会科学文献出版社 2014 年版，第 1—20 页；郭建如、周志光：《高职示范校的组织学习、组织防卫与纠错能力——基于高职示范校 C 校的案例研究》，《高校教育管理》2018 年第 12 期；田志磊、李俊、朱俊：《论职业教育产教融合的治理之道》，《中国职业技术教育》2019 年第 15 期。

② 于志晶、刘海、程宇：《从职教大国迈向职教强国——中国职业教育 2030 研究报告》，《职业技术教育》2016 年第 6 期。

1998年，原教育部部长陈至立等代表参加世界高等教育大会，学习世界高等教育大众化经验，开始建立中国高等教育大众化行动框架，这推动了中国大学的组织转型。高等教育大众化中，精英型与大众型并存，一些大学通过合并、重组、升级，纷纷走上了综合性巨型大学之路。1999年大学扩招后，职业学校组织层面，出现了技能型高校的规模化和综合化发展趋势，从专用性技能培养逐渐向通用性知识学习的综合院校发展，职业教育学术化的理念导致职业教育渐渐追求升学教育和学历导向，学校在专业设置、组织架构、组织目标、师资结构、行政管理体制方面，渐渐成为一种"巨型"的学校，即大而全的学科建制、扁平化的教育和职能结构、组织同形的发展模式等。那么，这种技能培养的不匹配性和技能型院校的组织发展模式有什么关联呢？在制度转型背景下，中国技能型教育组织经历了哪些历史变迁，发展模式如何，组织变革的动力机制又是什么？

在宏观制度层面，中国经历了从计划到市场体制的转型，同时，技能形成制度也经历了从内部传承到外部学习的变化，即从工厂学徒制到职业学校制度的变迁。在市场化改革之后，面对动态多变的市场需求，职业学校需要培养具有市场竞争力的技能型人才，这需要职业教育组织在教育理念、制度设计、组织架构、师资结构、知识类型、专业设置、课程体系、教学方法等方面发生相应的变化。职业学校采取一种正式的院校化、规模化、集群式的教育模式，传授以知识为形态的间接经验，建立系统化的知识课程体系，这区别于企业专用性的技能培养。它作为一种公共性的大众教育组织，技能知识传递类型渐渐从专用性到通识性转变，追求知识体系中的学术地位。另外，在计划体制下，行业中职学校主要依托行业部委和国有企业办学，具有紧密的校企结合关系，但随着市场化转型和国企改革的深入，行业办学逐渐丧失了经济和社会制度基础，退出职业教育领域。职业教育的管理体制经历了从行业办学到教育统筹的变化。作为国家公办职业学校，进入教育科层体制管辖后，其组织目标经历了从单一到多元的变化。那么，这种教育制度和组织转型背后的社会机制是什么？它对现代技能人才培养有什么影响呢？本书以技能形成制度的历史变迁和社会建构为制度背景，通过对中国20世纪80年代初期成立的一所技能教育组织——新华职校的组织变迁的考察，试图找到该问题的答案。

本书从职业学校到职业技术大学的组织变迁过程研究将宏观社会结构

3

变迁、职业学校组织的微观运行和体制机制建构纳入组织学的分析框架，把研究对象聚焦在技能型高校制度的社会建构和人才培养方面。新华职校30多年的历史变迁过程正是改革开放前后中国职业教育发展的一个重要的面向，分析组织发展的不同历史阶段、组织变迁实质、动力机制和社会后果等，以揭示"社会制度是如何形成和实现的"，以及在组织发展不同阶段，职业教育的信念体系、行政管理制度、财政体制、绩效评价体系等方面对组织转型的意义。从中职学校到职业技术大学，组织转型和升级的动力机制是什么？如何实现和建构中国现代职业技术大学体制的？技能型高校制度的演变又对中国技术技能人才培养产生什么社会后果呢？

具体而言，本书研究问题主要有如下三个方面：

第一，市场化转型的不同阶段，新华职校组织变迁的特征和实质是什么？从依托行业系统和国有企业的双元制职业学校到国家公办高职院校，再到高等教育体系中的职业技术大学，其组织变迁的形式和实质分别是什么，是哪些组织要素发生了改变，又有哪些要素没有发生变化，组织要素变与不变背后的社会机制是什么？它揭示出中国教育治理体制中的什么问题？

第二，在技能形成制度中关注职业学校的功能和定位，将技能型教育组织看作一个复杂的系统，探讨组织与环境、组织之间、组织内部网络关系是如何影响组织决策和发展目标的变化的？推动组织发展路径的信念体系是什么？其中，国家信念和组织信念的关系如何？

第三，在中国教育治理现代化的背景下，分析中国技能型高校制度的社会建构。从中职学校到职业技术大学的成长之路，回应职业技术大学制度是如何形成和实现的？反思这种制度转型和组织变迁模式中的国家、市场、社会和职业学校之间的社会互动机制，以及这种组织变迁模式对中国技能型人才培养的社会后果。

第二节　研究的意义

一　理论价值

目前，学界对技能劳动力培养的研究无论是个体化的人力资本视角，还是社会分层的阶层再生产理论，都把职业学校作为国家与劳动力之间被动的中介环节，无视职业学校在技能人才培养中的能动作用。在国有企业转型发展时期，以及当下制造业转型的大趋势下，学界缺乏对于技能形成制度中职业技术学校为主体的组织学研究①。在宏观制度研究中，学者对技能形成制度的精彩研究主要来自经济学、社会学、政治学领域，基于不同国家的技能形成制度的社会建构的比较研究，这一类研究主要沿着历史制度主义视角，从国家、市场和劳动力三者的关系展开，在工业化初期的独立工匠、技能熟练的产业工人和技能密集产业的雇主之间的利益政治博弈中，建构了不同国家的技能形成制度。这对技能形成制度的多样性具有很好的解释力，比如德国的集体主义模式、美国的自由主义系统②。制度转型与技能形成的不匹配性可以合理解释中国从计划到市场体制转型以来，技能形成的困境问题，比如王星对东北国有企业师徒制度技能传承危机和中国工厂师徒制变迁历程的社会学分析。技能形成制度的研究将职业学校制度作为技能形成体系的一环，从宏观制度转型背景解释技能匹配性和人才培养效率。从宏观制度因素中分析职业教育技能供需关系，从宏观制度匹配看学徒制技能传递危机和职业学校制度兴起的问题③。研究关注职业教育培训体系、企业治理机制和社会保障机制的匹配关系，在企业治理机制和职业教育体系不匹配的情况下，公办职业院校的技能培养制度是缺乏效率的。④ 技能形成制度的研究具备历史性维度和对现实问题的深刻关切，提出了很多具有理论洞见的观点，特别是对中国技能型高校制度和组织的研究给予很多启示。但是，这类研究的不足和拓展空间是：第一，技能政治经济学主要从产业和企业层面关注技能形成体系，把职业学校视为技能培训的一个环节，忽视了技能型高校组织的主体性和能动性。第

---

① 王雅静：《中国技能劳动力培养及其职业学校重建——社会学的理论框架和方法》，《教育学术月刊》2018年第4期。
② 王星：《技能形成的社会建构：德国学徒制现代化转型的社会学分析》，《社会》2015年第1期；凯瑟琳·西伦：《制度是如何演化的：德国、英国、美国和日本的技能政治经济学》，上海人民出版社2010年版。
③ 关晶、石伟平：《现代学徒制"现代性"辨析》，《职教论坛》2015年第10期；徐国庆：《从分等到分类——职业教育改革发展之路》，华东师范大学出版社2018年版，第245—251页。
④ 许竞：《试论职业教育的制度环境》，《教育与经济》2014年第4期；田志磊、杨龙见、袁连生：《职责同构、公共教育属性与政府支出偏向——再议中国式分权和地方教育支出》，《北京大学教育评论》2015年第4期；李玉珠：《中国产教融合发展的制度环境及优化研究》，《职教论坛》2018年第8期。

二，主要研究聚焦学徒制的历史演化，但市场化转型以来，作为外部技能形成制度的职业学校成为技能人才培养的重要组织，这为我们开展实证研究和理论建构提供了契机。

另一类研究视角主要涉及国家治理体系下的教育财政、教育管理体制和教育组织的绩效。可进一步分为两小类：第一是国家治理中的财政激励和教育分权研究，关注财政体制变化如何影响地方政府和高校组织行为逻辑。分税制改革以来，中央财政集权在教育领域体现为一般转移支付专项化和专项转移支付的加强，形成财政"央省"集权和项目治国的格局。[①]2004年，国家开始收紧各类教育的管理权，体现政治人事集权下的经济分权、教育财权与事权的错配[②]，以及学校组织策略从"往下看"变成了"向上看"，组织自主权受到限制[③]。第二则关注国家治理中的政治激励，探讨委托代理关系和人事权力结构对教育绩效的影响。这一类研究超出了财政领域，关注高校治理结构中的委托代理关系和人事权力结构的变迁。研究者主要关注科层制对高职院校组织绩效的限制作用，以及由此带来的内部治理结构的"科层为体，项目为用"、行政控制、多任务和模糊性，以及人才培养效率低下的特征[④]。国家财政集权下的人事权力集中加强了对高校领导人的管控和问责[⑤]，这改变了高职院校的组织权力结构和职业教育绩效[⑥]。这类研究的不足和拓展空间是：第一，研究较分散，不成体

[①] 王蓉、杨建芳：《中国地方政府教育财政支出行为实证研究》，《北京大学学报》（哲学社会科学版）2008年第4期；王蓉：《中国县级政府教育财政预算行为：一个案例研究》，《北京大学教育评论》2004年第2期；杨钋、刘云波：《省级统筹与高等职业教育的均衡发展》，《北京大学教育评论》2016年第3期；姚荣：《大学治理的"项目制"：成效、限度及其反思》，《江苏高教》2014年第3期。

[②] 周飞舟：《财政资金的专项化及其问题——兼论"项目治国"》，《社会》2012年。

[③] 田志磊、李俊、朱俊：《论职业教育产教融合的治理之道》，《中国职业技术教育》2019年第15期。

[④] 张斌：《多重制度逻辑下的校企合作治理问题研究》，《教育发展研究》2014年第19期；朱俊、田志磊：《从初始产权到混合所有：职业院校校企合作的制度变迁——一个基于新制度经济学的分析框架》，《中国职业技术教育》2015年第30期；谢冬平：《单位制、项目制、混合制：中国高等教育重点建设的制度选择及审思》，《黑龙江高教研究》2017年第7期。

[⑤] 安雪慧、刘明兴、李小土：《农村教师评价体制变革中的教师激励机制》，《中国教育学刊》2009年第10期。

[⑥] 郭建如、周志光：《项目制下高职场域的组织学习、能力生成与组织变革》，《北京大学教育评论》2014年第2期；朱俊、田志磊：《产权视角下职业院校校企合作制度变迁的案例分析》，《中国职业技术教育》2015年第24期。

系，没有纳入中国政治体制和政府结构的整体分析框架。第二，在基础理论层面，尚缺乏对教育科层制的制度逻辑的分析，以及与其他制度机制边界的探讨。第三，实证研究方面，还缺乏对基层教育管理权力分配与教育绩效关系的研究。

  本书具有跨学科特点，将整合组织社会学、职业教育学、制度经济学、公共政策与公共管理学的理论资源。主要理论价值是在已有研究基础上进一步推进对技能型高校制度变迁的整体性讨论。通过对教育思想和制度演进互动机制的分析，揭示技能型高校制度安排和组织实践机制。中国技能型高校制度的社会建构包含了国家、市场和社会的多重因素，体现中央政府、地方政府、行业企业、学校、家长和社会的互动关系。在"教育思想的演进"和制度变迁互动框架中，分析从中职学校到职业技术大学的组织制度社会建构的动力机制，可以将已有技能形成制度和职业教育组织研究的割裂和独立状态进行整合。目前，社会学、教育学和经济学都关注职业教育制度和组织问题，但是彼此之间的对话很少，学界还没有形成精炼的逻辑链条、清晰的理论问题、研究框架，特别是对已有政府组织研究比较成熟的理论范式的借鉴和拓展不足。本书的创新点是将职业教育制度研究与基础制度组织理论结合，重点从制度变迁的组织演变、信念体系、国家理论等层面拓展技能型高校组织制度研究的理论范式。同时，学术界在劳工研究方面，缺乏对于劳工再生产前组织阶段的分析，而技能养成组织的历史变迁研究恰恰可以从组织机制分析技能型劳动力再生产的问题，也是对该领域的一种拓展和延续。这种研究视角可以关联众多劳工研究的经典议题，如劳工政治、亚文化、劳动伦理等多方面内容，为未来职业教育与技能劳动力养成关系的分析打下坚实的基础。

  最后，本书还关注国际职业教育制度对中国职业教育实践的影响，即德国双元制本土化的组织实践。新华职校正是西方职业教育理念和教育制度中国化的一次尝试。对双元制的中国化问题的研究，对中国现代职业教育体系建立和技能人才培养具有重要理论和现实意义。国家通过双元制职业学校的试点在技能培养的制度设计、课程体系、培养方式、师资培养等方面引入双元制的职业教育模式，实现德国双元制的中国化。本书关注双元制教育理念、教育制度、课程体系、专业设置和教学方法在中国本土化的组织实践、变迁实质和社会后果。

二 现实意义

在宏观社会制度方面，中国社会经历了从计划到市场体制、从封闭到开放系统，国家治理模式从总体支配到技术治理的转型。技能形成制度经历了从学徒制到职业学校制度的转型，这成为中国技能型教育组织变迁的宏观制度环境。早期的技能培养制度主要是工厂学徒制和行业中职学校制度。新中国成立后，为适应大规模经济建设和工业化发展要求，中国学习苏联经验建立了中等专业学校制度和技工学校教育[①]。同时，在工厂企业中普遍存在着学徒制作为企业内部技能传递的培养模式。中专学校主要由行业部门主办和管辖，培养专业干部，技工学校主要由行业、企业主办劳动部门综合管理，培养技术工人。市场化改革之后，随着劳动雇佣制度改革和20世纪90年代的国企改制，工厂学徒制在技能传递上出现危机。在技能人才培养方面，国家大力发展中等职业教育，并开始建立现代职业教育体系。

在改革开放之后，1978年职业教育进入恢复发展时期，1983年开始黄金发展期，1997年进入滑坡阶段，出现生源减少、与职业联动下降、课程滞后和政策支持下降等问题。20世纪90年代末期开始，职业教育出现滑坡，除了市场化转型的国企改革、工人下岗、大学扩招政策的影响外，一个直接原因是职业教育未能跟上其他教育类别体系建设步伐，社会地位相对下降，教育公共政策和财政投入相对不足，不能对接劳动力市场和产业企业发展变化，教育培养质量相对下降，逐渐在国民教育体系中沦为一种劣势、剩余的教育品。

确实如此，20世纪90年代末期，国家在高等教育领域的大学扩招带来了学历贬值的社会后果。为配合高等教育大众化战略，国家1999年开始实施高校扩招政策，这是中国高等教育从精英化教育到大众教育阶段的转变[②]，改变了高等教育的办学和管理体制[③]。高等教育大众化主要是通过

[①] 于志晶、刘海、程宇：《从职教大国迈向职教强国——中国职业教育2030研究报告》，《职业技术教育》2016年第6期；俞启定、和震：《中国职业教育发展史》，高等教育出版社2012年版；苏熠慧：《对职业教育发展现状的反思》，《中国工人》2014年第7期。

[②] 张慧洁：《中外大学组织变革》，复旦大学出版社2005年版。

[③] 李守信：《中国高等学校扩招启示录》，《中国高等教育》2001年第18期。

精英教育阶段的传统学校完成大众化的任务。大学扩招提高了大学的毛入学率，但是却造成教育质量的下降，大学扩招实际是高等教育劣质化和学历贬值的过程[①]。国家教育主管部门将职业教育作为一种类型教育，在中央建立专门的教育主管机构，教育部开始新建和转型应用型本科院校和探索职教本科院校建设路径，这些政策理念均体现了高等教育大众化政策对职业教育的影响。一些研究认为大众化教育不能完全通过传统大学的精英教育完成，而应另辟蹊径，建立新的技术型高等教育体系[②]。这催生了职业学校大学化的导向，要争取其在高等教育学校体系中的等级位置和身份认同。所以，在宏观制度转型和高等教育变革的背景下，本书具有重要的现实意义。在国家技能积累方面，职业教育成为国家建立现代经济体系、制造业转型升级、产业技术传承和人力资本积累的重要人才培养机制。在技能劳动力培养方面，职业学校是实现教育公平和社会流动的重要渠道，是联系技术、劳动、教育和社会要素的重要中介机制。对经济增长方式和企业类型而言，中国正经历从劳动密集型向技术密集型转变，产业升级要求技能劳动力培养方式的转换和更新。新兴产业的竞争优势不在于低端化、流水线上的产业工人的生产，而是需要培养符合其技术升级的不同层次的技能人才，而这种变化趋势对中国技能形成制度、职业教育组织目标、培养知识类型、知识更新速度、劳动伦理等提出新要求。一方面，技能教育组织要适应市场需求，不断调整组织目标，迎合灵活多变的市场需求和区域产业结构的调整。人才培养要适应高新技术产业、信息产业和新型制造业的发展需求。另一方面，在培养内容上，技能传递知识化要求平衡专用型和通用型知识类型的衔接，建构新式"大国工匠"精神，即技能投入的专注性和对技术长期持续性的改良。所以，中国庞大的人口压力和技术的更新换代给技能劳动力培养带来诸多挑战。在社会转型背景下，对职业学校的个案历史考察，有助于勾勒出制度理念和制度变迁、组织转型和技能劳动力培养的现实过程，对中国产业经济发展、教育体系建构、技能人才培养和社会公平实现等具有重要的现实意义。

---

① 陈刚、马扬、李俊：《中国高等教育大众化发展现状与对策研究》，《科技进步与对策》2003年第13期。

② 郭建如、吴红斌：《地方本科院校转型与人才培养模式变革》，《中国高教研究》2017年第11期。

第三节 相关研究

为了讨论中国技能形成制度的历史变迁和组织回应，探索中国职业技术大学的成长之路，需要建立一套历史和理论的分析框架。本书的文献回顾和理论框架部分主要包含三个方面，第一，需要对中国高等教育治理理论进行梳理和评述，分析大学治理模式和现代大学制度体系形成之间的关系；第二，进入到社会学的历史和组织制度主义理论中对制度形成和建构的论述，分析作为"观念"的制度如何形塑中国职业技术大学制度和组织变迁方向；第三，对已有高职院校"组织场域"的研究进行梳理，揭示高职院校制度改革和组织变迁的问题。

一 教育治理的现代化困境

教育治理现代化是在国家基层治理模式转型的框架下进行的，从学徒制到学校制，职业教育组织在教育体系建设中属于大学组织的一种类型，高等职业教育属于高等教育的层次和类别。大学组织（高校）作为公共行政组织，主要承担国家和社会公共事务的管理职责，具有公共性和社会性。[①] 大学制度是将政府职能和社会服务职能结合，保障公共教育作为一种基本公共服务供给，所以，高等教育具有公共物品的性质。公办学校在组织管理模式上主要采用科层制的管理模式，知识的公共产品属性和教育公平性的政策考虑，决定了教育组织和企业组织的差别。如果将职业学校看作教育行政管理体制中的基层权力组织，那么，国家教育治理模式的改变将直接影响职业学校组织的发展路径。

学界对教育治理现代化困境研究的理论来源主要是社会学对社会治理和政府组织关系的研究框架。从计划到市场体制的转型过程中，国家基层治理模式经历了从总体支配到技术治理的转变[②]，这种政府治理职能转变主要体现在改变资源分配方式、重塑中央和地方政府关系和提高基层组织

[①] 张慧洁：《中外大学组织变革》，复旦大学出版社2005年版，第107—111页。
[②] 渠敬东、周飞舟、应星：《总体支配到技术治理——基于中国30年改革经验的社会学分析》，《中国社会科学》2009年第6期。

的自主权方面①。学界对这种治理模式转型的社会后果分析有两种不同的研究取向。一些研究指出了国家力量在治理现代化和基层组织自主权提升中的主导性角色。顾昕（2005）认为国家扮演能力促进的角色至关重要，能促使事业单位企业化和民营化的转变。这势必改变了计划体制下非营利性部门与国家之间的关系，变被动依赖为主动促进，以此来改变组织功能混乱和管理体制官僚化的现象。特别是近年来对国家治理的项目制的相关研究，认为项目制作为国家一种新的治国体制，改变了原有官僚体制下上级约束下级的模式，是一种不同于传统科层制的权力支配和资源调动方式②。作为一种制度设计理念的项目制，代表国家顶层设计的预想目标，即实现国家治理的现代化转型，形成一种现代化、专业化和合理化的政府和社会治理模式，实现从官僚型政府到服务型政府治理的转变。这种国家财政专项转移支付的项目手段能突破单位制下科层制的束缚，同时，又遏制市场体制所造成的分化效应，加大对公共服务的有效投入③。中国早期的国家治理机制就有一种运动动员式治理的模式，它体现通过一种自上而下的政治动员方式，突破原有的官僚体系，调动资源和实现特定的组织目标。④ 作为一种新型的国家治理模式和资源再分配机制，项目制一方面形成了稳定的制度安排，另一方面诱发各个层次上相应的政府和组织行为，在基层政府和社会都引发了一系列的意外后果，形成基层政府和组织在资源、人事、行政等方面的应对与改变。⑤ 一些研究也指出了项目的获取引发的基层组织和上级政府之间的互动关系，资源的获取、执行和评价过程并不能脱离官僚体制，对于基层组织的治理而言，组织形式上从科层制转化为项目制，但本质的治理机制没有变化。特别是在组织运作、执行过程、信息沟通传达、决策制定、结果导向等方面，很多时候项目制在基层组织内往往强化了科层制，可能导致权力更加集中。在基层组织这里，项

---

① 周飞舟：《从汲取型政权到"悬浮型"政权——税费改革对国家与农民关系之影响》，《社会学研究》2006年第3期；周雪光：《权威体制与有效治理：当代中国国家治理的制度逻辑》，《开放时代》2011年第10期。
② 周雪光：《项目制：一个"控制权"理论视角》，《开放时代》2015年第2期。
③ 渠敬东：《项目制：一种新的国家治理体制》，《中国社会科学》2012年第5期。
④ 周雪光：《项目制：一个"控制权"理论视角》，《开放时代》2015年第2期。
⑤ 渠敬东：《项目制：一种新的国家治理体制》，《中国社会科学》2012年第5期。

目制并没有突破原有官僚体制的束缚。但是，这些讨论集中在对权威治理和分权治理、科层制与项目制、管理的绩效主义和等级制度之间的张力的讨论上。一些研究认为中国现行的治理方式是"科层为体，项目为用"，项目制效率的发挥受科层制的制度形式和结构关系的影响。它们之间的张力主要体现在项目的统一规划与科层的条线传递、项目的时段性与科层常态性、项目的目标导向与科层规则导向之间的张力上[①]。精准扶贫与基层治理的研究认为基层实践遵循着科层理性与关系理性。除了与科层制的张力外，项目制具体运作还会遭遇价值型和工具型的关系理性的影响，从而导致差异化[②]。项目制运作实际上是权力关系和利益政治的互动，在逐利的观念下，实现了权钱结合的官商勾结，项目制运行的核心在于社会主体的自主权问题[③]。

在教育治理方面，研究者大多数是按照社会治理和项目治理的理论框架去解释教育治理的机制和问题。遵循国家基层治理的理论框架，高等教育机构作为公共教育组织经历了国家治理模式的转变，从科层制的常规式控制到项目制的变革。1955 年，高校财政拨款模式改为"基数加发展"的模式，1986 年，国家教委、财政部发布《高等学校财务管理改革实施办法》，制定了综合定额加专项补助的拨款政策。此时，项目资金成为大学经费的重要来源。"211"和"985"建设工程体现了一些项目制的特点，通过项目制的方式，在专业人才培养、教学科研、学科建设等方面对重点高等院校进行资金扶持[④]。以"211""985"建设工程为标志，单位制的特征渐渐淡化了，项目制的实施方式增加。[⑤] 一些观点认为现代化的教育治理（项目制）引入了竞争效率和绩效考核机制，实现一种资源的公平竞争，重构基层组织的内部结构和资源分配方式。项目制的资源规划和控制

[①] 史普原：《科层为体、项目为用：一个中央项目运作的组织探讨》，《社会》2015 年第 5 期。

[②] 殷浩栋、汪三贵、郭子豪：《精准扶贫与基层治理理性——对于 A 省 D 县扶贫项目库建设的解构》，《社会学研究》2017 年第 6 期。

[③] 黄宗智、龚为纲、高原：《"项目制"的运作机制和效果是"合理化"吗？》，《开放时代》2014 年第 5 期。

[④] 李福华：《从单位制到项目制：中国高等教育重点建设的战略转型》，《高等教育研究》2014 年第 2 期。

[⑤] 游玉佩、熊进：《单位制与项目制：高等教育资源分配的制度逻辑及反思》，《江苏高教》2017 年第 2 期。

方式，强调一种技术理性、择优原则和一事一议的流程，改变了以计划为指定的行政化治理方式，是高等教育资源分配的竞争性方式①。另一些研究认识到了项目制分配的公平性受到单位制分配格局的影响，并指出现阶段高等教育资源分配主要是"单位为体，项目为用"的混合制。高等教育项目制无法独立运作，而要与科层制相互嵌套，在科层制控制中运作。②并且治理方式的改变体现了大学与政府关系的变化，从计划经济单位制的完全依赖的行政隶属关系变成了项目制时代的资源依赖与策略互动关系，形成了政府与大学新的关系格局。③ 项目制在高等教育场域的技术理性，造成教育系统治理的碎片化和马太效应，形成资源再分配不公平的格局和高校的两极分化。这是一种地位传递与结构再制的过程，资源的分配方式仍然是等级制的。④

一些研究关注高校治理结构中的委托代理关系⑤，提出治理结构中制度改革和高校自主权的问题，认为教育治理的现代化和市场化并没有实现⑥，原因在于行政职能边界的模糊和政策履行的失当、顶层教育治理制度设计的缺失、学校对政府的依附关系和社会组织低度的发展⑦。对于高校组织而言，很多学校组织缺少精英力量，无法构成组织利益集团领导学校，因而在市场上获取资源的能力有限，只能依赖国家政府支持⑧。地方政府教育治理模式出现了与地方知识的断裂，目标责任制和运动式的治理方式，使技术治理更加精细化和指标化，出现了地方教育治理过程内卷化的倾向。但是，这些研究都没有很好地回应市场化转型之后，高校自主权

---

① 李福华：《从单位制到项目制：中国高等教育重点建设的战略转型》，《高等教育研究》2014年第2期。
② 熊进：《科层制与项目制：高等教育治理"双轨制"的形成研究》，《江苏高教》2016年第6期；熊进：《科层制嵌入项目制：大学学术治理的制度审思》，《现代大学教育》2016年第3期。
③ 姚荣：《大学治理的"项目制"：成效、限度及其反思》，《江苏高教》2014年第3期。
④ 熊进：《高等教育项目制治理的碎片化及其整体性治理》，《教育科学》2016年第6期。
⑤ 孙天华：《大学治理结构中的委托—代理问题——当前中国公立大学委托代理关系若干特点分析》，《北京大学教育评论》2004年第2期。
⑥ 袁广林：《中国公立高校治理结构的改革——新制度经济学的视角》，《清华大学教育研究》2006年第2期。
⑦ 沈亚平、陈良雨：《现代化视域下中国教育治理体系的重构》，《湖北社会科学》2015年第8期。
⑧ 赵琳、冯蔚星：《中国职业教育兴衰的制度主义分析——"市场化"制度变迁的考察》，《清华大学教育研究》2003年第6期。

不足问题深层的社会原因。我们讨论教育场域的治理问题，不能仅仅停留在教育场域本身，而要关注教育与国家之间的双向互动[①]。从教育治理体制的历史演变中，分析教育治理制度变化的具体机制。国家体制经历了计划到市场的转型，现阶段，教育治理的问题是国家规制力量一定程度上限制了教育组织的自主权，并且未能处理好政府政策导向和教育规律的关系。教育治理沿用了计划经济管理体制下的官僚（科层）制度，造成了学校自主权的缺失。一些学者倡导改变原有的科层制管理，实行教育治理模式改革，如高校去行政化和法人化改革，以及管办评分离制度[②]。一些研究在国家与高校互动关系的框架下讨论教育治理问题。我们发现，市场化转型背景下，中国教育治理的逻辑还是困于原有官僚体制，而项目制的引入，在某些程度上，强化了这种依赖和控制关系。所以，教育治理的现代化尚未实现，公办高校作为公共教育的事业单位，与高校治理主体——国家是一种非对称性的依赖关系[③]。公立高校组织并没有成为独立的法人实体，没有真正实现独立自主办学，校长作为行政官员，接受上级行政问责制的约束，就如现在高校普遍实行的校长负责制仍然受到传统计划体制下官僚体制的约束。

　　总体上，这些教育治理和管理的研究在基础理论层面，尚缺乏对教育科层制的制度逻辑的分析，以及与其他制度机制边界的探讨。对职业教育组织的研究对已有的社会治理和政府组织行为逻辑研究的借鉴尚不足，以及没有揭示出职业教育组织的特性和内涵，研究较分散，不成体系，还没有纳入中国政治体制和政府结构的整体分析框架。在教育组织的实证研究方面，还缺乏对基层教育管理权力分配与教育绩效关系的研究。

　　项目制是一种制度分析范式，是对政府主导发展模式下的政府、高校、企业、社会的关系分析，探究政府行为和教育发展的机制，教育项目制作为一种资源分配方式，也体现着国家的教育治理理念。作为一套规范

---

　　① 刘争先：《国家建构视域下的教育失败与教育治理》，《四川师范大学学报》（社会科学版）2017年第2期。

　　② 魏海深：《管办评分离中高等教育协同治理的困境及其突破》，《湖南科技大学学报》（社会科学版）2016年第6期。

　　③ 陈良雨：《高等教育治理主体间非对称性依赖关系研究——基于高等教育治理现代化的视角》，《内蒙古社会科学》（汉文版）2017年第1期。

的运作程序和指标评价体系，包含了项目的制定、申请、审核、分配、转化、检查与应对一系列的环节，形成了对社会整体的一种联动机制①，并引发了组织层面的一些"意外后果"。在组织社会学领域，一些研究深入到组织层面关注社会治理制度变迁背后的组织回应机制。如周雪光（2015）集中讨论了项目制的治理方式在组织层面的影响。项目制是基层组织自上而下的资源配置方式，组织层面出现了不同的控制权的类型和博弈过程，以此形成不同的组织形态。它涉及政府上下级的分级治理模式，上下级控制权的分配实施过程涉及委托代理关系（正式权威与剩余控制权）、资源分配与权力博弈、组织激励动员和晋升。② 除此之外，对政府基层治理方式变革下的组织的研究，大多集中关注基层治理模式对组织结构形态的影响。研究者们关注自上而下制度改革与政策落实在组织层面的社会机制，如上下级关系中的委托代理、检查与考核的组织应对、技术治理与绩效考评体系、激励制度与组织资源分配、集权与分权、信息不对称等方面的问题。这些研究都对高等教育治理的研究具有借鉴意义。对教育治理的研究不能仅从宏观层面关注现代化治理的困境，还需要研究制度转型与组织变迁的关系。这些研究集中回应了一个问题：市场化转型后，中国高校是属于国家官僚系统的一员，其组织决策和目标受到国家力量影响和体现国家意志，还是具有组织目标设定和发展的自主权呢？由此，又衍生出哪些不同的高校组织发展模式呢？

在宏观制度转型背景下，教育组织变革的研究要考虑组织的外部社会环境，探究国家职业教育治理模式转型对组织变革的意义。根据对国家基层治理模式转型和中国教育治理现代化相关研究的梳理，本书将教育治理模式的转型作为职业教育组织变迁的制度背景，分析组织制度和技术环境的约束机制，以及其对组织间关系和组织内部目标、形态、制度、结构和权力关系的影响。同时，也通过职业学校组织变迁模式的分析研究职业教育治理模式的变化，从历史和实证研究中拓展教育"集权与分权"的理论框架，揭示教育治理体制的实质和内涵。具体而言，在市场化转型背景

---

① 杨善华：《"项目制"运作方式下中西部农村社会治理的马太效应》，《学术论坛》2017年第1期。

② 周黎安：《行政发包的组织边界兼论"官吏分途"与"层级分流"现象》，《社会》2016年第1期；周雪光：《项目制：一个"控制权"理论视角》，《开放时代》2015年第2期。

下，职业学校的治理机制发生了什么变化？其中，国家力量扮演什么角色？项目制的治理模式在教育财政体制和教育行政管理制度中如何影响职业院校的组织策略？

二 教育组织升级研究与职业教育学术化

对于大学治理的理论讨论，让我们认识到国家力量在形塑大学制度中的重要作用。从组织变迁角度考虑，为什么现代教育组织都具有升级的动力呢？是内在的扩张机制还是外部的制度原因？大学组织作为有主观能动性理性人，面对国家教育治理体制的制度约束，它如何进行组织回应？对高校升级制度的研究主要是在大学组织变革的研究框架下，关注制度、信念和权力关系等方面。在高等教育扩张的背景下，一些研究从知识专业管辖权、科学体系发展与学科规训、社会经济形态变化、国家科教发展战略、教育行政管理体制变革等方面分析大学组织变革的影响因素。[1] 美国的伯顿·R. 克拉克《高等教育系统——学术组织的跨国研究》从工作、信念和权力几个方面揭示了大学组织变革的特征和机制。他在《大学的功用》中阐述了多元巨型大学的产生和功能。[2] 一些研究还关注高等教育领导体制中的学术权力结构，运用组织社会学、公共管理学等方法分析大学组织内部的权力关系变化。[3] 中国大学组织发展动力是外生性的国际化的教育模式，现代大学治理的技术理性的发展，建立了系统的大学国际化评价标准体系。[4] 随着国家技术治理理性的发展，出现了基层政府治理的数字信息的在地化、系统化和逻辑化[5]。这种技术理性的治理方式形成了一种指标化、数量化的绩效评价体系，并应用于大学评价。国家和大学都被置于测量量化的比较之下，并形成了全球化的高等教育评价模式。中国的

---

[1] 张慧洁：《中外大学组织变革》，复旦大学出版社2005年版。
[2] 任中元：《克尔的大学理想：多元化巨型大学观——研读〈大学的功用〉》，《高校教育管理》2010年第1期。
[3] ［加］范德格拉夫（Vande Graaff）：《学术权力：七国高等教育管理体制比较》，浙江教育出版社2001年版。
[4] 武书连：《中国大学排名综述》，《科学学与科学技术管理》2001年第8期；罗燕：《大学排名：一种高等教育市场指引制度的构建——新制度主义社会学的分析》，《江苏高教》2006年第2期；王连森、王秀成：《排名、声誉及大学应有的反应》，《教育科学文摘》2015年第3期。
[5] 王雨磊：《数字下乡：农村精准扶贫中的技术治理》，《社会学研究》2016年第6期。

大学排名是对大学学术生产力的评估,国外大学排名更多关注学校的技术合法性,而中国大学排名更多取决于国家政策的导向,高等教育市场力量对大学组织的影响是缺失的。① 对国际化大学体制的建立机制的分析,一些研究侧重讨论在高校组织变迁和升级的国家力量的主导作用。研究者们认为国外的教育改革基于新自由主义观念,侧重于国家主导建立满足市场需求的教育体制。他们极力鼓吹公立学校制度改革,以吸引公众学生,提高组织的效率②。教育制度主义指不同国家追求相似的教育文化,从而形成教育制度同形③。改革开放以来,中国高等教育改革受到全球化趋势的影响,按照国际化的标准设置高等学校的评价体系,并且,高等教育的变迁也受到了新自由主义的绩效管理模式的影响④。

职业教育界的组织升级研究则更关注对职业教育学术化的讨论,遵循理念到制度、组织的原则,职业教育学术化从教育哲学和制度的历史建构角度看待职业教育学术化的倾向。在高等教育扩张的大背景下,职业教育与高等教育的界限逐渐模糊化,一些研究认为职业教育学术化是高等教育部门以职业教育为代价的高等教育扩张,这将威胁到国家的传统技能形成模式,并对劳动力市场和经济发展产生一些负面影响。职业教育学术化相关的讨论成为一些国家教育政策的争议的焦点,相关表述还有"工程教育的大学化""技术教育科学化""学术贤能主义""职业领域学术化"等,都是从不同侧面探讨该问题,这种趋势导致了教育过渡、学术漂移、学术无产阶级等现象。⑤ 对教育"学术化"概念的辨析,更多体现为提升知识的专业管辖权、追求文凭和在高等教育体系中的身份地位,具体表现为教育参与的变化、课程学术化和专业化、职业领域的学术化、职业垂直替代等。虽然,学术化带来了更多的教育参与率,同时,也带来了学术教育质

---

① 罗燕:《大学排名:一种高等教育市场指引制度的构建——新制度主义社会学的分析》,《江苏高教》2006年第2期。
② Chubb, John E. and T. M. Moe, "Politics, Markets and America's Schools", *Social Service Review*, Vol. 12, No. 3, 1990.
③ [美] M. 卡诺依:《教育经济学国际百科全书》,高等教育出版社2000年版。
④ 王慧兰:《全球化话语与教育》,《北京大学教育评论》2006年第4期。
⑤ [美] 安德烈·沃尔特、李超:《从职业教育到学术教育——德国关于"学术化"的辩论》,《北京大学教育评论》2018年第2期;游蠡:《学徒制到院校制:19世纪上半叶美国工程教育的大学化进程》,《高等工程教育研究》2019年第3期。

量的下降。职业教育学术化实质是教育系统的不良发展，并反映在劳动力市场中。柯林斯的《文凭社会》以教育批判主义立场研究了文凭证书通货膨胀的现象，特别指出美国从20世纪50年代开始，很快便在全球的高中和大学教育中扩散，随着各国建立起大众化教育体系，建立在教育基础上的文凭社会是一种不合理的分层机制。英才社会是一个文凭社会，大学正规教育文凭学历导向，作为一种独特的社会筛选机制，形成了一种等级化的金字塔式的学历形态。① 职业教育学术化在组织层面的表现是职业学校的大学化，如英国高等教育通过双元制建设，先后建立了34所多科技术学院，培养高职教育人才，但是到了1992年，英国政府又废除双元制，同意多科技术学院升级为大学，具有颁发本科和硕士学位的权力，提高其在高等教育体系中的地位。但是，多科职业技术大学升级后，很多学校并没有坚守自己职业教育的办学传统、特色和优势，出现学术漂移。它们追求职业教育的学术化和理论化，这致使高等职业教育体系不复存在。

在中国职业教育历史的研究中，黄炎培就提出过"职业教育普通化"的问题。从中国教育史学制演变来看职业教育发展，职业教育一直是中国学制体系中普通教育的补充。1902年，清政府颁布"壬寅学制"，这是中国教育史上正式颁布但未实行的第一个完整的学制。在此基础上，1904年重新拟定的"癸卯学制"，是中国首次施行的全国性法定学制系统。"癸卯学制"有高级师范教育和实业教育两个旁系。师范教育有初级和优级两等；实业教育分为初等、中等和高等。职业教育在中国传统学制中确定了地位。但是，两个旁系都附属于普通教育系统的学堂，不是独立办理，也没有具体开设课程的规定。20世纪20年代建立了一批新式的实验学校和职业学校，按照黄炎培的职业教育理念，职业学校兼顾升学和就业的双重需要。但是受到中国传统文化中的升学主义、文凭主义影响，职业学校很重视高等职业教育，而不重视实习。20年代中期职业学校因办学费用过高，学生出路少，往往被改制为普通学校，迎合市场升学的需要，这被黄炎培概括为"职业教育的普通化"。其根本原因是从观念体系上中国的传

---

① ［美］柯林斯：《文凭社会》，桂冠图书股份有限公司1998年版；李为民：《文凭的花环与文化的荆棘——柯林斯〈文凭社会：教育与阶层化的历史社会学〉评价》，《内蒙古教育》2010年第21期。

统文化认为职业教育的低层次。从职业学校组织层面来看，职业教育的办学模式并没有真正形成，教育不注重质量和结构，民族资本主义经济发展不充分，产业涵养不了职业学校，缺乏设备，不能实践，只有理论学习，学生没有技能训练，出路难，职业教材随意性大，国家对职业教育的支持力度很弱，立法不强等等深层次的原因。[①]

那么，为什么会出现高等教育扩张下的职业教育的学术化呢？它对职业教育组织变革有什么影响？对大学扩张的动力机制的研究认为教育扩张是内在自我动力，还是国家政治制度的原因是存在国别差异的，一些国家教育政策和教育决策对于教育流动的控制极为有限，更多的是市场的反馈。学校和教育投资者都是作为一个市场理性人在进行教育的选择，比如德国职业教育学术化可能是由内部的深层的社会结构和市场力量推动的，而这里的市场是家庭教育选择的需求。[②] 对于中国的高等教育扩张和现代大学制度的研究，研究者认为国家力量在现代大学制度建构和组织变革中扮演重要角色，组织层面通过院校合并、重组和升级，专业性大学向综合性大学转型，形成多元化的巨型大学体系。大学组织的变化和一个国家高等教育结构的国家力量密不可分，它是实现国家战略和目标的工具。[③] 大学转型的目标是创建世界一流大学和一流学科，实现高等教育大众化的国家目标。从"211""985"工程开始，中国政府就通过项目制的方式加大财政投入力度，重点建设世界一流大学和一流学科，参与国际教育市场竞争。中国大学组织变革经历了三个阶段：第一阶段是20世纪90年代初，追求规模效益，并综合化发展进行合并；第二阶段是90年代末大学扩招，高校招生人数增多，学科门类齐全，高等院校大多是在三四万以上规模的巨型大学；第三个阶段，满足国家科教兴国和人才强国的战略，竞争世界一流大学，建立国际化的评价系统。在高等教育领域，巨型大学的特点是综合化、研究型和开放式，组织变革的表现是大规模的院校合并、重组和升级。其中，最重要的是国家政策的引导，20世纪六七十年代，各国开始

---

① 廖承琳、吴洪成：《近代中国学制演变与职业教育发展》，《西南大学学报》（社会科学版）2004年第2期。

② 安德烈·沃尔特、李超：《从职业教育到学术教育——德国关于"学术化"的辩论》，《北京大学教育评论》2018年第2期。

③ 张慧洁：《中外大学组织变革》，复旦大学出版社2005年版。

大力发展高等教育,《罗宾斯报告》正式揭开了60年代高等教育大发展的序幕,中国响应世界竞争的需要,改革科技体制、实现高等教育大众化,通过大学的强强合并,实现优势互补。以建设规模巨大、学科齐全、目标多样的研究型大学,迅速增强各学科科研实力。中国现代大学发展模式多借鉴国际认知信念和技术标准,建立国际一流的综合性大学。在武汉大学的中国科学评价研究中心的评价报告中,指出美国的《基本科学标准》(ESI)作为国际性高水平权威评价工具,对世界大学科研院所的科研竞争力进行科学评价,显示中国大学距离世界一流大学差距很大,建设世界一流大学成为现阶段最重要的任务①。从"211""985"工程到现代一流大学建设项目,国家主导形成了一种以学科建设为核心、资金投入为主要支持方式的提高大学质量内涵的路径②。中国的大学正在朝着世界一流大学的方向发展,但是这种过分强调一流大学建设的政策导向,也导致了许多问题。这种国际化的评价体系鼓励大学组织升级和大学功能的多元化。一方面,它在形成大学组织制度同形下,丧失了一些大学发展的特色,并且在建构大学评价的等级化排名体系下,诱导了大学的升级冲动③。另一方面,它赋予学校更多的社会政策性功能,形成学校目标和功能的多元化,大学教育承担了人才培养、科学研究、社会服务、实现社会公平等多元化的功能。

在国家政策导向方面,中国高等教育治理模式的改变引发高校组织的目标、制度、结构和权力关系的变化,而中国高等教育体制改革是大学升级的直接原因。教育体制改革经历了不同的阶段,从体系的初步建立到提高规模效益,再到改革条块分割的管理体制,总体趋势是调整中央与地方的关系,改革条块分割的管理体制,调整地方政府的管理范围,加大地方政府的管理权,参与国际竞争,建立高等教育强国,创建世界一流大学。

对大学升级动力机制和职业教育学术化的研究,已经触及了升级制度

---

① 邱均平、赵蓉英、马瑞敏等:《世界大学科研竞争力评价的意义、理念与实践》,《科技进步与对策》2006年第5期。
② 车如山、邢曙:《中国建设一流大学的历程及展望——基于国家历次高等教育重大战略举措的分析》,《兰州大学学报》(社会科学版)2017年第4期。
③ 覃文珍:《世界一流大学的成本与收益》,《北京大学教育评论》2004年第1期。

形成的观念和社会机制,并且分析了制度环境对组织的重要影响,指出国家政策在大学组织升级中的重要作用。职业教育学术化在组织层面的表现为职业教育的规模化和组织升级策略,这更多体现了国家主导下的教育组织变革过程。这些研究给本书提供了重要的启发,包括问题线索和机制分析的切入点。如果说教育治理的现代化困境更多关注的是宏观层面的社会治理问题,那么,高校组织升级制度和职业教育学术化的研究视角,增强了对中层社会机制的分析力度,呈现了制度与组织之间的互动关系,以及教育信念在升级制度形成中的作用。如果再进一步,从职业教育学术化到职业学校的大学化,推动这种组织变革的力量是什么?国家的职业教育政策理念是怎么形成的,它如何影响教育行政管理体制和教育组织的实践?在相关的文献研究中,对这些问题的回应尚且不够,由此可见,教育领域对于制度演进和组织变迁的研究还有理论拓展的空间。

三　教育理念演变与制度的历史建构

制度变迁是理解历史的关键[①]。制度变迁包含制度起源与演进,是一个历史性的过程。[②] 组织行动者与制度结构的互动,建构了制度演化的路径。那么,职业教育制度在历史中是如何实现的呢?信念激励在制度起源与形成过程扮演什么角色?涂尔干的《教育思想的演进》用历史的框架来研究教育制度的起源与演化。从主教座堂学校到中世纪的大学,到耶稣会学院,再到公立中学,其组织转型的动力机制是和社会体系中的其他制度、习俗、信仰,以及重大思想运动相关的。他回答了什么样的历史性起源和思想信念建构了现代教育体系的问题。在对早期教会与教育的关系的讨论中,他指出"历史对于我们的意义,不仅要看到教育组织的变迁的具体形式,更要认清这种组织形成与演变的教育理念,是什么样理念决定了这些组织存在,并赋予其合法性,并形成现代教育思想观念的心智结构"。他还详细地分析了19世纪法国中央大学课程体系的变化,他指出教育观念的形成受到了政治化的影响,导致了教育体系的不稳定性和课程体系的

[①] [美]道格拉斯·C.诺思:《经济史中的结构与变迁》,上海三联书店1991年版。
[②] [美]道格拉斯·C.诺思:《制度、制度变迁与经济绩效》,杭行译,上海三联书店2014年版。

变动不居。"社会上形成了一种新的教育理念，即教育应该顺应多元化职业的需求，舍弃古典的一体性教育走向多样性，大学教育应该是多样化的，因为现代社会工作根本是也是多样化"。[1] 如此，科学教育占据了主导地位，而忽视了人文教育，并形成了人文教育与科学教育的两分体系，在国家层面建立了一套完全以科学教育为基础的教育体系。由此可见，教育制度和组织变迁的影响因素来自一种信念激励，现代大学的认知结构和信念体系影响着制度变革与组织实践。

什么是制度？主要有三种理论解释，第一，制度是人为设计的约束机制，体现委托代理关系；第二，制度起源和变迁通过各种利益相关人博弈形成稳定的控制约束结构，体现博弈论；第三，在一定组织场域内形成控制规范和体系运行方式，体现制度生产与再生产关系。对于制度起源的研究，理性选择理论流派认为制度的起源并不重要，他们强调制度的功能性，关心制度规则对个体行动和政策结果的塑造作用。理性选择的成本收益分析适用于小规模的组织制度的功能性解释。理性选择理论把制度视为一种既定的结构和约束，是基于理性理想的类型设计，而不是历史和其他社会过程建构的结果[2]。但是，制度起源和形成与制度本身同样重要，它体现创设者的意图。当正式结构对成员具有约束意义时，就形成了认知体系。制度化经历个体与制度互动，人们形成了对制度价值的解释，此时，制度将对成员的行为具有更大激励作用。奥尔森（Olson，1982、1996）发现组织成员身份和制度形成的非理性，形塑制度走向的各个利益相关人的认知结构往往相互矛盾，并在互动博弈中形成认知结构。[3] 理性选择制度主义没有对制度起源和形成（制度化）问题过多阐释，体现一种个体主义方法论。在强调制度潜在动力和制度约束下的个体能动性的同时，要关注个体与制度的互动。这种互动是双向的，一方面是制度对个体和组织行为的约束和控制；另一方面，体现个体塑造制度。

历史制度主义区别与理性制度主义，它提出制度起源与演化遵循路径

---

[1] ［法］爱弥尔·涂尔干：《教育思想的演进》，上海人民出版社 2006 年版。
[2] ［英］弗里德利希·冯·哈耶克：《自由秩序原理：下》，邓正来译，生活·读书·新知三联书店 1997 年版。
[3] ［美］奥尔森：《国家的兴衰》，李增刚译，上海人民出版社 2007 年版。

依赖原则①，这主要体现为制度之前选择的路径将持续和极大地决定影响未来的制度走向②。虽然，历史制度主义关注制度变迁，但对个体和制度之间的关联问题讨论较为模糊，行动者的角色没有得到清楚的界定。霍尔（1989、1993）的后期研究，开始重视观念的力量，认为观念在制度和政策形成与演变中扮演关键性的角色，对观念的分析日渐成为历史制度主义分析的主要部分。针对历史制度主义解释的模糊性问题，社会学组织制度主义提出了沉积概念，对路径依赖理论进一步澄清，提供一种更为动态的概念。他们指出了制度化过程三个独立的阶段：习惯化、客观化和积淀。③社会学制度建构论强调观念力量对制度的主导作用，制度制定和变化的理念决定了制度走向，他们甚至认为制度根本上是观念的建构，要通过观念去理解制度初始形成和演变逻辑。这些理论视角都有利于克服历史制度主义概念阐释模糊性和体现制度历史阶段性特点。他们对于制度组织最初产生的状况分析得更清晰，例如，观念如何产生、被接受、并赋予其结构形态、进而形成制度；制度形成过程的行动者如何与观念性因素与结构性因素互动，并预测制度未来变迁的方向。社会建构论的视角形成一种在历史制度主义框架下的能动者分析模式，分析结构性限制和个体塑造制度方面的互动机制，以及观念力量如何在制度内塑造个体行为。由此可见，组织理论的纳入为历史制度主义提供了必要的动力。

通过理论梳理，我们发现，制度的信念层面和规则层面具有制度结构不同面向，体现了结构二重性④。制度的建构论是要突破方法论个体主义的立场，重新审视制度起源的复杂变迁过程。第一，制度变迁的路径依赖是嵌入历史脉络中的，对历史的追溯和认识才能更好地理解制度起源与演

---

① 路径依赖理论是指把历史性因素引入到制度变迁中。路径依赖是制度体系中存在的一种不可逆转的自我强化的趋势，任何制度无法超越于一定的历史社会环境。通过路径依赖过去的历史，能够对现在和将来产生影响，以往的制度遗留因素能够限制当下制度创新的可能性范围和创新方式。路径依赖分为两种，一种是良性的路径依赖，即报酬递增。一种是负向路径依赖，即制度陷入难以被更替的锁定状态。

② Pierson P. and Skocpol T., "Historical Institutionalism in Contemporary Political Science", *Political ence State of the Dipline*, 2002.

③ 张永宏：《组织社会学的新制度主义学派》，上海人民出版社2007年版。

④ ［英］吉登斯·A.：《现代性的后果》，田禾译，译林出版社2000年版；王星：《技能形成的社会建构：中国工厂学徒制变迁历程的社会学分析》，社会科学文献出版社2014年版。

变逻辑。第二，制度实现和变迁不是理性设计的，而是多种相互独立过程之间互动博弈的结果，各个支配同盟之间的力量互动，形塑了制度变迁的历史图景和因果关系。第三，制度行动者的偏好也是历史建构的，体现为对当下目标和利益的认知结构。我们要在制度变迁和行动者观念和意识形态之间的相互作用方面，界定制度变迁的作用方向，以及理解什么观念与意识形态得以长期存在。①

制度信念的激励作用是制度中内隐的部分，制度被认为是一种"规则、信念和组织构成的相互联系的系统"②。信念主要包含三个层面，第一，内化的信念在社会情景下建构的认知结构；第二，信念是在社会行动互动中建构的产物，是嵌入到社会情境中的，它体现了行动者的主体性；第三，信念在组织中通过传播规则，将信念持久化，影响行为信念集，为行动者提供行动激励的预期信念和实践导向③。激励结构在组织内部的不同群体之间形成成员共享的类型化的行为，在个体互动过程中建构制度的形成和演变。所以，信念结构在制度起源和变迁过程扮演重要角色，它纳入了历史性和社会性元素，体现了行动主体复杂的能动性和互动性，在对制度功能主义的认知之上，更关注客观的社会关系、认知结构和主体能动性。

在教育信念对教育制度建构的作用研究中，一些研究关注了国家高等教育理念变迁对现代大学制度和组织结构变迁的作用。中国在高等教育扩张理念的影响下，积极进行高校扩招和地方高校升级，特别是现阶段应用型本科高校的转型和职业本科院校建设，国家在教育治理理念和认识结构中形成了实现供给主导到利益驱动的变革，通过组织改革提高高校的自主性，推动应用技术型高等教育制度的合法性建设④。中国应用职业技术大

---

① [美]道格拉斯·C. 诺思：《经济史中的结构与变迁》，上海三联书店1991年版。
② Berger, Peter L. and T. Luckmann, "The Social Construction of Reality: A Treatise in the Sociology of Knowlege", *Sociological Analysis*, Vol. 28, No. 1, 1966；[美]阿弗纳·格雷夫、韩福国：《自我执行的制度：比较历史制度分析（上）》，《经济社会体制比较》2008年第2期。
③ 高柏：《中国经济发展模式转型与经济社会学制度学派》，《社会学研究》2018年第4期；[美]沃尔特·W. 鲍威尔、保罗·J. 迪马吉奥：《组织分析的新制度主义》，姚伟译，上海人民出版社2008年版。
④ 姚荣：《制度性利益的重构：高等教育机构"漂移"、趋同与多元的动力机制——基于英国高等教育机构变革的经验》，《教育发展研究》2015年第21期。

学的认知和信念体现了国家的意志和满足国家战略，教育主管部门按照国际化大学的标准和理念建立中国应用职业技术大学的框架。国家"211""985"工程的政策带有明显的理想类型导向，体现政策理念的宣传和激励作用①。在高等教育大众化扩张的政策理念上，国家要建设世界一流大学，并要重点扶持一些大学发展，建立政策试点和模板。国家通过项目制方式重点扶持一批大学进行发展方向和办学层次的改革。但是，这种重点扶持政策造成了大学的身份符号和结构体制的矛盾，影响了社会公平，并且政策更多停留在顶层设计理念层面，在实施过程中遵循技术治理的逻辑，关注各种数量化的指标，忽视了大学精神的培育和教育的目标，管理体制没有发挥大学组织主体性和能动性，形成广大师生员工的认同的价值追求与群体意识。②

  在职业教育领域，一直以来，虽然在政策话语中，国家都在大力发展职业教育，但是在政策理念和组织的认知结构中，职业教育一直被视为高等教育的补充和高等教育组织的杂牌军。他们具有社会控制、社会维稳和收编边缘化群体的社会职能。职业教育作为国家教育体制的双轨制的重要组成部分，一直在政策边缘。随着1999年的高等教育扩招政策的落实，高等职业教育获得了规模化的发展。但是，高校扩招和学历贬值趋势越演越烈，职业教育更是成为劣势教育，备受歧视。随着中国产业转型升级和劳动力市场需求的变化，国家职业教育理念也发生了变化，主要体现为国家教育主管部门对于高职院校建设的政策变迁。如认为提升职业教育的学历水平适应产业升级发展的要求，参照各国经验举办本科职业教育，可以通过升级专科院校和应用型大学的转型的方式发展本科职业教育，建立具有中国特色的现代职业教育体系。在理论层面，教育主管部门在制定公共政策时，一些学者开始论证国家设置职业教育学位制度的合理性③，试图突破学位制度本身的理念是学校教育制度的产物。这些理念主要还是在国家教育政策和学校教育体系中追求职业教育和学校组织的身份认同和等级

---

① 陈学飞：《理想导向型的政策制定——"985工程"政策过程分析》，《北京大学教育评论》2006年第5期。

② 储朝晖：《中国大学精神的历史与省思》，山西教育出版社2010年版。

③ 姜大源：《职业教育学位设置：文本分析与模式识别——基于比较视野的职教法律法规相关条款的释解》，《中国职业技术教育》2020年第16期。

地位。所以，在职业教育体系建设方面，2005年以后，中央财政大量投入职业教育，包括示范校建设、实训基地建设、教育培训投入、学生资助体系、综合奖补等政策支持。在教育财政方面，2005—2017年，中职学校和高职院校的财政性经费不断增长，事业收入一直下降。2010—2015年，国家出台了一系列促进职业教育改革的政策，并在政策和财政上大力支持高职院校发展和改革。2010年《国家中长期教育改革和发展规划纲要（2010—2020）》，鼓励职业教育办学模式改革，强调政府统筹、校企合作、集团化办学的原则，奠定政府主导提升职业学校办学能力和市场化机制探索的总体基调。2010—2015年，高职院校的公共财政支出由311.92亿扩展到792.95亿，增幅达到了154%。2014年《关于加快发展现代职业教育的决定》和2015年《国家高等职业教育创新发展计划（2015—2018）》的政策，鼓励办学主体多元化，创新民办职业教育办学模式，探索股份制、混合所有制的职业院校模式，体现了国家引导培育职业教育市场力量、引导其参与市场竞争、提高办学自主权、确立大学法人地位的改革方向。国家政策导向是建立一个现代职业教育体系，提高职业学校组织的自主性。但是，在某次国务院会议上，国务院主要领导指出：职业教育投入多，但是效果不佳。现阶段，技能人才培养技术含量较低、社会认可度差、校企合作形式化。那么，职业教育公共政策的人才培养效果为什么会有这样的差距呢？我们需要回溯历史进程，关注中国职业教育制度是如何演变的，哪些因素建构了现代职业教育和学校制度，它对技能人才培养带来了什么社会后果。

通过对制度起源与形成的信念结构的梳理，在本书的历史性的个案中，我们需要关注从中职学校到职业技术大学的职业教育理念变化的实质和原因，以及这种教育理念对技能型高校制度社会建构的作用。在市场化转型的背景下，在技能型高校制度实现的不同层次，国家制度设计、政策下达过程（组织间关系）以及组织回应环节中，核心问题是国家和组织的信念体系的激励机制如何成为职业学校组织转型和升级的动力的，这种信念力量如何影响组织层面的具体实践，以此带来了教育组织结构、资源分配、权力关系、组织目标等方面的变化。

四 制度演进下的教育组织变革

在职业学校组织层面,一些研究分析了科层制下的大学自主性的实现问题。在资源依赖理论框架下,主要讨论组织和环境之间、组织间的互动关系。组织的生存发展是与外界资源进行交换,环境可以给予组织关键和稀缺资源。组织与环境和其他组织的依赖程度,在于对外部资源稀缺性和重要性程度[1]。资源依赖理论经典研究是赛尔兹尼克对田纳西流域当局的组织目标研究。他指出组织决策过程把重要的利益相关人的意见吸入组织目标中,并以此提出了共同抉择概念(Cooperation)。但是,对于组织间关系来说,这是一个强大的组织吸收对其存在潜在威胁的利益相关人的过程,还是一个脆弱的组织受到其依赖组织控制的过程,他并没有做出深度的区分,这使得"共同抉择"概念含糊不清。不过此后,对于组织间权力关系的平衡成为制度与组织研究讨论的重点。后来,汤普森(1958)拓展了组织间关系研究的进路,提出联盟、商议和共同抉择模型,并发展出一个综合性的组织权力依赖模式。他吸收艾默森和布劳的理论,提出一个组织对另一组织的依赖性与对依赖组织提供的资源和服务的需要成正比的论断[2]。但是,他对于组织间互动与权力控制关系的讨论更集中于具有技术理性的企业组织,而不是公共教育组织。资源依赖理论对中国组织和制度变迁,具有很重要的理论和实践意义。面对政府与大学之间的关系,公办大学的主要发展经费来自于政府的财政拨款,作为具有教育目标的组织,其发展的模式更多受制于国家的政策导向。但是,我们还应该看到,在财政资源依赖关系之外,组织如何通过与制度环境的互动获取合法性和合理性,以及这种过程是如何促成现代大学体系的形成的。张慧洁(2005)对高等教育组织变革的研究,指出了在大学组织目标、制度、结构和权力关系变化后是组织文化的融合,最终在价值理念上推动制度变革成为一种文化信念,保障变革的持续性。[3]

---

[1] [美] W. 理查德·斯科特、杰拉尔德·F. 戴维斯:《组织理论:理性、自然与开放系统的视角》,高俊山译,中国人民大学出版社 2011 年版。

[2] [美] W. 理查德·斯科特、杰拉尔德·F. 戴维斯:《组织理论:理性、自然与开放系统的视角》,高俊山译,中国人民大学出版社 2011 年版。

[3] 张慧洁:《中外大学组织变革》,复旦大学出版社 2005 年版。

对于教育组织而言，在教育理念和大学制度建构的互动中，组织变革也受到了行政管理体制的限制。在国家科层制的管理体制下，组织更多是行政隶属的被动与服从的关系。科层制（官僚制度）体系决定了大学组织领导任命、晋升和考核是由上级政府机关决定的，领导地位是由大学组织的行政级别决定的。国家通过自上而下的行政问责制，形成了上级负责的工作方式，这成为大学校长工作的首要目标。在学校自主性相对缺乏的状态下，组织的变迁更多体现了组织结构和行动策略的转向，来满足外部制度环境的需求。新制度主义理论认为，教育组织升级的规制性、规范性，以及文化认知性要素，通过合法性机制，即组织采纳适当性的社会角色和行为，获取社会承认的过程，导致了学校组织的趋同（组织同形）。第一，大学排名体系的参与评价的人员结构和标准，具有相对专业性和稳定性，评估过程更多是由国家力量主导的。大学组织只有接近社会空间的社会中心制度，其生产发展才能具有合法性和理性，才会达到社会承认获得更高的声望等级位置[①]，并产生资源配置中心和边缘等级位置的结构安排。第二，在信念层面，组织升级是建立在社会观念制度基础上的，成为一种稳定的共享的价值观念，成为人们共享知识和社会价值判断的基础。所以，教育组织的升级是在组织与环境的互动中建构的，它包含信念体系、制度约束和组织间的互动过程。国内对职业教育场域的组织学研究才刚刚起步，学者们主要借鉴大学组织机构改革的研究路径，指出要建立市场导向的大学管理制度，改变政府规制和主导大学的方式，给大学发展提供更大的自主空间，这样才能建设成一流的大学。具体来说，大学内部体制的问题是教师聘任和晋升制度。中国人事制度改革，改变了大学内部的人际联系和自我封闭的体制，形成了自由平等的学术交流的氛围。[②] 在对大学制度改革和组织回应的研究中，20 世纪 90 年代，北京大学与校办科技企业关系的变动的研究，运用了制度变迁的分析视角，展示了大学、政府和校办企业的复杂关系。研究指出，声望等级制度是校办企业获取大学资源得以组织扩展的关键性因素，这成为其发展的合法性，混合体制有利于校办

---

① 周雪光：《清华社会学讲义组织社会学十讲》，社会科学文献出版社 2003 年版。
② 赵俊芳、姜帆：《中国大学制度研究热点、趋势及理论基础的知识图谱分析》，《高等教育研究》2014 年第 9 期。

企业利用这种声望等级获得市场资源。但对于大学组织来说，这导致了大学组织难以有效管理校办企业，以确保大学的利益，最终导致大学与校企的分离[①]。

高职院校作为中国高等教育的重要组织，它的组织变迁在很多方面也遵循了大学组织的相似经历。2005年开始，国家大力发展高职教育，转变人才培养模式，仿照普通院校"211"、"985"的做法，打造高职示范校建设项目。2006年，中国高等教育启动了以培养模式改革为核心的示范校建设项目。为了提升高职院校的办学水平，国家在"十一五"期间投入20亿，重点支持一百所高校示范校建设，在选拔中重点挑选领导能力、综合水平、教育教学改革、专业建设社会服务能力强的院校参加。国家通过项目制的治理模式进行人才培养模式、实验实训基地建设、师资队伍建设、课程体系与教学内容等方面的改革，提升中国高等职业教育的整体水平。首批进入示范校建设系列的为58所职业院校，中央与地方财政配套支持重点发展。而示范校建设主要是中央到地方以项目制治理方式开展，以适应项目治国、项目治校的逻辑。从资源依赖角度看，政府通过项目财政直接拨款用于学校人才培养、实训基地建设、专业建设、校企合作、技能大赛等方面的财政资金保障，专款专用。国家示范校建设项目成为高职院校生存发展的重要政策资源，示范校建设不仅带来了专项财政拨款，而且学校积极通过示范校建设提升在高等教育序列中的声望等级和排名。这种高职组织升级的过程是高职院校从杂牌军变成高等教育正规军的过程[②]。在组织层面，高职院校通过上下级关系的互动、非正式关系的资源的获取、自上而下的组织学习和整体性动员，提升了组织的地位，获得了生存发展的契机。一些研究关注政策演变下高职院校的组织变迁，认为高职院校是一个集权体制与项目结合领导体制，具有政绩指标导向和强大的组织动员能力，采用一种推动式的发展模式，造成了形式主义和仪式化，以及信息不对称所产生的共谋的行为。高职院校在示范校的改革过程中举办了

[①] 郭建如：《从大学与校办企业关系的演变看大学的社会型塑：体系再生产的视角》，《北京大学教育评论》2003年第4期。

[②] 郭建如、周志光：《高职示范校的组织学习、组织防卫与纠错能力——基于高职示范校C校的案例研究》，《高校教育管理》2018年第2期。

更多高度仪式性的活动①。并且在这种政绩导向下,地方政府扮演了重要角色,地方政府基于目标责任制、利益博弈和政策调整,形成上下共谋和劣性互动,职校在多重压力下,形成逃避责任和政绩取向的关系联姻。高职组织场域中的评估检查和激励机制的异化,使高职在获取资源方式上更多的是在"做材料和堆数据",将仪式工作技术化,导致更看重项目的象征意义,而不是真正促进学生能力的培养和教学模式的改革。一些个案研究关注示范校建设下的高职组织变迁,指出改革目标和陈述话语体系的变革轰轰烈烈,但是组织内核的变化却很缓慢,以此分析高职改革在院校内执行缓慢的组织机制。他们提出要关注组织转型的领导管理体制、权力博弈关系、组织结构和资源配置方式、组织学习机制。一些高职院校的组织变革体现了组织场域认知结构的改变对实质变革的作用。研究通过引入组织学习理论,分析高职示范校和应用职业技术大学建设下,组织防卫和组织纠错对推动改革进展的作用,并认为改革缓慢的原因在于单循环为主的组织学习模式和习惯性的组织防卫机制。他们认为国家项目制的实行确实给高职院校组织层面带来了一些变革。在领导体制和领导风格方面,领导整合资源、处理问题的能力有所提升。高职院校更多的是管理型、职业型的校长,校长负责制的实行,让校长具有更大的权力,倾向于独裁、专制和集权,并在组织决策中发挥了核心的作用。一些研究关注高职院校领导人的社会支持网络,以此分析高职院校领导资源获得和组织动员能力对于院校制度与组织改革的作用,以及组织内部资源配置与激励制度的关系。②

总体上,这些对高职院校组织变革的研究主要遵循组织制度主义理论,探讨国家政策演变下职业学校的组织回应策略。他们关注外部制度改革对组织内部结构与目标、领导体制与集权、资源分配与激励机制的影响。但是还停留在理论思辨的层面,缺乏相应的实证研究。组织学习理论的框架是职业学校组织学研究的典范,它将项目制引入高职场域的组织回应机制,揭示了国家和地方政府角色在组织变革中的举足轻重的作用。同时,以组织学习理

---

① 郭建如、周志光:《高职示范校的组织学习、组织防卫与纠错能力——基于高职示范校C校的案例研究》,《高校教育管理》2018年第2期;王雅静:《高职院校组织策略中的"虚"与"实"——一个新制度主义分析框架》,《职教论坛》2019年第5期。

② 郭建如、周志光:《高职示范校的组织学习、组织防卫与纠错能力——基于高职示范校C校的案例研究》,《高校教育管理》2018年第2期。

论关注组织场域认知结构的建构过程，体现制度变迁和组织变革中观念性的力量和机制的意义。郭建如（2015）的研究揭示了自上而下的组织学习机制，建构了国家制度变革和政策下达执行的合法性的认知结构，平衡了组织内部不同利益群体的博弈过程。但组织学习理论框架来源于组织管理学，把组织变革的因素都归结于组织学习机制则限制了对职业学校组织转型现实情况的洞见，更丧失了制度变迁的历史视角，对于揭示市场化转型下，技能型教育组织变革实质机制的分析缺乏深度。

这些实证研究对于理解职业教育场域的组织变迁和制度形成具有重要的理论与现实意义。高职院校作为高等教育重要的形式，其组织变革过程体现了技能型教育组织的演进机制，现有对高职组织的研究缺乏历史性的分析视角，从中职学校到高职院校，再到职业技术大学，这种组织升级的过程可以更好揭示技能型教育组织的历史演变，以及制度环境与组织机制的互动关系。

第四节　核心概念的界定

一　中职学校

中职学校属于中等学校教育层次，1978 年国家对中等职业教育结构调整后，将其统称为中等职业学校。1978 年邓小平在全国教育工作工作会议上提出，扩大农业中学、各种中等专业学校、技工学校的比例，进行中等教育结构调整。1980 年，《关于中等教育结构改革的报告》指出在推动中专、技校数量增长的同时，将一部分普通高中改办为职业技术学校、职业中学、农业中学，建立一种中等职业教育机构。中等职业学校成为一种新型的职业学校，招收初中毕业生，学制 2—3 年。[①] 在教育政策体系中，中职学校对应的是中等学校层次，在普通教育层次中，对应的是高中阶段教育。其实，在新中国成立后，为适应大规模经济建设和工业化发展要求，中国就参照苏联模式建立了中等专业学校制度和技工学校的职业教育体系[②]。同时，

[①] 石伟平、匡瑛：《中国教育改革 40 年：职业教育》，科学出版社 2018 年版。
[②] 苏熠慧：《对职业教育发展现状的反思》，《中国工人》2014 年第 7 期；于志晶、刘海、程宇：《从职教大国迈向职教强国——中国职业教育 2030 研究报告》，《职业技术教育》2016 年第 6 期。

在工厂企业中普遍存在的是学徒制技能传递模式。中专学校主要由行业部门主办和管辖，培养专业干部，技工学校主要由行业、企业主办，劳动部门进行综合管理，培养技术工人。这两种学校属于中等教育层次，属于本书所指的中职学校。市场化改革之后，在技能人才培养方面，国家大力发展中等职业教育，各类中等职业教育统称为中等职业技术学校，属于中专层次的职业教育。

二 职业技术大学

20世纪90年代高等教育扩招后，出现了大学组织趋同的倾向，具体体现为办学体制、组织定位、专业设置、人才培养模式等方面，重理论，轻实践；重科学，轻技术。2014年3月教育部提出鼓励部分本科高校向应用型转变，建立中国应用科技大学（学院）体系。2015年10月，教育部等部委联合出台《关于引导部分地方普通本科高校向应用型转变的指导意见》，这奠定了中国建设应用技术大学体系的基调。在学界对这类学校有不同的称谓，如"职业技术大学""应用技术大学""应用科技大学"等，一般指高等教育体系中一类培养应用型技术人才的高校。在技术的等级序列上，应用技术大学属于工程教育的类型，而非职业学校，强调动手能力和操作技能训练。2011年联合国教科文组织的国际教育分类法，认为应用技术大学是培养应用技术人才的大学。北京大学教育学院郭建如教授根据人才培养类型和模式的差异，将高校分为研究型、应用型和职业技能型高校三种。[①]

随着科技发展和产业升级，世界各国开始设立具有学位水平的全日制技术课程，发展本科层次的高级工程技术学院或职业技术大学。在20世纪60—70年代，德国的应用科技大学最为典型。20世纪70年代中期，德国开始将三年制的职业技术性的高等专科学校（FH）改为四年制的应用科技大学，成为和学术型大学同等地位、不同类型的高等教育制度，培养中高级的科技人才，虽然从专科层次升级为本科层次，但是依然坚守职业

[①] 郭建如：《地方本科高校转型发展中的核心问题探析》，《黄河科技大学学报》2017年第1期。

教育的办学特色①。中国台湾地区也通过科技大学培养硕士和博士层次的技术技能人才②。

现阶段,虽然学界和政界在教育理念和顶层制度设计上对职业技术大学序列建设的发展定位、教育内涵、知识类型、组织变革、政府角色、教育评价等方面还存在争议,但是应用技术大学的建设工作已经开始全面铺开,这成为中国高等教育领域改革的重要举措。应用型大学属于高等教育,高等教育分为学术导向和应用导向两种人才培养模式。应用技术大学是指培养应用型技术人才的高等教育组织,学生学习应用型技术知识,获得本科,甚至硕士、博士的学历学位文凭。中国职业技术大学建设主要有三条路径:一是教育部开展的一些新建本科院校、二本院校和独立学院的应用型大学转型;二是高职院校升格为应用职业技术大学;三是根据地区产业发展需要,新建职业技术大学,如深圳技术大学。这种职业技术大学体系的建立是为了改变中国技术技能人才培养与市场需求不匹配的问题,一方面,适应产业和技术应用的需求,为企业节约培训成本;另一方面,减少个体人力资本投资的额外费用。③

本书关注的职业学校大学化是指从中等职业学校发展为职业技术大学的制度化过程。具体是指在举办职业教育本科的基础上,高职院校通过组织升格直接进入本科院校的行列,成为(应用)技术大学、职业技术师范大学、职业大学、理工学院等。在高职院校组织升本的过程中,其办学体制、学科建设、专业设置、课程体系、人才培养模式、校企合作方式等制度也得以建构。

三 双元制

双元制(Dual System)职业教育理念和模式起源于德国,企业为"一元",与国家举办的学校为另"一元",合作培养技能人才的职业教育和技

---

① 陈宝华:《挑战与机遇:中国高职院校发展路径的选择》,《继续教育》2017年第10期。
② 任君庆、王琪:《发展本科层次职业教育:历史考察,现状分析和路径选择》,《职教论坛》2013年第4期。
③ 郭建如:《地方本科高校转型发展中的核心问题探析》,《黄河科技大学学报》2017年第1期。

能训练制度。① 双元制职业教育的过程在企业和职业学校进行，体现政府和企业在技能人才培养上的分担机制。在历史制度主义的视野下，技能形成制度的社会建构是国家、资本、劳动者三者力量利益政治的博弈和协调过程，资本主义国家技能形成制度差异的成因是工会、雇主行业协会、国家之间所达成的不同政治妥协安排。② 在双元制中，企业的主导参与教育模式是双元制的重要特点，将近70%的技能教育比例在企业的真实工作场景中完成，企业实践和职业学校的理论教学密切结合。在外部制度环境上，通过教育部门主导，经济部门和劳动部门协同，地方和行会实施，科技机构支撑来运行。在学历层次上，坚持中职为主，稳步发展高职教育。③

德国企业支持职业教育的原因主要在于企业行会、工人工会和国家三方形成利益政治的博弈，以及企业对技术工人供给的重要决定权。④ 中国教育部从20世纪80年代初开始在这一领域和德国有关机构进行合作（如汉斯塞德尔基金会、德国技术合作公司），实施"双元制职业教育"试点工作。德国双元制模式学制为2—3.5年，一般主体为中学毕业生，其智力特征以形象思维为主，培养目标为技术管理人员。教学分别在企业和职业学校里交替进行，60%—70%的时间在企业，40%—30%的时间在学校。

四 教育治理和教育管理

对教育治理和教育管理的理念要辨析治理和管理概念的区别，社会治理的概念是在国家治理现代化体系的建立中提出的。治理的概念是一个西方化的概念。治理侧重于多方协商妥协形成的多元化治理机制，社会多元主体参与到治理过程中，是一种自下而上的治理模式。同时，社会治理是动态平衡的机制，通过制度安排和权力互动形成基础性的控制和平衡系统。而管理侧重技术层面的控制，体现一种自上而下的管控技术和手段。⑤

---

① 姜大源：《德国"双元制"职业教育再解读》，《中国职业技术教育》2013年第33期。
② [美]凯瑟琳·西伦：《制度是如何演化的：德国、英国、美国和日本的技能政治经济学》，王星译，上海人民出版社2010年版。
③ 姜大源：《德国"双元制"职业教育再解读》，《中国职业技术教育》2013年第33期。
④ [美]凯瑟琳·西伦：《制度是如何演化的：德国、英国、美国和日本的技能政治经济学》，王星译，上海人民出版社2010年版。
⑤ 李连江、张静、刘守英等：《中国社会治理变革及前沿——中国基层社会治理的变迁与脉络——李连江、张静、刘守英、应星对话录》，《中国社会科学评价》2018年第3期。

社会治理和管理的区别适用于教育治理和管理的差异，教育治理侧重多元协商机制，体现利益与权利均衡，它是教育现代化的社会性维度。职业教育系统是一个开放的系统，它需要和外部的制度环境和社会系统进行互动，职业教育治理涉及不同群体之间的利益博弈和权力均衡[①]。这种利益均衡状态关注各个不同利益主体的诉求，政府应该在协调利益均衡过程中扮演调控的角色，制定区域间职业教育的培养方案、课程标准和考试制度设置的多元主体参与方案。但是，这种教育治理的利益博弈和权力均衡在中国现阶段的职业教育治理中并不符合现实。国家更多是自上而下的教育管理的理念，将中国高等教育主体纳入行政科层化的管理框架中，并采用各种技术治理的方式进行教育管理。中国的职业教育发展动力更多的并不是来自于天然的利益政治的均衡，而是职业教育专家和政府教育部门官员的意图。

　　在职业教育组织的外部环境中除了国家的力量，还存在市场的因素，职业学校面对的市场主体主要包含企业、学生（生源）、家长和其他职业学校。相关研究认为教育是市场的，职业教育具有外部性，教育的公共物品的性质是被塑造的，如在专业设置、招生就业、学生培养和校企合作的过程中，职业教育具有竞争性和排他性。职业学校组织发展需要考虑外部市场因素，提高生源质量，获取大学排名等级地位。

五　信念体系

　　本书的信念体系是国家、学校组织和个人认知结构中形成的对职业教育的理念和行动倾向。国家、学校和个人的信念体系处于不同层次，但是它们是相互影响的。在对学校组织信念体系的建构与变迁的考察中，国家和个人的信念成为推动学校组织信念体系形成和演变的重要条件。信念体系作为观念的制度，教育思想嵌入社会结构和行动者信念体系中，并通过教育实践形塑了教育制度的形态和功能；社会结构性力量形塑了职业教育的理念和原则，教育理念进入社会实践后的演变路径受到了社会环境、制

---

① 李俊：《论职业教育中的利益与权利均衡——浅析职业教育现代化的社会维度》，《清华大学教育研究》2013年第2期；李俊：《利益协调与权力均衡——论多元主体参与下的职业教育治理》，《教育理论与实践》2014年第27期。

度规则和组织结构的约束。教育理念和大学制度形成是社会互构的过程，体现了制度的二重性。信念体系的形成是社会博弈的结果，它包含不同利益相关方的互动过程。信念体系是制度化和结构化的内生变量，内化于行动者的行为逻辑，产生一种结构性约束和信念的激励。信念体系是历史性的、情景性的和过程性的，通过结构和行动者的互动建构了正式和非正式制度。同时，信念也是一套意义系统，包含内化的认知层面和内在的行动层面，形成行动者的主体性。组织的信念体系是一套信念集，通过组织学习建构了个人和集体的共享信念，这种共享信念体系受到社会制度、历史路径依赖、利益政治博弈的影响。

第五节　理论框架

一　嵌入社会结构中的信念体系

涂尔干的《教育思想的演进》考察了法国中等教育史发展的教育理念和制度体系建构的关系。组织和制度的变迁的社会后果形成一种新的教育体系，"继而唤醒了一种史无前例的教育思想"，不同历史阶段的教育思想形塑了教育制度、组织结构和课程体系。而教育思想，作为一种理念体系和理论性观念，进入社会实践后，嵌入社会结构中，随着社会变动而改变观念，这是一种动态的过程。"这种演化过程构成了观念内的历史的一部分"。这种教育思想和制度演进的逻辑体现了信念与制度的一体化和结构二重性的理念，受到社会结构形塑的观念体系嵌入结构中，推动了教育制度的形成和演变。信念体系的建构、转型与教育治理制度化的过程是同构的。涂尔干分析了巴黎大学被耶稣会取代的过程，指出组织的变革形成一种新的教育法团组织，通过社会共同体的实践互动，形成新的教育模式和社会功能。而这种法团的建立是教育理念实践的结构化过程。这种理念是对传统的捍卫和现代纵容的平衡，使教育又一次因维持世俗特性而落入宗教教会掌控。[①]

本书遵循涂尔干的《教育思想的演进》中教育理念制度化的理论框架，认为中国职业技术大学制度发育与生产背后的动力机制包含三个层

---

① ［法］爱弥尔·涂尔干：《教育思想的演进》，上海人民出版社2006年版。

面：第一，职业技术大学制度形成是结构化的过程。教育思想嵌入社会结构和行动者信念体系，并通过社会性的教育实践，形塑了教育制度的形态和功能。第二，社会结构力量形塑了职业教育理念。教育理念进入社会实践后的演变受到社会环境、制度规则和组织结构的约束。第三，教育理念和大学制度形成是一个社会"互构"过程，这种结构化体现了制度的二重性。

制度化的结构是一种内生变量，是内化于社会行动者行为逻辑中的，并受到社会结构中的历史性、情境性、过程性要素的约束和激励，是再生产结构化的过程。理念的形成是社会博弈的结果，通过社会互动，形成正式和非正式的结构和信念激励[1]。制度化的行动者根据结构约束和激励形成信念动机、辨识制度环境、形成个人偏好和选择。信念体系是一套意义系统，它包含内化的信念和行为信念[2]，决定了制度的生成机制和变化机制，通过社会建构互动嵌入行动者的主体性策略中，形成一种信念集。个人与集体形成一套共享信念，这种认可信念的社会期待和预期，通过社会互动形塑了制度和结构[3]。社会制度形成和演变是历史性的政治过程，既包含历史传统的路径依赖，同时利益政治过程也会产生制度化的意外后果[4]。

新华职校发展的不同阶段都体现了不同教育理念对制度和组织变迁的作用，按照历史脉络，职业学校组织变迁分为四个阶段：包含计划体制时期、市场化转型中的双元制时代、大学扩招期、示范校建设时期和职业技术大学建设阶段。从国家理念到组织理念，每个阶段职业学校组织决策具有不同的职业教育理念，这形塑了技能型高校制度演变和组织变革。

二 大学治理的制度化

理解教育治理理念的根源，我们需要了解当前时代背景下的教育思想

---

[1] ［美］道格拉斯·C.诺思：《经济史中的结构与变迁》，上海三联书店1991年版。
[2] ［美］阿弗纳·格雷夫、韩福国：《自我执行的制度：比较历史制度分析（上）》，《经济社会体制比较》2008年第2期。
[3] 高柏：《中国经济发展模式转型与经济社会学制度学派》，《社会学研究》2018年第4期。
[4] ［美］凯瑟琳·西伦：《制度是如何演化的：德国、英国、美国和日本的技能政治经济学》，王星译，上海人民出版社2010年版，第291页。

观念。柏拉图指出教育思想的最高境界是一种哲学。社会的教育思想是来源于社会上所形成的社会发展现代性的理念。施特劳斯学派认为，高等教育的危机是自由主义哲学的危机，也是现代性的危机。他们主张以回归经典教育来批判现代性[1]，以此重组自由人文教育，发挥经典著作在大学教育中的作用，承担通识课程，倡导精英教育。他们批判美国自由主义教育带来的消极影响，标榜着自由、开放、民主的自由教育观念，却形成了一种心灵的封闭，导致美国虚无主义泛滥[2]。他认为美国大学的危机在于技术主义和科学主义专业教育占据了主导地位。他指出这种转型的原因在于教育的扩张使高等教育从精英模式变成大众模式，而学校的办学模式和高等教育的价值理念，形成了一种综合性的巨型学校，取代了传统的人文教育[3]。教育哲学的理论认为大学的发展具有两种不同的取向，一种是国家管制主义，一种是市场自由主义。一些学者在高等教育体系中讨论学术自治和大学管制的关系，约翰·S. 布鲁贝克在1977年的《高等教育哲学》中讨论了美国高等教育发展取向的哲学问题，并分析了教育规模扩张的平衡性问题。马丁·特罗分析了高等教育从社会边缘走向中心后，教育系统的庞大化，以及与政府关系的紧密性。中央政府和地方政府成为了高等教育唯一的资金来源[4]。随着教育扩张和大学升级，学术自治和大学治理问题成为一种政治和社会问题。

中国大学治理的制度化过程体现了一种国家管制主义的逻辑，呈现了从"教育理念—制度—组织—个人"过程的制度二重性。不同历史阶段的教育思潮形塑了中国职业学校的发展路径，从中职学校到职业技术大学，建构了现代职业技术大学的职业教育体系，并完成了其社会性的教育功能。但是，在国家管制下，市场在现代大学体系形成也发挥重要作用，它体现了中央政府、地方政府、行业企业、职业学校、家长、学生之间的互

---

[1] 施晓光、李俊：《"现代性危机"映射下的大学困境》，《浙江大学学报：人文社会科学版》2012年第5期。

[2] ［美］布卢姆：《走向封闭的美国精神》，缪青、宋丽娜译，中国社会科学出版社1994年版；沈文钦：《自由教育与美好生活——施特劳斯学派自由教育观述评》，《北京大学教育评论》2016年第1期。

[3] ［美］布鲁姆：《巨人与侏儒：布鲁姆文集》，秦露等译，华夏出版社2003年版。

[4] ［美］马丁·特罗、徐丹、连进军：《从精英到大众再到普及高等教育的反思：二战后现代社会高等教育的形态与阶段》，《大学教育科学》2009年第3期。

动关系。在市场模式和集权模式的框架下,可以分为"政府—大学—市场"模式和"政府—市场—大学"模式。根据国家控制和市场角色的发挥两个维度,界定不同类型大学治理模式。大学教育作为一种公共物品,但也具有私人物品的属性,新自由主义认为如果将公共物品通过私人投资与供给的方式提供所产生的回报,可能会高于公共投资与供给,而且在增加了个人自由选择权的同时兼顾经济效能和个人选择所带来的社会利益,会提供更多的集体公共物品。但是,这种观点没有考虑到规范性议题,比如要实现社会公正和社会正义,现代大学的经济功能需要与知识文化方面的使命相协调。[①] 其一,大学是一种公共行政组织,承担国家和社会公共事务的管理职责,具有公共性和社会性;其二,将政府与社会服务职能统合起来,要发挥市场交易活动的调节权力,增加大学的办学自主权,要优化行政干预,加强政府对公共产品的共性管理职能,市场化转型过程中,要精简政府职能,发挥市场在资源配置中的基础性作用;其三,教育组织是一种科层制组织,实质是政府组织的一部分,延续事业单位的管理模式,知识的专业化、交易规则和管理控制受到知识发展逻辑和学术规范影响。对于职业学校组织特性和内涵的讨论,对高等教育的伦理学与经济学的探讨揭示了公共政策的两难困境。教育政策是遵循社会性原则还是市场性原则?政府、市场和社会的边界在哪里?这其中既有政策的经济学意义,又有规范性的议题。

从国家治理角度来看,教育政策的制定在规则制定和福利供给方面越来越复杂,教育物品的定义日益复杂,公共政策制定要满足社会受众的具体利益和增进一个社会的整体利益,兼顾公平性和差异性。优化政府干预,发挥市场调节作用,不能简单归结为国家治理的"集权和分权"模式,中国的公共政策都是由政府制定的,而不是通过增加公众参与来影响公共政策的制定,中国模式的发展是基于实践的,并非依赖一种基于价值的推演,这是一种实用主义的公共政策实践。教育政策从经济学和伦理学的双重角度来考虑政策制定,思考必要的投资和现有的公共财政能力之间是否能保持平衡,根本问题是国家政策如何维持一个综合的、高质量的大

[①] [英]W. 约翰·摩根、申超:《伦理学、经济学与高等教育——作为一种公共物品的大学》,《北京大学教育评论》2013年第2期。

学系统。应把大学教育看成一种必要的公共物品，提供政府规制的意义，提高政策选择的有效性。所以，本书将职业学校组织放置于中央政府、地方政府、行业企业、家长和学生的利益互动关系中，分析组织历史变迁过程中国家、市场和社会的角色，将大学治理的制度化放置在宏观社会治理的框架下。

  本书按照政府基层治理和"央地"委托代理理论的框架，分析教育治理模式中的国家、市场和社会力量的博弈，以此形成不同的治理类型。在区域产业发展不同形态和地方政府治理模式的差异下，形成了不同的区域化教育管理模式。总体上，中国从计划向市场体制转型的过程中，中国教育治理体制经历了集权、分权，再到适度分权的治理模式的变化。分税制改革之后，中国建立教育财政的转移支付体系，不断通过财政制度调整央地政府的"条块"关系，通过教育项目制调动地方政府的积极性，不断优化央地政府在职业教育中的权责关系。周雪光（2015、2016）等人的委托代理模式集中讨论的是项目制作为一种治国体制，形成政府上下级分级治理模式，上下级控制权的分配过程涉及正式权威和剩余控制权的关系，它引发了组织层面不同治理模式。这种委托代理关系体现在高校治理结构中的国家控制和组织自主权的关系。但是，该框架更适用于讨论政府上下级治理逻辑，并没有关注教育过程的复杂性。本书借鉴了政府组织的委托代理模式，在大学治理制度化下揭示国家规制和市场导向对职业教育治理模式的作用。大学治理制度化包含了教育理念、教育行政管理制度、教育财政体制和教育绩效评价体系的制度化过程（见图1-1）。国家、市场和社会的力量成为形塑职业技术大学制度的重要机制，成为学校组织发展的制度和技术环境。

  从中职学校到职业技术大学，中国技能型高校制度的社会建构机制包含信念体系、行政管理制度、教育财政体制和绩效评价制度。在职业学校的制度化中，不同主体的职业教育信念决定了制度建构的走向。信念体系主要指中央政府、地方政府、职业学校、行业企业、家长学生对职业教育的认知和行动倾向。国家、组织和个人的信念体系成为推动学校组织信念的建构和变化。

  从计划向市场体制转型的背景下，学校组织的教育理念受到国家职业教育理念影响，进而国家理念通过制度和组织机制替代学校教育理念，

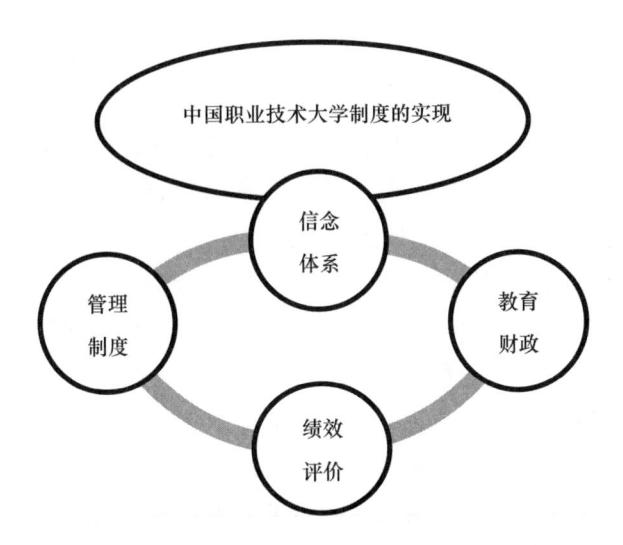

图 1-1　中国职业技术大学制度实现的动力机制

这是信念体系形成的不同利益相关方的社会博弈的结果。信念体系是制度化和结构化的内生变量,内化于行动者的行为逻辑,产生一种结构性约束和信念的激励。在职业学校组织内部,决策者可以是领导者个人,也可以是领导班子成员之间的博弈,以及组织内部成员的互动形成的。组织信念的建构融合了不同层次的主体力量。信念体系是历史性的、情景性的和过程性的,它通过结构和行动者的互动建构了正式和非正式制度。在不同的历史阶段,哪些力量决定了组织信念体系的形成,共享信念的建构过程中的制度环境、历史路径依赖、行动主体的利益博弈成为本书的焦点。(见图 1-2)

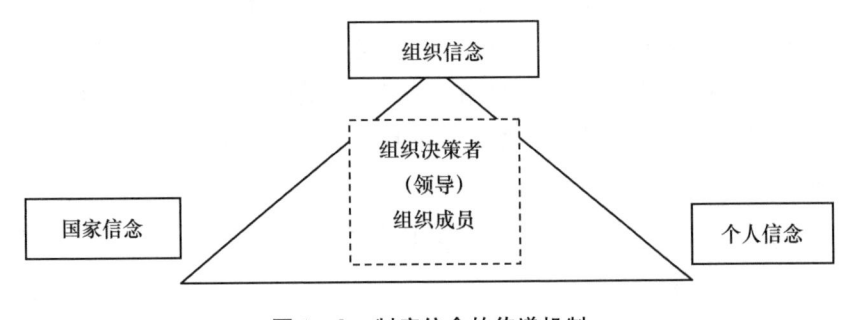

图 1-2　制度信念的传递机制

三 职业教育组织的类型

计划体制向市场体制、中国技能形成制度从学徒制向学校制的转型的过程下，中国职业学校组织变迁的特点和不同发展模式：职业学校从"与行业紧密联系"到"与行业分离"、校企结合方式从"学校—企业"到"学校—市场—企业"模式变化，这涉及教育行政管理体制、办学体制、教育财政体制、绩效评价体系等制度的演进过程，它推动了职业学校的信念体系、制度环境、组织目标和组织内部机理的变迁。计划经济下的工厂学徒制是企业内部技能培养制度，主要承担国有企业的社会属性中的职工技能训练教育职能，工厂按照单位制的方式为职工提供技能培训，承担职工技能教育功能。此时，提供的技能知识类型是满足企业生产需求的专用性技能，满足企业特殊技能积累的功能[①]。计划体制下的行业中职学校制度依托行业部门和国有企业办学，是一种内部技能形成制度。在市场化转型中，职业学校制度成为一种正式的院校化、规模化、集群式的培养模式，重视传授系统化的专业知识，建立以知识为形态的间接经验传递的系统课程。企业发展的核心技能很难通过外部技能形成方式提供。在从行业系统到教育统筹的变化下，职业学校制度和教育理念更倾向精英化和学术性，关注职业教育在知识体系和教育系统中的等级地位，组织追求"正名"的身份认同，形塑了职业教育学术化和职业学校大学化的发展路径。

从产业技能积累类型上看，中国存在两种主要的模式，服务于新兴产业的激进性创新模式和传统产业的累积性创新模式：

（1）激进型创新模式适用于自由市场经济国家。依赖于大量通用性技能，主要通过职业教育的正规教育机构提供职业教育，并具有自由流动的劳动力市场，培养员工通用性的市场化技能。

（2）累积性创新模式主要是用于协调式市场模式，具有企业内部培训和职业技校的形式，提供专用型的技能培训，主要通过双元制的职业教育模式提供。

而现阶段，中国技能不匹配主要体现在技能错配和培养质量的差距

[①] 王星：《技能形成的社会建构：中国工厂学徒制变迁历程的社会学分析》，社会科学文献出版社 2014 年版。

上，具体体现在技工总量的短缺、质量滞后、供给与需求的不匹配三个方面①。制度匹配理论在讨论技能错配时并未深入研究外部技能形成体系：职业教育培训系统的角色和功能，以及分析这种机制形成的社会原因，还有它是如何在长期的发展过程中影响职业教育培训系统的发展的。

按照"信念—制度—组织—教育"的过程，本书主要区分两种不同宏观体制下，从计划到市场体制的组织技能培养模式的差异。在组织类型上，技能教育组织经历了从具有"行业传统"到"与行业分离"的过程：工厂学徒制、中职学校、高职院校、职业技术大学或职业大学。按照韦伯的理想类型的分类法，在教育理念、制度环境、资源依赖方式（经费来源）、办学主体、办学层次、校企结合关系、企业参与度、知识类型、组织目标与结构、人才培养模式等方面，中国职业教育组织经历了不同类型的演变。（见图1-3和表1-1）

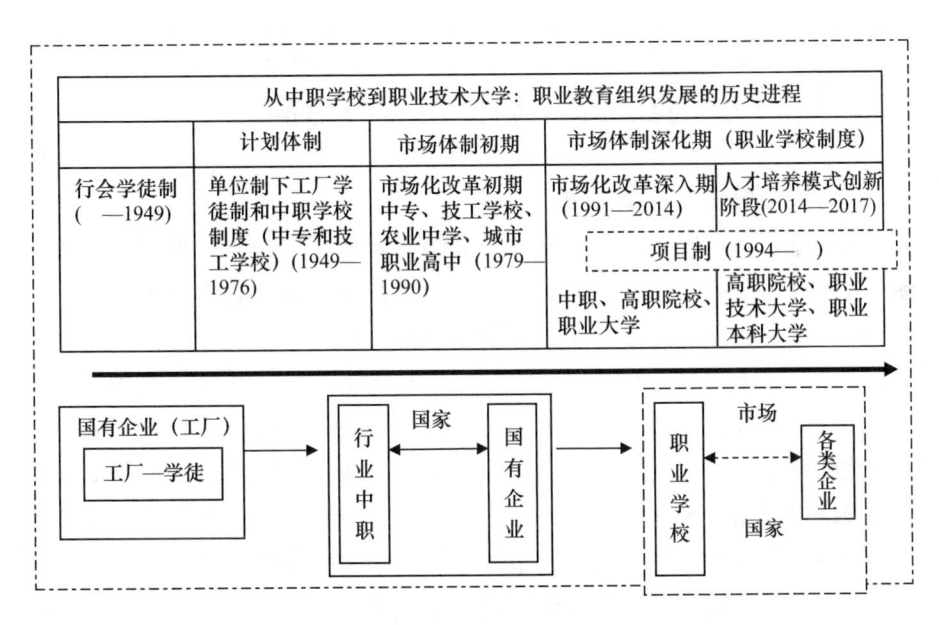

图1-3 职业教育组织发展历史进程

---

① 王星：《劳工品质、劳动保护与跨国资本空间转移——基于中印两国的比较研究》，《浙江社会科学》2012年第1期。

表 1-1　　　　　　中国职业教育组织的类型演变

组织类型	制度环境	经费形式	校企关系	知识类型	组织目标和结构	职业教育理念
工厂学徒制	计划体制	行业部门、国有企业	一体化	精准性	单一	职工教育、技术操作能力培养
行业中职学校	计划体制、行业系统	行业地方政府、国有企业	半工半读双元制	专用性	单一	工学结合、动手能力
中职学校（教育系统）	市场化转型	地方政府（教育系统）	服务企业	专用性通适性	双重、升级、规模化	升学教育
高职院校	市场体制	中央政府、地方政府	战略合作	通适性专用性	多元、升级、科层化	学历导向、追求文凭地位
职业技术大学	市场体制	央地财政、中央政府（教育部）	学校主导	通适性科学化	多元、综合化、组织同形	学历导向、重视文凭地位、追求组织声望和大学排名

第六节　研究方法与结构

一　大学史研究与个案法

大学既是古老的，又是常新的。大学有着悠久的历史，同时也随着社会发展而存续。大学组织具有自我更新、自我发展和自我调节的力量。而大学的内涵是在历史的过程中渐渐延展开的。在时代变迁下，大学组织也日渐成熟。关于大学史的研究起源于19世纪初的欧美国家，其中，专题史方面的研究成果最为丰富。大学历史研究方法一般把大学发展放入一个历史性的脉络，关注大学与社会制度、社会生活不同侧面的关联，如大学与社会结构变化、大学与城市生活、大学与政治生活等的关联。或是从大学组织内部的问题出发，关注大学的课程教学、招生学位考试管理、教师和学生群体、组织财政、人事和行政等方面的问题①。关于中国大学史的研究通常在高等教育史中，中国大学的历史研究一般体现的是高等教育机构功能和结构的变迁。教育学对大学的关注焦点往往局限于大学结构内部，不能跳出教育看教育。英国学者迈克尔·扬（1971）指出了课程史研

---

① 张斌贤、李子江：《大学：自由，自治与控制》，北京师范大学出版社2005年版。

究的局限性与可能性，他将课程分为事实的课程观和实践的课程观，阐明了知识社会学在课程变迁方面的基本立场。两种课程史观体现了强调外部社会环境和强调内部师生权力互动的不同范式。为什么教育和人才培养模式变革如果只关注教学内部师生互动，是不能实现教育的根本改变的？因为学校内部的改革会受到外部很多社会性因素的卷入性影响。所以，课程变迁反映了教育变革者实践过程和环境要素。笔者从知识社会学的角度来论证课程史变迁的机制，具有一种方法论的创新意义。我们通常用以二元对立的观点来分析知识的类型，包括学术性和非学术性的、理论与实践的、职业与通识的、抽象与具体的，这恰恰形成在社会关系和特定社会联系中的教育等级制度。所以，大学不仅作为一个教育机构，而更是一种社会机构、学术机构和文化机构。在错综复杂变化的社会条件下，大学始终在进行自我调节和更新，承担着现代大学的各种职能。涂尔干的《教育思想史的演进》，历史性考察了法国巴黎大学的诞生以及大学学科体系的变化的教育思想史和社会制度史。这种社会史和教育史的交织研究，为大学社会史的研究奠定了一个范例和基础。

　　本书通过职业教育组织的个案研究关注职业学校从中职学校到职业技术大学的组织发育和生产过程。一叶知秋，通过对新华职校的历史性考察，观察其职业教育思想史和社会制度史的互动关系，描述出组织发展不同阶段的理念和形态的不同特点，从"信念—制度—组织—个人"的层次，多角度观察职业教育制度的发育、发展和变革的基本要素。

　　本书主要采用社会学的质性研究方法，其客观性主要体现在资料的收集和处理的过程。质性研究方法以建构主义方法论为基础，多通过深度分析个案演进的历史和现实社会机制，梳理复杂社会现象背后的建构机制，从而对其因果关系进行阐述。质性研究是一种情境性的实践，它通过田野调查、深度访谈、对话、图片、日记和备忘录等形式让世界变得清晰可见，并试图理解和阐释行动者对现实世界带来的意义[1]。质性研究方法的难点在于分析组织的历史变迁过程，呈现组织内部动态的博弈，以及个案推广的一般性规律。本书的主要研究对象是历史演变下的职业学校的组织

---

[1] Travers M., "Qualitative Research through Case Studies", *Journal of Advanced Nursing*, Vol. 41, No. 5, 2001.

发展历程。在不同历史阶段，组织经历不同的制度关键的转折点。本书主要关注在市场化转型背景下，国家职业教育理念、教育治理模式、评价机制对职业教育组织演变的影响。职业学校的大学化是制度的结构化过程，它通过组织与制度环境的互动、组织内部结构的权力博弈形塑了外部的制度和组织结构形态。所以，本书关注的历史性和结构化的关联机制，更适合通过质性研究方法呈现。

  质性研究是一种方法论的取向，个案研究更是一种选定对象的具体研究方法，而不是方法论的选择。个案法是质性研究一般采用的方法，它通过一个个案的深度描述，揭示其背后的社会运行机制。个案研究可以帮助我们了解社会、组织、群体和个人相关的复杂社会现象，生动地展现现实社会的特征。个案研究可以建构实践性理论，理解和修改规则、排除一些不可能的理论建构的可能，在处理个案研究的特殊与普遍性问题时，一些学者提出了个案中的概括法、拓展个案法、超越个案的类型学概括法和分析型概括法的四种解决方案。拓展个案法立足于宏观分析微观，从实践中挖掘理论的内涵和意义[1]。拓展个案法继承了个案研究法的参与观察的原则，但是却希望突破个案的界限系统，上升到一个开放的空间。个案不是一个封闭的系统，而是一个开放的场域，是动态地、历史性地观察案例的社会过程和日常生活实践[2]。其实，个案法对社会机制进行详细的、具体的描述，其本身就具有现实和理论意义，这并不需要量化研究的代表性。但是，如何将个案研究的结论提升为一般性的理论，使质性研究不但具有揭示复杂社会机制的意义，更可以拓展为一般性的理论意义，这需要我们做到：选择典型的个案，特别是个案内涵的丰富程度、这样的个案中蕴含着丰富的学术闪光点和理论资源。特别是具有时间维度的历史性个案，其中往往蕴含普遍性的法则，从个案可以推导出一般性的理论问题。但是，这种中间过程的论述如何建立宏观与微观的关系是拓展个案的难点。社区调查法是一种解剖麻雀的方法，具体的推演逻辑是从局部到总体的类型归纳法[3]。该方法通过地方类型的积累，形成各种发展模式，反映出中国社

---

[1] 卢晖临、李雪：《如何走出个案——从个案研究到扩展个案研究》，《中国社会科学》2007年第1期。
[2] 费孝通：《江村经济：中国农民的生活》，商务印书馆2001年版。
[3] 费孝通：《乡土中国·生育制度·乡土重建》，商务印书馆2015年版。

会结构的总体形态。其中,时间和空间过程的拓展具有重要方法论意义,它对个案研究从个别到一般、从微观到宏观,以及呈现动态过程具有重要价值。

选择新华职校作为本书的个案主要基于如下原因:第一,个案组织的历史演进覆盖时间长,从20世纪80年代初至今,新华职校具有30多年的历史,并经历了中国从计划到市场体制的转型过程,呈现出多阶段的组织变迁轨迹。第二,新华职校组织的变迁过程和国家教育制度的变革关联度高,它最初是双元制中职学校,后转型成为省级举办的公办高职院校和职业技术大学,几次组织转型的决策都与国家教育治理和产教融合改革行为密切相关,这有助于我们分析制度环境与组织变迁的互动关系。第三,新华职校的发育和成长也是德国双元制职业教育模式在中国本土化的过程,对该案例的历史性研究具有重要的制度比较意义。第四,在国家高等职业教育体系建设阶段,新华职校是改革试点项目,从行业中职学校到教育管辖的公办高职院校,再到升级建设职业技术大学,新华职校从行业系统的职业教育组织转型进入国家高等教育的学校体系,并不断追求在高等教育体系中的身份地位,对其历史性个案的研究不但能积累珍贵的历史资料,同时也能反思中国职业教育的政策演变、发展路径和组织发展模式。对新华职校的历史资料和组织变迁情况的考察,笔者主要参考的是中国20世纪80年代初至今的国家技能形成、职业教育、产教融合和技能劳动力管理的相关制度和政策文件,以及国家教育主管部门、行业主管部门、西乡市地方教育和行业主管部门出台的政策制度文件。① 此外,对新华职校的历史资料收集,主要参考学院校史馆和档案馆丰富的文档资料,以及不同二级学院的工作汇报和学院各项工作的统计数据。在文献资料外,为了让本书更立体、丰富、深刻地展现中国职业学校的组织发展历史,笔者还对新华职校的领导、教师和学生等进行了深度访谈。文献资料、参与观察和深度访谈关注到了新华职校在组织变迁过程中的制度环境、教育行政管理体制、决策机制、财政体制、绩效评价制度、内部劳动力市场、组织决策和利益博弈、院系发展、专业设置、课程体系设计、学生培养等各个方面的变迁。

---

① 西乡市是根据科研伦理需要虚构的城市名称,并不直接对应中国具体的省市名称。

二 资料收集和分析方法

本书具体的资料收集方法主要包括文献分析法、参与观察法和深度访谈法。笔者通过对历史上国家产业发展、劳动力市场与职业教育政策文献的梳理，以及新华职校历史档案资料的收集整理，对新华职校组织变迁的社会机制展开分析。

文献资料的获取和研究是基础性的工作，让实证研究建立在丰富的文献和档案资料上，研究结论才能经得起推敲。制度和组织的历史性资料与个体深度访谈相结合，保障了研究更贴近历史的细节和具体的社会机制。文献主要涉及从新中国成立以来国家技能形成、职业教育、劳动与技能培养政策的演变，档案材料主要包括新华职校的校史馆和档案馆关于学校早期德国双元制的培养资料、转型成为公办高职方面的历史资料，以及示范校建设阶段和职业技术大学申报、建设时期的相关资料。从形式上看，这些历史档案包含了国家教育和行业主管部门、地方政府、教委和学校领导的讲话、制度政策文件、项目申报书、教育评估材料、双元制课程体系、技能培训课程标准、校企合作方案合同、技能大赛、学生就业等方面的历史资料。

参与观察法是深入田野调查地点，观察收集质性研究的数据。参与观察分为完全参与观察和间接的参与观察。对于新华职校组织变迁的考察，笔者在组织转型和相关活动中，如校企合作、教师企业培训、技能大赛、学生社会服务等参与观察，全面了解学院组织转型的决策过程、校企合作、教学管理、教师培训、专业和培养方案设计、课程设置、招生就业等方面的信息。

深度访谈是重要的质性研究方法，访谈主要以问答形式开展，在访谈过程中不断捕捉被访人的重要信息，访谈以核心问题为导向，不断转换具体问题。它不同于一般问卷式的访谈，一般问卷访谈题目在访谈之前就设计完善，访问员更多是在被动地按问卷问题提问。在获取基础性的信息方面，如果涉及态度和机制的问题，访问员往往不能敏锐地感知到。深度访谈虽然具有一定的方向性，但是在访谈过程中具有更多不确定性。在访谈过程也许会有意想不到的收获，以纠正之前在理论假设基础上设置的问题。同时，深度访谈过程中可以观察到被访人的身体语言，了解研究对象的生活场景。本书深度访谈遵循如下几个原则：第一，获得访谈对象的信任，同时通过匿名方式消除其顾虑。处理研究伦理的问题，本书很多涉及被访人的细节问题都做了技术性的处理，不会影响到他们的生活。第二，深度访谈对象的多元化。根据组织利益相关人理论，访谈对象拓展到组织发展的不同利益相关人，如学校领导班子成员、中层领导、行政人员、教师、辅导员、学生等。研究对象还涉及组织外部的一些主管单位人员和同类高职院校的管理人员，如教育部、西乡市教委和经委领导、区教育局、行业系统和大型国有企业负责人等。第三，时间序列的历史分析。对深度访谈的对象，笔者都要求尽量还原其职业发展的历程，通过他们对其生命历程的回忆，一方面，可以挖掘新华职校变迁过程中历史故事的面貌，另一方面，可以弥补历史资料分析的不足。这符合深度访谈和历史文献资料相结合复证（replication）的原则，可以增强质性研究的信度。

三　章节安排

本书围绕新华职校组织变迁历史过程，综合运用组织社会学、制度经济学、公共管理学等多种研究传统的理论框架，关注新华职校在市场化转型的背景下，其组织逐渐升级为职业技术大学制度的社会建构过程。我们关心不同历史阶段组织的外部制度环境与教育组织互动关系，探究国家和组织的职业教育理念、教育管理体制、财政体制、绩效评价制度对组织的升级动力机制。在组织层面，探究组织自主性发挥如何利用资源，实现组织的转型与升级，组织的形态、结构、目标和决策过程发生了什么变化，观念力量和组织内部的互动博弈扮演了什么角色等内容。

在宏观制度变迁下，组织的发展路径和模式如何？高等教育从精英化到大众化、从管理体制行业系统到教育统筹，管辖权从中央到地方；教育财政从集权到分权，再到项目制的向上集中，绩效评价体系从科层制到项目制，这些趋势都反映了中国教育治理模式的变化。那么，职业学校在这样的制度环境下，为什么选择依赖国家，进入国家高等教育体系，而不是满足市场需求，培养符合劳动力市场和企业需要的精准技能人才呢？职业教育的市场环境具体指的是什么？是企业的产业转型升级的市场化需求，还是大学排名体系和升学导向？职业学校的大学化会带来什么社会后果？这些问题的答案都包含在对新华职校组织变迁的历史性分析中。在组织层面，本书运用了组织社会学和历史制度主义的理论框架，丰富拓展了对职业教育组织学的研究空间，在宏观制度转型下，职业学校如何确定自己的发展目标，组织决策过程中国家和市场力量如何互动，进而组织的目标从单一到多元的社会机制如何影响职业教育的培养过程。在职业技术大学建设阶段，职业教育的学术化导向和技能人才培养内涵建设的张力在哪里？在对这些问题回答的基础上，本书希望探索出中国职业教育学校制度体系和学历资格框架建设的发展之路，深入探讨中国职业技术大学制度社会建构的可能性。本书按照宏观与微观、制度与组织、结构与主体的方法论分析范式，根据历史变迁的时间序列，将新华职校的组织变迁分为三个阶段：双元制中职学校、公办高职院校、职业技术大学建设期。

  第一章导论主要指出本书的研究意义和问题、文献评述和理论框架、方法论和调查方法、文章结构分布。第二章从国家政策历史发展的视角，梳理中国职业教育政策理念和实践的历史变迁，指出政策理念和制度转型的背景。这一部分更多体现职业教育思想史的内容，从国家政策设计理念与困境、西乡市地方的政治、经济和文化结构的剖析入手。本书第三章从计划体制时期，学徒制技能传递危机和中国职校制度初建开始，分析20世纪80年代初期，国家层面推动中德双元制职业教育合作项目，在中国建设一批双元制学校：双元制职业学校的初衷理念和顶层设计、国家统筹的职业教育政策、早期"半工半读"职业学校建设的理想，其中包含国家政策的理念、学校组织结构和技能人才培养的情况。第四章将重点分析在市场化转型下，新华职校面临的制度环境和组织关系的互动，新华职校如何选择进入国家高等教育体系，成为国家公办高职院校，这种组织决策是由多方面因素决定的，包含外部制度环境变迁、国家教育治理体制改革、绩效评价体系的建立、组织不同利益相关人的互动和资源分配，这些因素共同形成新华职校组织提升办学层次和组织扩张升级的行为。本章从学校的行政管理体制、招生就业制度、教育财政制度、绩效考评制度、专业建设和课程体系设计、学生培养模式等方面，分析新华职校进入国家高等教育序列的转型升级过程。第五章中新华职校在国家职业教育政策支持和体系建设阶段进入了快速发展期，在项目制的"央省集权"的财政体制、绩效考核体制和大学评价制度下，学校积极利用各种资源和社会关系网，进入国家示范校建设序列，并不断规划进入国家职业技术大学体系，积极探索职业本科教育。一方面，在国家职业教育政策层面，具有对职业技术大学发展的不同路径的考虑，如新建本科院校的应用型大学转型、高职院校升本和独立学院的合并转设等，职业技术大学建设的政策理念和职业教育重点发展的政策导向，为职业学校升级发展提供机会。另一方面，学校自身也认识到国家主义的组织发展路径在财政经费、院校规模和组织声望上的优势，积极回应这种政策导向，通过组织内部行政化工作聚焦、紧密的结构化、领导的高度集权、赋予职业教育多元目标等方式，积极获得国家教育主管部门和地方政府的认可和支持，提高在国家高等教育学校体系中的身份地位，成为本科层次的职业技术大学。第六章在前面章节的基础上，进一步分析在职业技术大学建设阶段组织面临的困境。新华职校在升级期遵循"国家主义"的教育理念和发展模式，在话语体系和仪式工作中赋予职业教育多元化的政策功能。内涵建设阶段则体现了路径依赖和职业教育改革的制度困境。第七章进行总结性的讨论，探讨本书的现实应用和理论推进的意义。本书追溯新华职校的发展历史从20世纪80年代初至职业技术大学建设阶段。通过历史追溯，我们更清晰地看到中国技能人才培养组织的发展逻辑，以及国家教育治理体制改革对组织变革的影响。

第二章　政策演变下职业学校的发展历程

　　职业学校组织演变的制度环境主要是国家产业发展、劳动技能、高等教育和职业教育的相关政策。学者们从宏观制度转型、治理现代化、产业发展阶段、国家政策供给特点的角度划分了职业教育政策的发展阶段。宏观制度的阶段性特征成为职业学校组织演变的分界点，推动了组织形态、内部权力结构、制度规范、人才培养模式等方面的变迁。

　　从计划体制向市场体制的转型，以及高等教育管理体制的变革，国家教育政策一直主导着职业学校的发展路径。教育治理从集权体制、到中国式分权、再到项目制的中央集权的体系建设阶段，其中，市场化改革建立了社会主义市场经济体制和自由流动的劳动力市场制度，国企改革工人和企业的关系发生了变化，职业教育管辖权从行业主办到行业的逐渐抽离，校企结合关系从"学校—企业"变为"学校—市场—企业"模式，职业学校需要面对变动的产业发展和市场需求。同时，国家政府的简政放权，高职教育的管理权逐渐从中央下放到地方，这改变了原有的国家计划体制下的总体性支配的财政统筹方式，地方政府具有一定的教育财政和行政权，高校具有一定的财政自主性。

　　20世纪90年代末期开始，国家中央集权逐渐收紧，1994年分税制改革之后，地方政府财力下降，而教育转移支付体系尚未建立，降低了地方职业教育的投入。90年代的分税制改革之后的教育财政体制变化逐渐改变了中央和地方的关系，国家职业教育制度的体系建设，通过项目制的方式向上收紧对职业教育的调控权。项目治理以一种新的方式强化了中央集权，在治理手段上形成了一种技术治理模式①。2000年，国家开始加强财政控制，控制地方政府税费征收，将其纳入财政预算体制，特别是通过转移支付体系的建设，加强了教育政策的效率和公平性。同时，国家开始调整中央与地方关系，通过项目制带动地方政府投入职业教育。中央和省集权博弈，财权和事权的张力加深，拓展了"央地"博弈框架，形成了"央省—市—县乡"的博弈机制②。同时，自20世纪90年代后期的高等教育管理体制改革以及高校大规模扩招以来，高等教育质量下滑，国家开始教育的质量评估运动，政府问责成为高等教育质量监管的重要方式③。在职业教育发展过程中，制度层面形成了国家国民教育体系下的招生配额制度、以官员考核问责为中心的教育绩效考评制度、科层化的人事权力管理制度、国际化的大学综合评价和排名制度。这些制度直接影响着职业学校组织的变迁路径。

在政策演变的背景下，职业教育组织发展主要经历了四个阶段：工厂学徒制、行业主管的中职学校、高职院校和职业技术大学阶段。（1）计划经济体制下，单位学徒技能培养模式大多存在于工厂学徒制时期，以师傅言传身教的方式传递技能，作为一种内部技能形成方式，它把劳动雇佣、社会关系建立和技能培养融为一体。④（2）在工厂学徒制之外，建国后，中国仿照苏联模式建立了中专和技校体系，主要依托国家，服务国有企业，重点为国有企业职工进行文化知识学习、补习和企业专用技能培训，并为企业职工提供大中专学历和职业资格证书。同时，还有20世纪80年代开始，国家层面建立了一批双元制职业学校，主管机构分别有行业和教育主管部门，如上海电子工业学校、湖北十堰汽车技工学校和南京建筑职

---

① 渠敬东：《项目制：一种新的国家治理体制》，《中国社会科学》2012年第5期；渠敬东、周飞舟、应星：《总体支配到技术治理——基于中国30年改革经验的社会学分析》，《中国社会科学》2009年第6期。
② 田志磊、赵晓壑、张东辉：《改革开放四十年职业教育财政回顾与展望》，《教育经济评论》2018年第6期。
③ 姚荣：《中国本科高校转型如何走向制度化——基于组织分析的新制度主义视角》，《教育发展研究》2015年第3期。
④ 王星：《技能形成的社会建构：中国工厂学徒制变迁历程的社会学分析》，社会科学文献出版社2014年版。

教中心等，也属于中职学校体系。① （3） 20 世纪 90 年代，随着市场化改革的深入，工厂学徒制技能传递出现危机，技术教育方式逐渐瓦解。在国家劳动用工制度改革、国企改制和高等教育扩招政策下，国家鼓励中专和技校发展，并逐渐扩大招生规模。在国家高等职业教育体系建设框架下，一些中职学校纷纷通过组织转型、合并和升级的方式转变为国家公办高职学院。（4）为配合国家产业转型升级发展需要，国家采用教育项目制方式，如示范校建设、骨干校建设、双高计划等支持高职院校发展。一些高职院校开展职业本科教育，逐渐走上规模化和组织升级的道路。同时，国家应用型大学体系的建设政策，通过一些二本学校转型为应用型大学、高职院校升本和独立学院的合并转设等，建立职业技术大学序列，一些高职院校借助机会，积极升格为职业技术大学。在职业教育领域，国家开始探索建立职业高等教育体系，开展本科职业院校的试点建设工作。

第一节　中国职业教育的政策演变

一　职业教育政策理念的演变：教育治理与扩张

治理理念是治理主体对治理对象的特征和治理方法的认知结构。教育治理理念背后是教育哲学层面的认知，柏拉图认为要找寻教育治理的理念的根源，需要了解当下时代的教育思想观念。社会的教育思想来源于社会发展现代性的理念。教育治理强调多元化主体的参与性、利益主体的博弈和教育系统的平衡性，体现了一种自下而上的协商和建立共识的过程②。从公共政策角度而言，教育政策的有效性不仅要考虑经济学上的效率，更要从规范视角审视经济与社会公平的问题，对价值展开理性的讨论，要考虑到公共政策的伦理和规范的价值。当我们回应什么才是教育政策的有效性的时候，需要思考现代大学的理念追求什么。比如国家高等教育的宏大的目标是追求国家战略的一流大学呢，还是可持续发展地方大学的多样化？大学政策的国家理念在参考各国建设综合性的世界一流大学的同时，

---

① 徐国庆：《从分等到分类——职业教育改革发展之路》，华东师范大学出版社 2018 年版。
② 王晓辉：《关于教育治理的理论构思》，《北京师范大学学报》（社会科学版）2017 年第 4 期。

要考虑基础不同级别教育需求是否得到满足,以满足多样化学习培训的需求。如果教育政策的国家理念是实施发展地方大学的策略,那么,公共政策制定的主要目标定位是在实现高等教育的有效性和可持续发展上,而不是在宏大的世界一流大学的梦想上。[①] 但是,在中国高等教育政策理念更多受到了政府规制的影响,发展型政府是基于中国的教育实践自上而下地制定出教育决策,而不是公众通过参与来影响公共政策的制定。相比西方国家的教育治理格局,中国高等教育治理模式是国家主义的。所以,我们先从国家发展主义的视角看待职业教育治理理念的变化和政策的走向。在教育治理的制度层面,职业教育制度和组织转型主要基于国家供给型的制度安排,而不是制度性利益驱动下的高校自主变革。在职业教育政策领域,国家的强势力量建构着职业学校制度体系和组织实践过程,形成政策执行的激励约束结构和多层委托代理关系的政策执行链条,主要体现为"压力传导"与"激励诱导"的制度安排,[②] 以此影响职业教育组织的权力支配关系和组织变迁路径。

一个国家的高等教育结构和国家力量密不可分,在国家高等教育大众化的战略背景下,1999年开始了高等教育大众化行动和高等教育大学扩招运动。随着高等教育大众化的发展,中国基本实现了教育现代化的目标。2019年,劳动年龄人口平均受教育年限(年)达到了10.6年,高等教育毛入学率达到了51.6%,高于很多发达国家水平。高等教育大众化和精英化发展政策成为国家科技战略和国际化发展目标的重要组成部分。参与国际化竞争的理念推动大学组织开始通过合并、重组和升级等方式,整合优势学科和资源,创建世界一流大学和一流学科。比如国家战略下的大学"211"、"985"工程开始,中国政府开始通过项目制的方式加大财政投入力度,重点建设世界一流大学。其中,"211"工程更多体现项目拨款的竞争机制、支持精英大学发展的逻辑,"985"工程重点则体现支持区域精英大学和区域平衡发展的理念。[③] 在高等教育大众化的行动框架中,直接影响

[①] [英] W. 约翰·摩根、申超:《伦理学、经济学与高等教育——作为一种公共物品的大学》,《北京大学教育评论》2013年第2期。

[②] 姚荣:《行政管控与自主变革:中国本科高校转型的制度逻辑》,《中国高教研究》2014年第11期。

[③] 张慧洁:《中外大学组织变革》,复旦大学出版社2005年版。

了中国职业教育的发展路径。1999年大学扩招后，职业教育的学校体系培养规模持续扩大，2015年中职学校1万多所，在校生18000多万人，高职院校1200多所，在校生1000多万人[47]。职业学校从"行业紧密联系"到"与行业分离"，更侧重通用性知识学习和综合院校发展模式，逐渐追求升学教育和学历导向。高等教育大众化是一种教育规模急剧扩张的模式，它带来了教育质量的下滑，职业教育更是沦为低等教育。中国职业教育的政策理念经历了一系列的变化。一些研究对中职学校的学生工的亚文化和校企合作中廉价劳动力问题做了深入分析，认为这是市场化转型以来，劳动力商品化对职业教育的影响。① 中职教育的升学化和职业学校的升级策略是高等教育扩张和学历导向的结果，并带来了高职教育的规模化发展。

职业教育政策包含政策理念、政策制度与执行、政策变通、政策的社会效果等方面，政策的内容包含教育财政体制、教育行政管理体制、教育人事体制、教育绩效考评制度等。国家职业教育理念体现了教育政策制定者如何看待职业教育、职业学校组织发展模式和技术技能人才培养模式等方面的信念体系。在计划体制下，工厂学徒制和行业职业学校时期，职业教育理念是一种职工技能培训的教育理念，学校学习是对企业专用性技能的传承，关注实践操作的能力培养。1983年《关于改革城市中等教育结构、发展职业技术教育的意见》明确了职业教育多部门、多结构、多形式办学的指导方针，一大批优秀的初中毕业生进入中专、技工学校学习。② 20世纪90年代末，随着市场化体制转型，职业学校的管理体制逐渐从行业向教育系统转移。分税制改革之后，国家调整了政府与社会、中央与地方的关系，开展了职业学校教育体系建设。职业学校制度成为一种教育系统的正式的院校化、规模化、集群式的技能培养模式，重视传授系统化的专业知识，建立以知识为形态的间接经验传递的系统课程。但是，在高等教育扩张的背景下，职业教育没有跟上其他类别教育体系建设的步伐，社会地位相对低下，教育财政投入不足，教育质量相对下滑。与此同时，在产业升级的背景下，普通高校毕业生还不能满足劳动力市场上对于应用型

---

① 苏熠慧：《双重商品化与学生工的抗争——以F厂为例》，《中国研究》2015年第1期。
② 和震：《中国职业教育政策三十年回顾》，《教育发展研究》2009年第3期；田志蕊、赵晓堃、张东辉：《改革开放四十年职业教育财政回顾与展望》，《教育经济评论》2018年第6期。

技术技能人才的需求。

中国技能人才培养不能适应市场化转型以来中国经济结构调整和产业升级发展的趋势,特别是在技术技能人才培养的专业设置、课程体系、培养方案、岗位匹配度和就业质量方面。从2004年开始,在国家层面开始了职业教育制度体系的建设,2002—2005年召开了三次全国职业教育工作会议;2005年七部委讨论《教育部等七部门关于进一步加强职业教育工作的若干意见》,首次指出现代职业教育体系建设的任务;中央财政"十一五"期间对职业教育投入100亿,带动地方政府财政投入[①]。2006年,教育部、财政部实施高职示范校建设、2010年开展骨干高职建设计划。2019年1月24日,国务院印发《国家职业教育改革实施方案》,提出将启动实施中国特色高水平高等职业学校和专业建设计划,由教育部和财政部共同研究制定并联合实施,"双高计划"正式启动。

在重视职业教育发展的同时,在制度设计层面,国家在高等教育体系结构上逐渐形成了研究型、应用型和技能型高校并行的格局。2014年3月,教育部提出鼓励部分本科高校向应用型转变,建立我国应用科技大学(学院)体系。2015年10月,教育部等部委联合出台《关于引导部分地方普通本科高校向应用型转变的指导意见》,这奠定了我国建设应用型大学体系的基调。学界一些研究者根据人才培养类型和模式的差异,将我国高校分为研究型、应用技术型和应用技能型三种。2020年教育部开始本科职业学校建设工作。这些政策导向都体现了职业教育制度体系建设的意涵,既包括教育财政通过项目制的投入,也包括高等职业教育体系建设。2014年2月,国务院总理李克强在常务会议上指出,要引导一批本科高校向应用型高校转型。教育部副部长鲁昕也要求以专升本为主的地方本科高校转型为培养专业技术技能型人才。2014年5月,国务院发布《关于加快发展现代职业教育的决定》,指出引导一批普通本科高等学校向应用技术类高等学校转型,重点办本科职业教育。建立高等学校分类体系,实行分类管理。之后,教育部拟定了《关于地方本科高校转型发展的指导意见》。2019年《国家职业教育改革实施方案》之后,教育部职成司开始探索建

[①] 田志磊、赵晓堃、张东辉:《改革开放四十年职业教育财政回顾与展望》,《教育经济评论》2018年第6期。

设本科职业院校。2019年教育部批准了15所民办专科高职院校更名为职业大学,举办本科层次的职业教育。2020年又设立了6所本科层次职业院校,其中,5所为民办高职院校,1所公办高职院校(南京工业职业技术学院)。① 国家完善现代职业教育学校体系,开始尝试通过二本院校转型、新建技术大学、高职升级和独立学院合并转设等方式建立中国职业技术大学的体系。不同利益部门也开始探索职业教育本科院校的设立和技术技能人才培养模式,倡导打通普通教育和职业教育之间的鸿沟,加强校企合作和产教融合。至此,在本科职业教育学校制度建立方面的国家理念推动了教育政策的制定和落实。

二 职业教育政策发展的阶段特征

学者们从宏观制度转型、治理现代化、产业发展阶段、国家政策供给特点的角度划分了职业教育政策的发展阶段。不同阶段划分视角代表了对职业教育发展理念认知的差异。基于职业教育发展适应产业和市场需要的理论认为,职业教育政策分为四个阶段:单一的教育结构(1978—1990)、规模和效益优先(1991—1998)、促进就业和再就业(1999—2002)、服务经济发展(2003—2009)②。基于宏观制度演变阶段划分的职业教育政策阶段为恢复阶段(1978—1984)、发展阶段(1985—1996)、滑坡阶段(1997—2001)、重振阶段(2002—2008)③。根据市场化改革之后的发展逻辑分为探索、发展和内涵建设三个阶段,重点指出市场化的职业教育政策取向的阶段性特点。④ 也有研究根据在治理现代化的演变中,通过职业教育政策演变下的政府、市场和学校组织之间的关系,分析了政策发展的不同阶段特点⑤。对中国职业教育政策的演变而言,不同学者划分的依据不同。但

---

① 统计时间截止到2021年2月20日。
② 吕玉曼、徐国庆:《改革开放以来中国职业教育政策的演变——基于宏观社会经济政策的视角》,《职教论坛》2016年第34期。
③ 和震:《中国职业教育政策三十年回顾》,《教育发展研究》2009年第3期。
④ 覃壮才:《市场化及其危机——20年来中国职业教育政策发展的基本取向分析》,《比较教育研究》2003年第11期;曾家:《中国高等职业教育政策的演进、问题与调适》,《现代教育管理》2016年第3期。
⑤ 查吉德:《治理现代化视角下的职业教育政策供给分析》,《河北师范大学学报》(教育科学版)2017年第1期。

是，这种阶段性的划分并没有揭示出职业教育政策演变的理念、实质、制度匹配，以及职业教育与产业结构、教育管理体制之间的关系。研究者对中国职业教育政策阶段性的划分要分析其背后不同的维度。中国职业教育发展经历了早期实业教育、职业教育阶段，新中国成立后工厂学徒制和仿照苏联模式的中专和技工学校制度阶段，再到中职和高职院校发展阶段，以及应用型大学转型和职业技术大学的建设阶段。

第一，关注中国职业教育学制的演变历史，洋务运动创办的洋务学堂是中国最早的新式学堂，主要是国家主导建立学习西方科技文化的专科学校，培养翻译、工程技术、外交、船舶等专业性人才。19世纪60—90年代，洋务学堂大约有30多所。[①] 最早的新式学堂是职业教育学校制度的发端，他也是中国近代教育的开端，福建船政学院是最早的职业院校，创办主体是政府，采取精英化的教育，服务国家对于技术的需求，偏重于技术制造，培养技能型人才。洋务运动推动了民族资本主义工商业的发展，经济发展促进了实业教育和近代学制的产生。1902—1904年的"壬寅癸卯学制"是新式学校教育体系的开始，按照学制的结构，分为普通教育系统以及师范教育和实业教育两个旁系，设立了初、中、高三级实业学堂。[②]

第二，新中国成立后，设立第一个五年计划需要大力发展重工业，需要大量的技术工人和技术员，国家开始学习苏联模式着手建立中国职业学校制度，主要为中等教育层次的中等专业学校和技工学校。职业学校的分工明晰："中等专业学校培养中等技术人才，技工学校培养技术工人。"在管理体制上，中专主要由行业部门主办，归属行业部门领导；技工学校主要由行业企业主办，由劳动部门进行综合管理。此时，中等职业教育是中国职业教育的主体，中央采取"调整与积极发展"的方针——调整旧有的教育体制，创建并积极发展具有新中国特色的教育体系；1951年中国召开第一次《全国中等职业教育工作会议》，指出中央与各个省市自治区成立"中等职业教育委员会"，负责指导各地发展新中国的职业教育。20世纪50年代末，刘少奇提出两种劳动制度与两种教育制度的思想，推行半工半

[①] 于志晶、刘海、程宇：《从职教大国迈向职教强国——中国职业教育2030研究报告》，《职业技术教育》2016年第6期。

[②] 陈学恂、田正平：《中国教育史研究·近代分卷》，华东师范大学出版社2009年版。

读制度，但是，1966年之后，城乡基础教育管理权全面下放，工厂和街道大队办学，教师工资改为工分制。国家开始在财政上卸下公办中小学投入的主要责任。1970年教育财政占GDP的百分比为1.22，成为新任国历史上的最低点。"文化大革命"期间，中国整个职业教育体系被破坏，中等教育结构单一。①

第三，1979年到1984年职业教育进入恢复发展阶段，一方面，制度转型为职业学校发展带来契机，学徒制技能传递遭遇危机，中国开始大力发展中专和技工学校制度。另一方面，"文化大革命"之后，职业学校制度遭到深度破坏，国家开始调整中等职业教育结构。1979年，十一届三中全会后，国家开始着手建立社会主义市场经济体制，建立了自由流动的劳动力市场制度，工人和企业的关系发生变化。1984年开始的国企改革，传统的工厂学徒制技能传递出现危机。而另一方面，国家改革有关的劳动人事制度，大力发展职业学校，实行"先培训，后就业"的劳动雇用制度，指出今后各单位招工，必须首先从各种职业技术学校毕业生中择优录取。1978年的全国教育工作会议上，邓小平指出中等教育发展不协调，教育结构不合理，中职教育远远落后于普通高中教育，要扩大农业中学、中专、技校的比例。1980年教育部、国家劳动总局《关于中等职业教育结构改革的报告》提出促进中职教育发展的政策，逐渐形成多部门、多行业公办职业教育的格局，将一部分普通高中改为中职学校，并在办学主体上加入社会力量，形成行业企业、劳动部、教育部等部委共同举办中等职业学校的格局，此时，传统的工厂学徒制的技能传递方式出现危机，发展职业教育的主要任务主要赋予了正规学校。职业教育进入辉煌期的标志是1985年中共中央发布《关于教育体制改革的决定》，对整体教育结构布局、教育行政体制改革和职业教育发展定位做了详细论述，指出调整中等教育结构，大力发展职业技术教育。该决定强调要在国家层面开始着手建立职业教育结构体系，提出发展职业技术教育要以中等职业技术教育为重点，发挥中等专业学校的骨干作用，同时积极发展高等职业技术院校，逐步建立起一个从初级到高级、行业配套、结构合理又能与普通教育相互沟通的职业技术教育体系。要充分发掘现有中等专业学校和技工学校的潜力，扩大

---

① 和震：《中国职业教育政策三十年回顾》，《教育发展研究》2009年第3期。

招生，并且有计划地将一批普通高中改为职业高中，或者增设职业班。力争在5年左右，使大多数地区的各类高中阶段的职业技术学校招生数相当于普通高中的招生数。在行政管理体制上实行中央、省（自治区、直辖市）、中心城市三级办学的体制。1996年的《职业教育法》更是明确了政府在职业教育发展中的责任。

第四，1996年到2002年是职业教育的滑坡阶段。一方面，随着市场经济体制改革的深化，国企改革和工人下岗降低了居民选择职业教育的意愿，大学扩招带来了普高热和职业学校的升学教育导向。同时，国家着力进行高等教育的国际化发展战略，重视精英院校发展，对职业教育的支持力度下降。另一方面，计划体制下的行业管辖的职业学校转变为教育部门主管统筹业务，不能与产业建立紧密的联系，职业学校需要面对市场变化不断调整组织策略，与市场建立紧密联系。这需要学校内部管理体制的变革，如人事制度、绩效考核制度、薪酬制度等，以及在专业设置、人才培养方案、课程体系等方面的全面调整。但是，此阶段的职业教育体系尚未建立，还没有能力根据市场经济的需求进行组织变革。不过，一些地区的职业教育顺应市场需求调整组织策略，呈现出不同的发展路径，如苏州太仓对职业学校布局进行调整，实行集约化办学模式，探索双元制本土化模式，建立与本地产业紧密结合的职教体系。

第五，2002年开始，职业教育进入重振阶段，国务院召开三次职教会议，出台了一系列文件大力推进职业教育改革和发展。特别是2005年《关于大力发展职业教育的决定》，提出了到2010年中职教育招生规模扩大到800万人，与普通高职招生规模大体相当的目标。高职教育招生规模占高等教育招生规模的一半以上，大力推行校企合作、工学结合的培养模式。这些政策主要体现了职业教育基础能力建设、建立职业教育学生资助体系和示范引领建设，以及在教育财政体系中建立职业教育的生均拨款制度。另外，从教育财政体制上看，1994年分税制改革之后，地方财力下降，而教育转移支付体系尚未建立，财政性教育经费占教育总经费比重从2005年的60%上升到80%。2005年，教育财政体制变化，中央教育财政的比例开始上升。2004年以后，国家财政投入中高职教育体系建设，以项目制的方式进行治理。国家参照大学的"211"工程、"985"工程和"双一流"大学和学科建设，进行高职院校的示范校和骨干校建设，并开始推行"双高计划"。项目治理是体系建设阶段的重要特点，国家教育系统不断向上收紧权力，建立高等职业教育制度体系和学校制度。

三 政策演变下的组织形态

从中国职业教育的政策发展阶段看，它经历了雏形起步期、初步体系建设期、发展黄金期、危机滑坡期、重振转型期、教育体系建设期等不同的阶段。而职业教育政策理念的变化与转型体现了国家对职业教育发展规模的认知，在制度层面，高等教育大众化国家战略、教育管理体制、财政体制的改革，形塑了职业教育政策的不同发展阶段。在此背景下，职业学校建设则经历了工厂学徒制阶段、中职学校和技工学校阶段、高职院校建设阶段、职业技术大学建设阶段。从中职学校到职业技术大学，职业教育组织的制度转型下经历了不同组织形态的演变。

★ 高等教育大众化战略（1999—2003） ★ "央省"项目制阶段（2004—2015）
◆ 工厂学徒制阶段（1949—1978） ◆ 职业学校建立阶段（1979—1999） ◆ 职业技术大学建设（2015—　）

图 2-1　中国职业教育政策演变的阶段

（一）在计划体制下，工厂学徒制是主要的技能培养模式，技能的培养主要在单位制下进行，依托行业主管部门和国有企业建立了厂内学徒制度。工厂学徒制是一种内部技能形成制度，它经历了国家社会主义改造后，成为计划经济体制下主要的职业教育模式。社会主义改造是一种国家化和去市场化的制度建立过程。1953年，国家对资本主义的社会主义改造，主要采取对工商业进行利用、限制和改造政策，建立公有制经济体制、消灭市场机制，实行行政指令化和计划式的资源配置方式。[①]国家力量统筹社会治理的各个方面，此时，国家统筹的劳动用工制度、单位制的劳动管理模式以及去商品化的劳动保护制度为内部技能养成制度形成奠定了制度基础。国家的统筹和控制、单位制的全面管理、国有企业的专用性技能积累成为内部技能形成制度的重要特点。学徒制包含

[①] 王星：《技能形成的社会建构：中国工厂学徒制变迁历程的社会学分析》，社会科学文献出版社2014年版。

了单位制的庇护关系、集体合作主义、社会主义劳动技能竞赛，以及社会性的师徒关系。① 工厂学徒制主要有两种形式，一种是国家委托培养，即利用大型国有企业的生产技术、机械设备和专用技能，为其他工厂学徒工提供技能培训；一种是半工半读，即把工厂内师徒制技能养成公共化，这是国家干预下的"工学结合"的最早形式。1958年，天津国棉厂是全国第一所半工半读学校。半工半读学校类似于德国双元制职业教育模式，学校和工厂紧密结合，培养学生和生产产品融合为一。半工半读的学生未来的工作岗位和技能要求都是固定的，这奠定了学习过程的稳定性和对某个行业特殊技能积累的优势。在计划体制下，学徒制为中国企业技能积累和创新发挥重要作用。1958年，国家提出了"两种教育制度和两种劳动制度"理念，首先，在农村兴办"半农半读"的农业中学，然后，在工业领域开展起来，如天津国棉一厂办起全国第一所半工半读学校。新中国成立之后，中国技能培训方式主要"以工厂学徒制为主，技工学校为辅"，而技工学校也大多采取半工半读的形式。②

（二）中等教育层次的中专和技工学校体系建设。改革开放之后，国家对单一的中等教育结构进行调整，大力发展技工学校，改变传统工厂学徒制的技能培养方式。中专主要由行业部门主办，归属行业部门领导，主要培养技术干部；而技工学校主要由行业企业主办，劳动部门进行综合管理，主要培养技术工人。

（三）1996年到2001年，随着市场化转型的深入，国企改革和工人下岗，职业教育的吸引力下降。国家采用"三改一补"办法发展高等职业教育，建立高职院校。职业教育发展的理念是服务于中小企业技术发展，形成劳动力蓄水池。在高等教育扩招带来了学历贬值的后果之后，职业教育被认为是低层次的教育体系，主要培养中、低端技能劳动力。所以，国家提高职业教育的办学层次，建立高等职业教育体系。中国职业教育经历了一段时间低迷发展，国家意识到了产业结构转型升级需要培养更高端的技能劳动力。要提高职业教育的办学水平，一些中等职业学校纷纷转型为高

---

① 渠敬东、傅春晖、闻翔：《组织变革和体制治理：企业中的劳动关系》，中国社会科学出版社2015年版。

② 崔铁刚：《中国中高等职业教育衔接的回顾与展望》，《教育与职业》2012年第15期。

职教育，高职院校也纷纷升本。在职业教育改革过程中，国家大力的倡导培养高端技能劳动力。在政策导向上重点发展高等职业院校，建立国家高等职业教育体系。

（四）普职的平衡发展和重点扶持高职院校。面对国家高端技能人才短缺的现状，国家依靠行政调控，从数量上达到了普职的教育比1∶1。政策导向更追求指标和数量，而并不是职业教育的质量。但是这种模式是依教育部政策强行推动的，必然会带来技能供给与需求的进一步偏离。对于高职院校，国家按照大学的"211"工程、"985"工程建设理念，利用项目制（示范校）的方式重点扶持一些高等职业院校，并倡导打通普通教育和职业教育之间的鸿沟，加强校企合作和产学结合。政府大力投入高职精英校建设，力争到2020年中国大陆出现20所文化底蕴丰厚、办学功底扎实、具有核心发展力，且被国外高等职业教育界广泛认可的世界著名高职院校；重点建设100所办学特色鲜明、教学质量优良在全国起引领示范作用的高职院校；重点建设1000个技术含量高、社会适应性强、有地方特色和行业优势的品牌专业。

（五）多元社会政策目标和职业技术大学理念。国家通过公共财政对于职业教育不断的渗透，并通过一种行政任务指令和计划的方式，赋予职业教育一些社会政策目标，使职业学校的目标更多元化。同时，国家为了提升职业教育的学历层次，开始尝试通过二本院校的转型、高职升本和独立学院合并转设的方式，建立中国职业技术大学的体系。2019年教育部批准了15所民办专科高职院校更名为职业大学，升级为本科院校，举办本科层次的职业教育。2020年教育部开始建设本科职业学校，设立了6所本科层次职业院校，其中5所为民办高职，一所为公办高职院校：南京工业职业技术学院成为本科层次职业教育公办院校的试点。

第二节　高职教育的政策演变与组织发展逻辑

一　高等教育体系中的"高职高专"

职业教育理念和组织发展模式是相互关联的。在不同的职业教育理念、制度和政策导向下，建构了中国职业教育结构和不同的组织形态。有学者从高等学校行政隶属和功能类别定义高等教育结构，认为中国高等教育结构根据隶属关系和学位等级可以分为三类：中央直属本科高校、地方本科高校、高职高专类院校。独立学院属于地方本科院校。高等学校内部根据功能划分为教学、科研和社会服务[①]。根据《中国教育统计年鉴》统计的高校分布结构，按照隶属机构和院校性质，分为教育部和其他部门直属学校，以及公办和民办高校。

伴随着高等教育大众化政策，高职高专院校在20世纪80年代末期大规模发展起来。在高校发展历史上，高专类院校一般是早期创办的师范类、技术专科类的高等院校，如1994年的集美师范高等专科学校、集美航海学院、集美财经高等专科学校等。一些高专类的学校名称虽然是高级职业学校或者某某专科学校，但其办学是参照本科院校的模式进行，很多高等专业学校是本科院校的雏形。20世纪80年代末到90年代初，很多高等专科类职业学校都升格或者合并为大学。现今，一部分高专院校还处于大专学历的培养阶段，在2019年教育部大专院校的名单中，除了高职院校之外，以高等专科学校命名的大专院校有140所，如天津医学高等专科学校、山西省财政税务专科学校、大同师范高等专科学校、长春汽车工业高等专科学校、徐州幼儿师范高等专科学校。这些高专类学校大部分属于行业系统，由中等职业学校升格，一些学校已经开始了更名升本工作。长春汽车工业高等专科学校，1952年由中国第一汽车制造厂建立长春汽车技术学校，1985年成立长春汽车工业高等专科学校，由第一汽车制造厂举办，1987年3月5日，长春汽车工业高等专科学校和第一汽车制造厂职工大学合并，隶属机械工业部。1998年，按中央与地方共建机制运行，划归吉林省管理，同时撤消第一汽车制造厂职工大学。由此可见，高专院校的发展历史不同于高职院校，原隶属行业部委管辖的国有企业承办的高等专科学校在20世纪90年代末期划归地方政府管辖、央地共建，列为教育部、财政部支持高职院校体系。

而高职院校的建立是另外一条路径。1985年《中共中央关于教育体制改革的决定》中提出"积极发展高等职业技术院校，逐步建立起一个从初级到高级、行业配套、结构合理又能与普通教育相沟通的职业技术教育体系"。之后，全国先后建立起120余所职业大学，举办高职教育。20世纪

[①] 易千：《中国高等教育大众化进程中高等学校的分化及影响因素分析》，博士学位论文，北京大学，2009年。

80年代高职教育主要以创办职业大学为主。1996年,原国家教委批准试点的15所示范性职业大学后来有一部分升为本科。1985年原国家教委部署三所普通中专学校开始五年制技术专科的试点,它们是西安航空工业学校、国家地震局地震学校、上海电机制造学校。20世纪90年代开始出现以"职业技术学院"命名的院校。1997年,原国家教委出台《关于高等职业学校设置问题的几点意见》,提出关于学校名称、招生规模、专业数量、师资情况和实训条件的基本要求。在高等教育体系中建立了大学与高职教育的两种办学形式。高职学校大部分由原来的职业大学、中等职业学校和技能培训中心转型。"三改一补"是当前中国高等职业教育的办学主体,职业大学,独立设置的成人高校以及部分高等专科学校,按照其培养目标、办学模式改革进入高等职业教育序列。

从1998年、2006年、2015年的中国各类高等学校分布结构中(见表2-1)可以看出中国高等教育结构和院校数量的变化。1998年中央所属本科高校为220所,到2015年下降到110所,这主要是由于中央下放高等教育院校的管辖权,一些行业部署院校和国有企业主办高校逐渐交给教育部门、央省共建或者下放到地方政府办学和主管。地方管辖的本科高校的数量从1998年到2015年不断上涨,从1998年的431所发展到2015年的1327所。在中国开始进入高等教育大众化阶段,中国高职高专院校获得了规模化发展的机遇。高职高专院校从1998年的431所增加到2015年的1327所,这说明在1998年到2006年,高等教育结构的变化体现了中国高职教育的增长,并超过了本科高校的增长速度。

表2-1　1998年、2006年和2015年中国各类高等学校分布情况(所)①

年份	央属本科高校	地方属本科高校	高职高专院校	总计
1998	220	371	431	1022
2006	105	615	1147	1867
2015	110	672	1327	2064

数据来源:根据《中国教育统计年鉴》(1998、2006、2015)数据整理。

---

① 教育部:《中国教育统计年鉴》(1998、2006、2015),2016年7月(http://www.moe.gov.cn/jyb_ sjzl/sjzl_ fztjgb/)。

我们从各类高等院校的财政经费收入情况来看，2005年高职高专的财政经费收入还远远不及央属高校和地方高校。从经费的结构上看，高职高专院校的财政补助和学费收入相对持平，学费收入占49%的比重，说明生均拨款经费成为学校收入的主要来源。生均教育经费，即是在一定地区范围内（如某省、某市），按照当地的经济发展水平和教育发展实际，由政府制定的财政年度预算的依据，同时也是当地财政部门按照当地计划内在读的学生数额，向相关教育部门拨款的依据。具体操作一般为公办高职院校将学费收入全额上缴，再由教育财政主管部门按照学校学生人数进行人头拨款，俗称"学生人头费"。现阶段，西乡市一些高职院校的生均教育费已经达到了12000元。

表2-2　　　　2005年全国高校经费收入情况统计表（千元）[1]

学校类别	项目	财政补助	学费	其他收入	总计
央属高校（105）	平均数	359474	151329	209088	719891
	占比	50%	21%	29%	100%
地方高校（596）	平均数	80549	72056	34553	187158
	占比	43%	39%	18%	100%
高职高专（1091）	平均数	18600	23244	5756	47600
	占比	39%	49%	12%	100%

数据来源：《2005年全国高校经费收入情况统计》。

高教经费的分配方式主要有三种：基数加发展的模式、定额定员的模式、综合定额加专项补助的模式。基数加发展属于供给方财政之下的协商预算模式。定额定员属于以投入为基础的公式拨款。综合定额加专项补助属于以成本为基础的公式拨款模式。不同地区生均拨款的数额和经费分配方式有关，综合和定额模式的生均预算内教育事业费的均值远高于基数加发展模式的地区。[2] 2014年，财政部、教育部发布《关于建立完善以改革

---

[1] 教育部：《2005年全国高校经费收入情况统计》，2016年11月（http：//www.moe.gov.cn/jyb_xxgk/xxgk/neirong/tongji/xinxi/jytj_jftjgg/）。

[2] 杨钋：《高校学生资助影响因素的多水平分析》，《教育学报》2009年第6期。

和绩效为导向的生均拨款制度,加快发展现代高等职业教育的意见》,指出要以地方为主建立完善高职院校生均拨款制度,2017年生均拨款水平要达到12000元。2014年开始,中央财政建立"以奖代补"的机制,激励和引导各地建立完善高职院校生均拨款制度。[①]

二 高职院校管理体制的演变

在国家教育政策演变的背景下,职业教育的办学体制、管理体制、教育财政体系和绩效评价体制也经历了一系列的变化。职业教育的管辖权在国务院的行政职能划分中,呈现了教育部和行业主管部门的分工和协作。计划体制时期,大量的行业部委创办、主管高等专科院校,管理体制体现了多级政府统一(集中)管理的模式。随着市场化改革的深入和国企改革中社会性职能的剥离,行业主管单位开始重点关注经济发展等核心业务,将教育职能划归到地方政府和教育行政部门进行主管。在职业教育管理体制下,职业学校的管辖权则经历了从中央下放到地方、从行业到教育行政部门主管的过渡。在计划体制下,国有企业开始大量创办职业学校,职业学校有由地方行业主管的高职院校和由人力资源和社会保障局(劳动行政系统)主管的技工学校和技师学院。职业教育的管辖权从国家下放到地方之后,职业教育成为地方政府事权,要结合地方经济、社会文化发展需要,安排区域产业发展和职业教育的结合方式,有些地区在校企合作、产教融合等方面做得很好。

2005年以后,国家通过财政体制项目治理的方式调整中央和地方、国家和社会之间的关系,逐渐将职业教育管辖权收紧到中央层面。市场化转型之后,权力的下放和国家财政的放手,使得很多院校面临生存危机,高等教育扩招、学历导向、国企改革、工人下岗、教育市场化和劳动力商品化导致职业教育的吸引力下降。2002年开始,由于技能型人才的缺乏和不匹配性,国家开始重视职业教育发展,2004年以后,国家财政投入中高职教育体系建设,以项目制的方式进行治理。在中央层面,教育部开始参照大学的"211"工程、"985"工程和"双一流"建设,进行高职院校的示

[①] 田志磊、赵晓垄、张东辉:《改革开放四十年职业教育财政回顾与展望》,《教育经济评论》2018年第6期。

范校和骨干校建设,以及高职院校的双高计划;在地方政府层面,配合国家项目制的政策体系,在省级层面开始收紧财政。

但是,政策的集中化带来了职业教育一统体制与地方有效治理的内在张力。在产教融合不能体现区域化差异和特点,校企合作更趋于形式化和表面化,技能人才的培养出现了不匹配性。其实,在职业教育的管辖权上,中职教育一般是地方政府事权,而高职教育经历了中央和地方、行业和教育部门不同隶属关系的变化。在治理模式上,中职教育和高职教育虽然都隶属于职业教育体系,但是,它们的管辖权和治理模式也不同。中等职业教育可以是地方政府事权,因为它们成立之初都是为了服务地方经济发展和不同产业的国有企业技术培训。而高职教育在成立之初就具有高端的地位,就是国家的事权,只是在历史发展过程中,不断地地方化,这是一个自上而下的过程。初期,各行业部委都有直属的高职院校,为各个行业部委培养高端技术人才,那个时候产教融合做得相对较好,可以契合经济发展规律,制定人才培养计划。但是,随着高职院校的行政管辖权不断下归到地方,一些高职院校通过升本和合并成为本科院校,另外一些高职院校划归地方直属,或转移到教育系统管理,或由中央和地方政府共建。

三 高职院校的组织发展路径

中国职业教育政策 30 多年变迁过程中,职业教育组织层面的变革经历了不同办学主体、办学层次、办学方向、组织形态、财政和管理体制、内部治理结构和权力关系等方面的变化。20 世纪 90 年代末期,随着市场化转型的深入,传统工厂学徒制遭遇技能形成的危机,失去了技能传承的制度和组织基础,同时,中国开始大力发展职业学校制度,至此,中国的技能形成方式主要是职业学校体系培养。

追溯历史,作为一种外部技能形成制度,职业学校组织最早见于清朝末年洋务运动兴办的新式学校,由国家主办,办学层次较高,主要学习西方技术,培养技术精英。在清末 1902—1904 年的"壬寅癸卯学制"中,就规定了"高等实业学堂"和"高等师范学堂",这两种高等学堂是中国近现代意义上最早的高职院校。如清末创办的高等农工商实业学堂。1898—1909 年,高等实业学堂共计 17 所。中华民国政府 1912—1913 年的

"壬子癸丑学制"及1922的"壬戌学制"的专门学校和高等师范学校，是中国近现代高职院校进一步发展的表现。中国现代教育史上影响最深远的是1922年制定的"壬戌学制"，至今仍然在台湾省贯彻实施。1949年后，高等专科学校是高等职业教育层次，20世纪末期，高专高职统称为"高职高专"院校。中国的高职院校除了高等师范院校真正是在继续走高等职业教育之路外，其他的高等职业教育几乎没有或是名存实亡。

新中国成立后，中国仿照苏联模式建立的职业学校制度主要是中等专业学校和技工学校，主要培养技术干部和技术工人的教育组织。1980年国家开始创办职业大学，天津职业大学是1949年后在中国大陆出现的第一所师范院校之外的高职院校，具有划时代的意义。1985年的《中共中央关于教育体制改革的决定》中提出"积极发展高等职业技术院校，逐步建立起一个从初级到高级、行业配套、结构合理又能与普通教育相沟通的职业技术教育体系"。之后，全国先后建立起120余所职业大学，举办高职教育。20世纪80年代高职教育主要以创办职业大学为主，1985年原国家教委部署三所普通中专学校开始五年制技术专科的试点，它们是西安航空工业学校、国家地震局地震学校、上海电机制造学校。20世纪90年代开始出现以"职业技术学院"命名的院校。1991年，《国务院关于大力发展职业技术教育的决定》明确规定职业技术教育的性质、地位、作用以及方向、任务、措施等，重申建立初等、中等、高等职业教育体系。1993年全国教育工作会议后由国务院颁布了《教育改革和发展纲要》，提出通过改革现有高等专科学校、职业大学和成人高校以及举办灵活多样的高等职业班等途径，积极发展高等职业教育。1996年召开的全国职教工作会议指出通过"三改一补"（高等专科学校、职业大学、成人高校改革；中等专业学校办高职班作为补充）大力发展高等职业教育。1998年的《中华人民共和国高等教育法》明确指出：高等职业学校作为高等教育的一部分。2006年11月《教育部关于全面提高高等职业教育教学质量的若干意见》明确指出："高等职业教育作为高等教育发展中的一个类型，肩负着培养面向生产、建设、服务和管理第一线需要的高技能人才的使命，在中国加快推进社会主义现代化建设进程中具有不可替代的作用。"

高等专科学校、职业大学、成人高校和高等职业班等成为发展高职教育的重要教育组织。中等职业学校升级为高职院校，成为中国高职教育的主力军。1999年在高等教育大众化和大学扩招下，中国高职教育开始大规模发展起来，1998年《面向21世纪教育振兴行动计划》提出对于高等职业教育，除了对现有高等专科学校、职业大学和独立设置的成人高校进行改革、改组和改制，选择部分符合条件的中专改办发展高职教育，部分本科院校可以设立高等职业技术学院，基本不搞新建。要通过试点逐步把高职教育的招生计划、入学考试、文凭发放等权责放给省级人民政府和学校。[①] 1999年的《中共中央国务院关于深化教育改革，全面推进素质教育的决定》提出通过多种形式积极发展高等教育，将各种举办高等职业教育的组织调整为职业技术学院（或职业学院），改变了高职教育分散的格局，成为一种类型教育，地方政府可以举办新的职业技术学院，地方政府开始积极举办高职院校。但是，扩大办学途径，下放办学权力，也出现了高职教育办学质量低下的问题。2000年全国有高职院校442所，招生数为48.7万人，2004年增长到1047所，招生数为237.4万人。2015年，"高职高专"学校数为1314所，在校生为348.4万人。2000年高职教育在校生占普通高等教育比重为18.1%，2004年为44.7%。中国职业教育和高等教育格局根本性地改变了。2006年，国家开始实施高职211工程的"国家示范性高等职业院校建设计划"：力争到2020年中国大陆出现20所文化底蕴丰厚、办学功底扎实、具有核心发展力，且被国外高等职业教育界广泛认可的世界著名高职院校；重点建设100所办学特色鲜明、教学质量优良在全国起引领示范作用的高职院校；重点建设1000个技术含量高、社会适应性强、有地方特色和行业优势的品牌专业。

20世纪80年代初，中国开始重点发展高职院校。80年代末期，随着高等教育大众化政策的实施，高职院校进入发展的黄金期，很多中职学校通过转型升级和合并的方式成为高职院校。市场化改革的深入和高校扩招带来了学历贬值，职业学校纷纷希望进入国家国民教育体系，升级转型为高等职业院校。随着产业转型升级，需要大量适应市场需求变化的技能人才，国家开始进行应用型大学的建设，2015年推动二本院校和独立学院的应用型大学转型，同时，在一些地区试点建设职业技术大学，提高技能人

---

① 教育部：《面向21世纪教育振兴行动计划》，1998年12月（http://www.moe.gov.cn/jyb_sjzl/moe_177/tnull_2487.html）。

才培养的办学层次。

从职业教育组织发展形态上的历史演进，可以归为，第一，作为高等教育补充环节兴起，如职业大学和技师学院。第二，市场化改革深入后，中职学校组织生存和发展面临危机，如国企改制和劳动力市场的建立，高等教育大众化政策带来学历贬值，很多职业学校转型为升学教育，或者濒临倒闭。一些中职学校通过转型升级为高职院校，获得生存发展的机遇。第三，职业教育组织积极进入国家高等教育体系，成为国家公办高职院校，根据国家教育部要求进行组织建设、专业设置、课程体系、人才培养方案等方面的改革，提高办学规模、层次和方向，一些行业办学基础的职业学校开始转为教育主管部门，以开展学历教育为主。第四，面对产业转型升级下的组织正名与扩张趋势，一些优质高职院校开始利用国家项目治理的模式，如示范校、骨干校、双高计划等资源，提升组织在高等教育体系中的地位和排名，按照国家战略展开工学结合、校企合作和国际化发展。第五，在国家大学应用型转型和职业技术大学体系建设之际，一些高职院校通过升级进入国家大学体系，组织目标多元化，组织结构复杂化，按照大学组织的模式进行改革，进入国家教育科层管理体制，组织策略不断"向上看"，走上了国家主义的发展模式。如积极响应国家政策，配合国家"一带一路"和国际化发展战略，进行中国职业教育模式输出，渐渐承担职业教育多元化的社会政策目标。

纵观中国职业学校组织的变迁历程，其组织形态经历了服务国企的行业中职学校、职业大学、成人高校、技师学院、高职院校、职业技术大学等形式。其中，组织的演变机制主要有两条路线：第一，组织办学层次和方向不断升级，国家越来越重视高等职业教育，大力发展高职院校，现阶段，国家开始建立职业技术大学教育体系。第二，组织的管辖权的变化，主要从行业主管到教育主管，从中央统筹到成为地方政府事权。组织变迁的实质是其不断被纳入国家统筹的职业教育体系和教育等级序列。学校被纳入国家行政体制控制下，接受上级教育部门对学校领导的任命和考核、依赖国家财政拨款的经费。在组织内部结构和教学方面，学校主要参照大学组织发展模式，实行国家标准化的专业设置、办学层次和方向。在职业教育内涵发展上，由于"三改一补"政策的历史遗留问题，转型和升级的高职院校办学水平较弱。组织的扩张和升级并没有从实质上改变职业学校长期以来"积贫积弱"的情况。国家的行政管理体制的行政化、指令化造成学校组织长期忽视市场信号，不能按照市场机制要求调整办学方向和提升组织技能人才培养的实力。同时，国家赋予职业教育过度的社会政策目标，导致职业学校负担过重。一直以来，中国职业学校尚缺乏在技术技能教育的内涵上积累和发展，国家政策层面并没有很好地理解职业教育的内涵和组织形态，以及中国产业转型升级下技能劳动力培养的核心问题。

职业教育理念和制度演变在组织层面上表现为学校组织的历史变迁。组织层面的内部架构、人事权力结构、领导管理体制、院系资源分配、专业设置、课程体系、人才培养方式、校企合作和国际合作等方面成为组织演变发展的重要内容。职业学校的组织形态具体为如下几类：

（一）工厂学徒制和"半工半读"学校制。在国家"先就业，后培训；先招工，再招生"的制度下，工厂学徒制度逐渐兴起。在计划体制下，国家建立了社会主义工厂学徒制度，成为后备技术工人规模最大、人数最多的培训方式。1958年，全国学徒总数达到了440万人，占企业职工1/4。当时，中国90%的新技术工人是通过工厂学徒制培养出来的[①]。计划体制下，中国技能形成主要为内部技能形成制度，其组织存在形式是"以工厂学徒制为主，技工学校为辅"。1958年，国家提出了"两种教育制度、两种劳动制度"的理念，提出第一在农村兴办"半农半读"的农业中学，之后在工业领域开展半工半读学校，如天津国棉一厂是全国第一所半工半读学校。此时，许多技工学校既是学校，又是工厂；既培养学生，也生产产品，是真正的"工学一体"的职业教育组织。由于三年"大跃进"，半工半读学校因此停办。1964年，半工半读学校又出现复兴。但是，"文化大革命"期间，半工半读被认为是资产阶级的职业教育形式。而"两种教育制度"被认为是资本主义国家双轨制的翻版，所以，半工半读学校销声匿迹，学徒制培训也遭到了破坏[②]。1971年，国家开始恢复中等专业学校和技工学校招生。1973年7月，国家计委和国务院科教组《关于中等专业学校、技工学校办学中几个问题的意见》提出招收一两年工作经验的工农兵学员，实行开门办学、厂校挂钩、校办工厂、厂带专业，建

[①] 甄令德：《进一步加强学徒培训工作》，《中国劳动》1960年第1期。
[②] 崔铁刚：《中国中高等职业教育衔接的回顾与展望》，《教育与职业》2012年第15期。

立产学研三结合的新体制。这种培养模式更像20世纪五六十年代的"半工半读"的技能培养制度。改革开放之后，1979年9月，国家经济委员会、国家劳动总局《关于进一步搞好技工培训工作的通知》，指出做好学徒培训工作。但是技术传递存在危机和断裂，技能人才青黄不接。

1981年2月，中共中央国务院颁布了《关于加强职工教育工作的决定》，加强职工文化技术补课。同年5月21日，国家劳动总局颁布了《关于加强和改进学徒培训工作的意见》，1982年1月，全国职工教育管理委员会、教育部、国家劳动总局、中华全国总工会、共青团中央共同下发了《关于切实搞好青壮年职工文化技术补课工作的联合通知》，确定了未经专业技术培训的三级技工以下的职工均应补课的政策。因此，在国家层面成立了一些服务于国企职工培训的技能培训中心。技能培训中心是服务于企业的专用性技能的培训组织，属于技能培训的非学历教育。教育形式一般是面向企业职工举办各种短期技能培训班，为职工提供中专和大专的学历以及具有技术等级的职业技术资格证书。在一定程度上，国企技能培训中心是半工半读职业教育模式的延续。培养模式类似于德国双元制，配合企业技能培训，以非学历教育为主。

从1989年开始，随着大批技工学校、职业高中毕业生补充到技工队伍中，企业毕业生招工比例逐步从60%提高到80%以上，技工学校、职高生与学徒工的比例为5∶1。[①] 劳动用工制度改革后，国家改革了劳动雇用制度，提倡"先培训，后就业，先招生，后招工"，建立劳动预备制度，促进职业学校和技能培训机构的发展。1999年6月，国务院办公厅转发六部门《关于积极推进劳动预备制度加快提高劳动者素质的意见》，提出自1999年全国城镇推行劳动预备制度，对所有新生劳动力实行1到3年的职业培训和教育，严格实行就业准入控制，并在企业落实职业资格证书和职务资格定级制度。至此，内部技能形成制度已经不能适应国家技能人才培养的需要了。

国家技能培训中心主要培养企业技术人员（职工），开展技工短训班，提供职业资格证书考核和认证服务。国家层面成立国企技能培训中心主要基于以下三点：第一，解决历史性技能短缺问题。技能培训中心服务与国

---

① 韩耀东：《学徒制改革的现状与对策分析》，《职业教育研究》1997年第7期。

有企业技能培训和文化教育，主要解决"文化大革命"之后技能培训缺失的历史性问题。第二，现代学徒制尝试。技能培训中心的职业教育模式，是在国家层面通过学校学习和企业实践相结合，是一种现代学徒制的尝试。第三，城镇建立的劳动预备制度。国家倡导企业落实职业资格制度和职务资格制度，在培训中突出技术等级。1990年，劳动部颁发《工人考核条例》，开展技师任职资格考评工作。但是，随着1992年确立社会主义市场经济体制，国企改革从提高自主经营能力到减员增效，现代学徒制在企业转制过程中也难以真正落实，这些国企技能培训中心也面临转型危机。

（二）中等专业学校和技工学校。新中国成立之后，中国参照苏联模式建立了中专和技校制度，为中等职业教育层次，中专主要培养技术干部，技校主要培养技术工人。改革开放之后，市场化体制的建立，国家建立了"先培训，后就业"的劳动用工制度，此时，工厂学徒制逐渐被职业学校取代。从劳动部门的政策变化看，国家和工人的关系发生变化。1980年8月，中共中央关于转发全国劳动就业会议文件的通知《进一步做好城镇劳动就业工作》，指出今后企业单位招聘人应以经过职业训练的毕业生为重点。1981年10月，中共中央、国务院《关于广开门路，搞活经济解决城镇就业问题的若干决定》指出，要普遍开展对城镇待业青年就业前的培训，先培训再就业。1983年劳动部召开全国培训工作会议，全面系统地改革培训制度。1986年7月，国务院颁布《国营企业实行劳动合同制暂行规定和国营企业招用工人暂行规定》，国有企业面向社会公开招收工人，打破传统的国家分配、铁饭碗终身制，逐渐改为企业面向市场招聘工人，并且签订劳动合同。根据用工需求招聘工人，企业员工流动率增大，企业培训工人的积极性大为减弱。

20世纪80年代，职业教育政策主要的基调在于调整中等教育结构，大力发展中等职业教育，发展中专和技校，扩大招生规模。另外，开始建立高等职业教育体系。国家建立的职业学校制度，提出在技能培养方面（职业教育）要渐渐适应多变、竞争的劳动力市场需求。中等教育结构的调整和中等职业学校（技工学校、职业高中）数量大幅上升，以及招生数和毕业生数量的增加，大大改变了技术工人劳动力供给的结构。企业招工更多的是从大中专技工学校、职业高中毕业生招收。

中等职业学校主要由中专和技校构成。在工厂学徒制期间，同时也存在技工学校制度。1965年，中等职业学校学生占高中阶段学生的比重为52.6%，1976年降至6.21%，普职学生比为15.4∶1。1978年，中等职业学校在校生仅占高中阶段在校生总数的7.6%。① 改革开放之后，国家着手提高中专和技校的比例，扩大招生。1980年教育部、国家劳动总局的《关于中等教育结构改革的报告》中，指出调整单一的中等教育结构，不断扩大现有中等专业学校和技工学校的招生数，并有计划地将一部分办学效益差的普通高中改为职业高中，并在普通高中增设职业班。1976年各类中等职业学校共计3710所，在校生91万多人。1985年，中专、技工学校和农业职业高中在校生达到415.6万人。高中阶段职业教育学生占高中阶段学生总数的35.9%，比1980年提高了17.2%。② 1990年底，各类职业技术学校已发展到1.6万多所，在校生超过600万人。高中阶段各类职业技术学校和普通高中招生数之比已经接近1∶1。③

（三）政府外部推动建立高职院校。1993年，国家建立社会主义市场经济体制，中国经济发展模式才开始全面向市场经济体制过渡。随着市场化改革的深入，中国逐步建立外部的劳动力市场。国家鼓励多种非公有制经济发展和进行国企改革，经历了国家退场和市场力量的释放，企业生产从软预算约束转向市场硬预算约束，技能形成制度转型、可信承诺的缺失、高等教育大众化的发展，技能培训成为个体人力资本投资的方式。④

1991年10月国务院发布的《关于大力发展职业技术教育的决定》、1993年2月的《中国教育改革和发展纲要》、1996年5月的《中华人民共和国职业教育法》和1998年12月的《面向21世纪教育振兴行动计划》，共同奠定了国家职业教育发展方向。国家开始关注职业培训市场，建立多元主体办学渠道，形成多层次多种形式职业教育体系。1996年，中等职业学校招生数和在校生数占高中阶段57.68%和56.77%，达到了历史的最

---

① 林丹：《教育政策失真的假象与真相》，《教学与管理》（中学版）2004年第6期。
② 国家教育委员会职业技术教育司：《中国职业技术教育简史》，北京师范大学出版社1994年版，第151页。
③ 吕玉曼、徐国庆：《改革开放以来中国职业教育政策的演变——基于宏观社会经济政策的视角》，《职教论坛》2016年第34期。
④ 王星：《技能形成的社会建构：中国工厂学徒制变迁历程的社会学分析》，社会科学文献出版社2014年版。

高点。但 1997 年中等职业教育招生比例下滑,招生人数出现负增长。这主要是由于市场化改革的深入和市场机制驱动的转型,导致职业教育矛盾重重,还有国家扩招政策和政策信息的不确定性,以及国家支持力度降低和职业学校自身的弱点。1997—2001 年,中等职业学校招生数从 520.77 万人减少到 397.63 万人。中职与普高招生比从 62.15∶37.85,降至 41.58∶58.42。①

20 世纪 90 年代末到 21 世纪初,由于高等教育大众化、大学扩招和学历贬值,国家需要提高职业教育的办学层次。2002 年,国务院《关于大力推进职业教育改革与发展的决定》指出为了促进就业、解决失业问题,要积极发展高等职业教育。1985 年独立设置的高职院校招生人数为 3.01 万人,在校生 6.31 万人,到 1998 年,独立设置高职院校 101 所,招生 6.28 万人,在校生 14.86 万人。招生数和在校生 13 年的增长率分别为 52% 和 58%。②从教育经费增长来看,1987—1992 年,从 0.603 亿元上升到 14.21 亿元,年增长率为 18.7%。职业教育基本建设投资从 1.27 亿元上升到 736 亿元。③ 20 世纪 80 年代末期,国家高职院校迅速发展,而中职教育逐渐萎缩。这与市场化对中等职业教育的学历贬值、技能培养的错位,以及对于高等教育学历追求的热情不无关系。学历教育需求促使了职业学校的规模发展和升级动力。

(四)项目治理下的高职院校组织转型。随着中国产业结构调整、优化升级和更新换代,在技能积累、知识结构、人才需求方面对中国职业教育提出了更高的要求。但中国职业教育长期发展不足、积贫积弱,虽然在政策上国家提出发展职业教育的理念,但是在实际操作中,职业教育被长期忽视。国家一直采取高等教育中的大学优先发展的策略,以建立国际化一流大学的理念为主导。在组织层面,中职和高职教育一直处于教育体系中低层次地位,对技能型人才需求的结构长期不合理。为了解决技能培养与市场不匹配的问题,在政策设计方面,国家提出《中

---

① 和震:《中国职业教育政策三十年回顾》,《教育发展研究》2009 年第 3 期。
② 胡永:《论中国高等职业教育政策的得与失》,《黑龙江教育》(高教研究与评估)2006 年第 5 期。
③ 中华人民共和国国家教育委员会计划建设司,《中国教育统计年鉴》(1999),北京人民教育出版社 2000 年版。

国制造2025》和"大国工匠"培养理念，开始重视职业教育发展的内涵建设，推动创新驱动的经济发展模式，注重高端技能人才培养。国家经济领域开始"十一五"规划，提出转变经济增长方式，推动产业结构优化升级，统筹城乡发展。从2002年全国职业教育大会开始，中国开始重视职业教育的发展，2004年的《教育振兴行动计划》和2005年的《关于大力发展职业教育的决定》进一步推动了职业教育的发展。

1. 财政激励。2006年以后，国家通过示范校和骨干校等项目投入职业教育高职院校，开始着手建立现代职业教育体系，积极引导职业学校培养高端技能型人才，并推进职业学校的工学结合、校企合作模式。2005年以来，职业院校招生规模持续扩大。2010年中等职业学校招生数为870.42万人，高等职业院校招生数为310.5万人，分别占高中阶段教育和普通高等教育的半壁江山。国家职业教育的财政和管理政策激励了各职业学校进入国家职业教育体系，按照国家政策要求逐步改变传统人才培养模式，推行校企合作、工学结合，培养高端的技能型人才服务于制造业和现代服务业。但是，制度变革和职校组织场域变革的实际情况却是组织规模化发展和策略升级，特别是利用国家教育部推行的示范校和骨干校建设计划，这成为优质高职院校获取更多的财政项目资源和提升组织的行政地位的手段。

2. 行政激励。公办高职院校被纳入国民教育体系，在行政隶属关系上虽然有行业口和教育口主管，但是业务主管都已经归属教育主管部门。学校组织按照教育科层制的模式建立，内部形成严格的行政等级制度。在绩效考核和评价方面，教育主管部门更强调领导的行政问责和项目的考核评估，这导致学校必须按照教育主管部门体系建设的要求建设组织和教学。管理体制的科层化改革让职业学校的招生就业、专业设置、校企合作、技能大赛、国际化发展等方面的工作纳入国家整体教育规划中。从计划向市场体制转型下，一些职业学校的管辖权逐渐从行业主管部门和企业转移到地方教育主管部门，一些中央部门所属高职层次的职业学校也划转为地方政府或者中央地方联合。在组织性质上，公办高职院校一直都是在国家行政体制控制下，属于国家行业行政主管部门。原来很多职业教育业务和校企合作关系是由行业指导，职业教育纳入国家教育部们统筹之后，业务上完全按照国家教育部门的要求进行专业设置、招生指标控制、办学水平和目标调整,职业教育的业务更多体现为一种行政化指令方式。[①] 国家的高度卷入促使职业学校的技能培养更倾向于培养通适性的专业知识、偏重职业教育中的学术化的教育本位,学校发展主要侧重以升学为目标[②],职业教育的普通化出现技能供求不匹配。[③]

3. 资源依赖关系。项目制给职业学校带来了莫大的好处,导致职业学校和政府关系的变化,从传统的行政隶属关系变为以资源依赖关系为主。2004 年,教育部、财政部颁发《关于推进职业教育若干工作的意见》,采用中央财政资金引导方式,推动实训基地建设,财政拨款 1.1 亿元,支持九个省市 50 多所职业院校实训基地建设。2004 年,国家教育部加强对一千所市县级骨干中等职业学校建设,首批安排 5 亿资金推进。为建立现代职业教育体系,在"十一五"期间,国家增加公共财政对职业教育的投入,中央财政投入 100 亿元。2006 年,示范校高等职业院校建设计划启动,在制造、建筑、能源化工、交通运输、电子信息、农林牧副渔和服务业领域,甄选一百所高职院校,国家重点投入 409 个专业。2010—2012 年,中央财政重点支持一千所中等职业学校。2010 年确定了首批 276 所立项的建设学校,2011 年确定了第二批 371 所建设学校。

(五)职业技术大学建设与高职院校升级。为了提高职业教育的社会认可度和改革中国职业教育的人才培养模式,国家主要在三个方面推进改革工作:1. 建立现代职业教育体系,实行校企合作、工学结合,增加技能型人才供给量,解决技工荒难题。2. 开始倡导一些普通本科高等学校向应用技术型高等学校转型。建立中高职衔接的立交桥,打通中职专科、本科、研究生的上升渠道,为学生的终身学习搭建平台。3. 推行终身学习制度,大力推行职业教育的社会责任功能,通过技能大赛、国际合作、模式输出等方式提高职业教育的社会地位。

2010 年 7 月,《教育规划纲要》明确了新时期职业教育的战略地位,明确未来十年职业教育改革发展目标和主要任务,主要建立政府主导、行

---

① 孙翠香、庞学光:《中国高等职业教育评估:现状、问题及改进策略》,《河北师范大学学报》(教育科学版)2014 年第 5 期。

② 祁海芹:《冷静看待中等职业教育升学问题》,《职业技术教育研究》2006 年第 3 期。

③ 刘明兴、田志磊、王蓉:《中职教育,如何突破现实之困》,《基础教育论坛》2014 年第 10 期。

业指导、企业参与的办学机制，推进校企合作制度化。实现双师型队伍、双证型教育、职业教育集团化办学，建立产教合作机制。2014年5月，国务院颁布《关于加快发展现代职业教育的决定》，2014年6月发布《现代职业教育体系建设2014—2020年》。2015年5月，国家提出《中国制造2025》。2015年7月发布《关于积极推进互联网+行动的指导意见》。2015年10月，中共中央在《关于制定国民经济和社会发展第十三个五年规划的建议》中提出从"十一五"到"十三五"要逐步实现工业4.0信息化自动化，推进制造业转型升级，产业结构迈入中高端创新驱动发展阶段，发展人工智能。2011年，中等职业学校达到13093所，在校生达到2205万人。高等职业学校达到1280所，在校生959万人。2011年中职招生人数为813.87万人，在校生人数为2205.3万人；高职招生数为324.86万人，在校生人数为958.85万人。

为了适应国家产业转型升级的压力，提高职业教育的社会影响力，国家开始主导建立研究型、应用型和技能型高校制度。职业技术大学的建设理念是提高技能劳动力的供给质量，提高职业教育的产学研能力，发展职教学历教育，建立职教本科学位制度。一方面，国家引导一批普通本科高等学校向应用型高等学校转型，加强普职融合，搭建立交桥打通中高职本硕的上升通道，加强校企合作，实现职业教育终身学习理念。一方面，探索高职院校职业本科专业建设和职业本科院校设置机制。2014年3月，教育部相关领导明确提出鼓励部分本科高校向应用型转变，发展中国的应用科技大学（学院）。应用技术大学联盟在教育部相关司局的指导下成立，推动着地方本科高校的转型发展。2015年10月，教育部、国家发展改革委员会和财政部联合下发《关于引导部分地方普通本科高校向应用型转变的指导意见》后，地方本科高校转型的步伐有加快趋势。

应用技术大学出现于20世纪六七十年代，以德国最为典型，目前德国应用技术大学的学生已占到大学生数量的三分之一，个别州甚至还有本科层次的双元制大学。德国职业教育体系包括职业学校、专科技术学院、科技大学等，学历层次上包括了中专、大专、本科、硕士以及博士研究生等层次，是与普通的大学体系相并列的一个独立体系。[①] 国务院2014年5

---

① 曾家：《中国高等职业教育政策的价值取向》，《职教论坛》2016年第16期。

月颁布的《关于加快发展现代职业教育的决定》在"加快构建现代职业教育体系"一节中明确提出,"引导一批普通本科高等学校向应用技术类型高等学校转型,重点举办本科职业教育",显然将地方本科高校的转型作为职业教育体系的重要组成部分,目的是建立一个与普通高校系列并行的职业高等教育体系。

现代职业教育体系包括了不同层次的学历教育,即中职、大专、本科和研究生教育等。但是,这个划分模糊或者说是淡化了以本科为分界的传统的专业教育与技能教育的差异。中国职业技术大学体系的建设刚刚起步,在政策理念上还存在一些不清晰的地方,但职业技术大学在组织地位上是要取得和本科大学同等的地位,这引发了很多高等职业学院希望进入职业技术大学建设的序列。虽然在教育部明确的文件中规定,"十三五"之后一般不支持高职院校升级为本科院校,但是一些职业学校还是积极通过教育创新、人才培养模式改革等话语体系,开展组织升级的各项工作。

第三节 高职教育政策演变的实质:规模发展与组织升级

国家职业教育的政策理念和实践成为职业学校组织发展的制度环境,国家教育政策导向和教育治理体制的改革,形塑了中国高职院校组织发展的策略和方向。从 2006 到 2017 年,虽然在结构上实现了职业教育与普通教育的大体相当的目标。但是,在国家教育体系的等级分布和教育质量上,职业教育和普通教育、高职教育和大学教育还是存在着很大的差距。20 世纪 90 年代,国家开始发展高等职业教育,但却存在政策文本和实践不符合的矛盾。"三改一补"政策造成高职院校积贫积弱的局面,国家教育治理体制改革促使高职院校积极进行规模扩张和组织升级,职业教育模式输出政策赋予高职教育更多的国家性和社会性目标,造成高职院校的负担过重,不能聚焦于职业教育内涵提升和技能人才培养目标。

一 职业教育政策演变的实质与组织变革

通过对中国 30 多年职业教育政策的梳理,我们发现,中国职业教育政策理念和实践经历了不同历史阶段的转型。第一,在培养目标上,市场化改革后，技能劳动力培养要以劳动力市场的需求为主，提高培养的层次，以就业为导向，培养高素质的技能劳动力。第二，在教育管理体制上，建立了国务院领导、分级管理、地方为主、政府统筹的职业教育体系，以工学结合、校企合作、顶岗实习为主要的人才培养模式，提高学生动手能力。

但是，我们分析中国职业教育政策的理念和实践后发现，政策文本和教育实践存在不符合的矛盾。具体特点体现在：第一，经济发展促进了中国职业教育政策的转变，特别是市场经济体制的确立，技能人才的培养越来越服务于经济发展和产业结构升级。市场化转型之后，建立了劳动力市场制度，职业教育开始扩大规模，更加注重效率。第二，国家主导建立统一规划的职业教育体系。早期的职业教育体系是一种单一、分散的结构，在每条行业系统自成体系。国家通过建立公办职业学校和体系建设，逐渐将职业级教育的管辖权从行业口转移到教育口，从地方事权转移到国家中央教育部统筹。纳入国家职业教育体系的政治和社会功能成为职业教育的主要功能，高职教育处在次等的教育体系位置。20世纪80年代后，国家开始以经济建设为中心，逐渐强化职业教育的经济功能，建立与市场经济匹配的劳动力培养制度。现阶段，国家更加关注职业教育的内涵建设和社会服务功能。第三，国家政策忽略了职业教育自身发展的逻辑。之前职业教育被定位为一种剩余教育，国家对于职业教育本身的内涵理解不清楚。职业教育只是被动适应经济发展，并没有提出具有中国特点的职业教育理念和框架。同时，德国双元制在中国本土化经历了一系列的改造，中国在国家职业教育理念层面虽然想学习德国的职业教育模式，但是由于政治制度环境的差异，本土化出现了本土化的不适。在高等教育大众化政策下，虽然高职院校获得规模化的发展，但整体上，国家在职业学校组织发展和教育体系建设等发展投入不够，缺乏明确的政策引导。所以，一直以来，职业学校在组织变革的路径上都呈现出追求在教育体系中的"身份认同"，提高组织在教育行政科层体制中的地位以及职业教育的学术化追求。

二 高职教育政策变迁与组织升级

"文化大革命"时期，教育受到破坏，高等职业教育处于薄弱环节。

政策集中于对高等职业教育办学领域进行探索，希望满足国内社会对专业化人才需求，开始重点发展长期被忽略的职业教育。1990年，中共中央十三届七中全会《关于制定国民经济和社会发展十年规划和八五计划的建议》提出，建立一条以高中毕业文化程度为起点的高等职业教育之路。1994年，全国教育工作会议提出，推进职业大学办学模式改革，调整专业方向和培养目标。1995年10月，原国家教委发布《关于推动职业大学改革与建设的几点意见》，承认职业大学是中国高等教育的一种办学形式，是国家承认学历的全日制高等学校。1996年，原国家教委批准试点15所示范性职业大学，后来，这些大学一部分升为本科。1997年，原国家教委出台《关于高等职业学校设置问题的几点意见》，提出学校名称、招生规模、专业数量、师资情况和实训条件的基本要求，形成了高等教育体系中的大学与高职教育的两种办学形式。2000年1月，教育部颁发《关于加强高职高专教育人才培养工作的意见》，明确了人才培养目标的内涵和培养模式的基本特征，并且加强教学基本建设、专业建设课程和教学内容体系改革、教学方法改革，建立相对独立的实践教学体系，提高教育教学质量。这是奠定中国高等职业教育标准的指导性文件。2003年12月，在第二次全国高职教育产学研交流会上，讨论了高等职业院校如何定位和如何发展的问题。2004年，教育部提出以服务为宗旨、以就业为导向、走产学研结合的发展道路。2005年10月，国务院提出重点建设一百所高职院校计划，标志着中国高职教育进入提高质量、加强内涵建设的新阶段。

但是，高职院校的变化实质是弱势学校的转型和升级过程，第一，弱势学校转型。高职学校大部分由原来的职业大学、中等职业学校和技能培训中心转型而成。办学主体是一个比较低层次的，"三改一补"是当前中国高等职业教育的办学主体，"三改"主要体现在当前职业大学、独立设置的成人高校以及部分高等专科学校，按照其培养目标、办学模式改革进入高等教育序列。[①] 那么，集中表现的问题是这些组织在职业教育领域相对薄弱，缺乏监督体系。"三改一补"政策适应当时历史时代的发展要求，但是在后期高职教育持续发展中面临很多障碍。国家政策导向和行政管理

---

① 曾家：《中国高等职业教育政策的价值取向》，《职教论坛》2016年第16期。

体制没有从实质上提高高职院校组织的办学能力和构建能力，没有体现高职组织场域的不同利益相关人诉求，而仅仅是组织的转型和升级。另一方面，从国家职业教育政策对职校组织的期待上看，在国家公共财政投入加强的背景下，将很多不属于职业教育的社会政策目标强加给职业教育，造成高职院校负担过重，不能聚焦技能培养问题，提高技能人才培养质量。市场信息对调节职业教育规模和结构的影响力下降，形成技能培养与市场需求不匹配。

第四节　西乡市职业教育政策演变与案例学校

新中国成立以来，西乡市一直都是中国工业化发展的领先地区，也是较早进行"半工半读、工学结合"技能教育的地区。西乡市有早期的半工半读学校，在20世纪50年代末期，西乡电子仪器厂招收半工半读的学生700人，60年代初期技能培养之后，毕业留厂有455人。西乡市较早引入了德国双元制的职业教育模式，通过国家项目合作的方式建立了双元制职业学校。20世纪80年代初期，随着改革开放的深入，西乡市建立了国家级的经济开发区，推动了新兴产业的发展。为了对接产业发展的需要，国家开始在西乡市探索职业教育模式改革示范，重点围绕现代职业教育体系建设、制度建设、应用技术类高校建设、实训基地建设、技能大赛、信息化和国际化发展、创新创业、终身学习等方面进行改革探索。国家在改革示范区就职业教育的办学体制、财政投入机制、人才培养模式、制度创新、技能培训等方面进行改革和实验。

西乡市的高等教育结构分布中，2015年本科院校有29所，高职高专有26所，高职高专在校生人数达到了176562人。从教育财政的预算和基建投资情况来看，其生均教育事业费和公用经费年增长率较高，超过了全国很多大中城市。如2012—2013年的年增长率分别达到了5.37%和14.11%。2014年教育基建投资分为中央、省级和学校自筹，省级和学校自筹金额都远远超过中央投资额度，省级拨款达到了231813万元，学校自筹金额为185610万元。（见表2-3和表2-4）

表2-3　　　　2015年西乡市高等教育院校和学生情况①

教育类型	学校数量	毕业生人数	招生人数	在校生人数
本科院校	29	73195	81103	329233
高职高专	26	50310	58084	176562
总计	55	123505	139187	505759

数据来源：《中国教育统计年鉴》（2015）。

表2-4　　　　**西乡市教育财政预算和基本建设投资情况**②

各级教育生均公共预算（万元）	2012	2013	年增长率（%）
教育事业费	21873	23047	5.37
公用经费	13264	15136	14.11
2014年教育基本建设投资（万元）			
资金来源	中央	省级	学校自筹
西乡市	1877	231813	185610

数据来源：《中国教育统计年鉴》（2013、2014、2015）。

按照"普通教育有高考，职业教育有大赛"的思路，2002年教育部联合有关部门共同举办多次全国职业院校学生技能大赛。2008年教育部联合西乡市人民政府、人力资源和社会保障部，举办中等和高等职业学校共同参加的全国职业院校技能大赛。自2011年，技能大赛形成相关的规范体系，覆盖十六大产业门类，15个紧缺技术岗位。在国家政策的支持下，西乡市成为职业教育制度创新区域，逐渐形成以服务为宗旨、以就业为导向、依靠行业办学、整合教育资源、优化专业结构、加强实训基地建设、提高双师型教师素质、促进校企一体、产学相融、培养技能型人才的西乡职教模式。③2014年以来，教育部提出让西乡市的职业学校改革职业教育

---

① 教育部：《中国教育统计年鉴》（1998、2006、2015），2016年7月（http://www.moe.gov.cn/jyb_ sjzl/sjzl_ fztjgb/）。
② 教育部：《2005年全国高校经费收入情况统计》，2016年11月（http://www.moe.gov.cn/jyb_ xxgk/xxgk/neirong/tongji/xinxi/jytj_ jftjgg/）。
③ 教育部职业技术教育中心编：《中国特色职业教育发展之路——中国职业教育发展报告（2002—2012）》，第57页。

办学模式，探索职业教育人才成长立交桥，通过优势资源合并重组的方式联合几所高职院校建立西乡职业技术大学。在职业教育国际化发展方面，西乡市职业教育模式的"走出去"战略具体体现为：第一，建立外援基地。2003年，教育部在西乡工程师范学院挂牌，成立教育部教育外援基地。第二，援建职业学校。2007年10月，中国政府援建"一带一路"国家的几所职业技术学院竣工，采用中国职业教育模式进行管理和教学，为发展中国家职业教育管理人提供培训。第四，实行走出去办学，建立分校。职业院校对外招生，在不同区域和国家建立分校，助力国家"一带一路"政策。

新华职校在西乡市，一直在职业教育领域具有良好的声誉和口碑，主要面向西乡市本地招生，就业前景好。新华职校隶属于西乡市经委，隶属行业管辖，从20世纪80年代初至今新华职校已经具有30多年的历史。从计划向市场体制的转型过程，它并经历了不同的组织发展阶段。同时，新华职校的发展和国家教育制度的改革密切相关，新华职校的发育和成长也是德国双元制职业教育模式在中国本土化的过程。在国家职业教育政策的导向下，西乡市新华职校发展迅速，走上了规模化和组织升级的道路。从组织在教育系统的层次看，新华职校经历了从中职学校到高职院校，再到职业技术大学的变化阶段。从教育管理体制上看，新华职校从行业管辖的职业学校逐渐进入国家高等教育学校体系，其组织发展路径呈现了逐渐与行业分离，积极获取教育科层体系的地位和资源的特点。这也形塑了职业学校不同的组织形态、内部治理结构、校企结合关系和技能人才培养模式。根据学校官网数据，2000年前后，新华职校是一所偏重制造业的职业学校，偏重技工教育，以机和电专业起家。在教育模式上引入德国双元制的职业教育模式，办学宗旨是"理论教学与实践教学并重；学校与企业紧密结合"，学校被誉为培养中国高级蓝领的摇篮。学校开设29个专业，拥有56个实验、实训室和20多个实训车间，属于中专和大专学历层次，三年学制，学生可取得毕业证书和高级、中级职业技能证书，部分学生还可以直接考取欧盟认可的德国IHK职业技能证书。此时，新华职校虽然举办大专层次的学历教育，但始终把校企合作、工学结合，以及面向企业提供高水平的专业技术培训放在突出位置。

学校从行业管辖的中职学校转型为国家公办高职院校之后，开始积极申报国家示范校项目。2006年获得国家示范性高等职业院校建设项目。学校官网信息显示：2006年以来，学校建立了航空蓝领技能评估中心和培训中心，对技能人才进行测评和培训，开设机械、自动化和信息专业类等培训模块，共有60多个。培训了众多外资、国有、民营企业的专业技术人员。2010年，学校有8个教学系部、38个专业、教职工296人，其中，副高以上职称106人，"双师型"师资达72%以上，学历教育学生近5000人。学校建有近40个实验室和10余个实习车间，拥有14门国家级精品课。学校面向全国招生，就业率始终保持在95%以上。在实训条件上，学校建立了西乡市现代制造与航空机电技能人才培训基地，建设建筑面积近3万平方米的工业中心，德国德马吉、西门子、日本三菱、美国IBM等跨国公司和行业龙头企业共同投资6000余万元建设了数控技术中心、液压与气动、电机自动化实训中心。在对接产业和校企合作方面，学院紧密围绕西乡经济开发区工业化项目的人才需求，建设以先进制造技术、航空航天应用技术、自动化技术、汽车应用技术、新材料新能源技术、信息技术、经贸管理、应用语言、艺术等制造业及制造类服务业十大专业组群。在教学模式上，学校与大型企业采用订单培养，引进国际IHK标准或行业企业标准联合培养企业需要的高技能人才，实现了人才培养和需求的无缝对接。[①]

[①] 学校基本情况介绍来自学校官方网站，考虑研究伦理需要已对相关信息进行技术处理。

第三章　国家统筹下双元制职业学校的诞生

20世纪80—90年代，在市场化转型的背景下，工厂学徒制出现了技能传承的危机，技能形成制度逐渐从内部技能传承的工厂学徒制向外部的职业学校制度转型。职业学校制度作为一种专门进行技能培养的专业性、院校化、综合性和规模化的学校教育组织，符合国家产业转型升级对大量技能劳动力培养的需求。而且，中国早期就存在一种"半工半读"的职业教育理念和实践。在此基础上，80年代初，中国在职业教育顶层设计方面，引用德国双元制的职业教育理念和模式，并进行中国化的本土改造，建立了中国早期的一批行业办学和主管的双元制的职业学校，如20世纪80年代初以中德项目合作方式建立的行业中职学校和技能培训中心，项目包括共建上海师资培训中心、北京大学德语中心、南京建筑职教中心、湖北十堰汽车技工学校等一系列教育合作项目。20世纪80年代末期，国家教委在中国六个城市分别建立德国双元制职教模式试点。德国双元制模式学制为2—3.5年，一般主体为中学毕业生，培养目标为技术管理人员。教学分别在企业和职业学校里交替进行，约60%—70%时间在企业，40%—30%时间在学校。对德国双元制职业教育理念和体系的学习和借鉴为中国探索建立职业教育体系，职业教育管理体制和教学改革等方面产生了积极和深远的影响。[①] 这一时期，中等职业教育是中国职业教育的主体。但是，从80年代中期开始，国家也零星建立高等职业院校，如1980年国

[①] 余祖光：《六城市借鉴德国"双元制"进行职教改革试验的启示（摘要）》，《中国职业技术教育》1995年第2期；姜大源：《中德职业教育合作30年大事记》，《中国职业技术教育》2009年第35期。

家创建 13 所短期职业大学，1985 年发展到 120 所，开创了中国高职院校与普通高等院校并行发展的新格局。

第一节　国家职业教育理念和政策导向

一　学徒制技能传递危机与中职教育结构调整

工厂学徒制作为一种内部技能形成制度，经过国家社会主义改造后，成为计划经济体制下主要的职业教育模式。1953 年，国家对资本主义的社会主义改造，主要采取对工商业进行利用、限制和改造政策，建立公有制经济体制、消灭市场机制，实行行政指令化和计划式的资源配置方式。[①] 计划体制下国家力量统筹社会治理的各个方面，建立了国家统筹的劳动用工制度、单位制的劳动管理模式、去商品化的劳动保护制度等，这些制度为内部技能形成制度的建构奠定了基础。国家的统筹控制、单位制的全面管理、国有企业的专用性技能积累成为内部技能形成制度的重要特点。在工厂学徒制的框架下，技能培养和传承是在单位制的庇护关系下进行的，它是总体体制下企业组织的微观治理机制，集体合作主义建构了社会性的师徒关系。在单位制的组织形态下，科层关系和师徒关系相互影响，师徒关系是企业治理的一种非正式制度，是总体体制治理框架下的社会领域。[②] 市场化转型以来，随着宏观制度的变化和产业发展的需要，学徒制的技能传承制度逐渐瓦解，这种变化是中国社会变迁的一个现实缩影。[③] 工厂学徒制主要有两种形式：一种是国家委托培养，即利用大型国有企业的生产技术、机械设备和专用技能，为其他工厂学徒工提供技能培训；一种是半工半读，即把工厂内师徒制技能养成公共化，这是国家干预下的"工学结合"的最早形式。1958 年，天津国棉厂是全国第一所半工半读学校。半工半读学校类似于德国双元制职业教育模式，学校和工厂紧密结合。但是，改革开放之后，随着市场化转型的深入，学徒制作为一种内部技能形成制

[①] 王星：《技能形成的社会建构：中国工厂学徒制变迁历程的社会学分析》，社会科学文献出版社 2014 年版。

[②] 傅春晖、渠敬东：《单位制与师徒制——总体体制下企业组织的微观治理机制》，《社会发展研究》2015 年第 2 期。

[③] 朱立凡：《时代变迁的缩影：国有工厂内的"师徒制"》，《中国校外教育》2015 年第 12 期。

度出现技能传承的危机，具体体现在 80 年代中后期，中国工人文化素质偏低、技能水平低下、技能传承出现断裂、技工总量不能满足企业需求。①70—80 年代，职业的恢复发展期，国家对中职教育进行结构调整，大力发展职业学校制度，行业中专和技工学校获得发展机遇。依托行业系统和国有企业的职业学校是学徒制模式的公共化和院校化培养模式，建立了基于企业专用性技能积累的系统知识技能体系和教育模式。它成为改革开放后中国主要的技能传承制度。

在制度层面，工厂学徒制的衰弱主要与宏观经济、社会制度环境变化、国家职业学校体系建设和教育管理体制改革相关。

（一）劳动用工制度的改革。20 世纪 80 年代中后期，国家劳动用工制度的改革，形成了"先培训，后就业；先招生，后招工"的制度。市场化改革后，国家建立了自由的劳动力市场制度，单位招工和学生就业实行双向选择制度。随着国企改革的深入，工厂学徒制渐渐走向衰败。1979 年 9 月，国家经济委员会、国家劳动总局发布《关于进一步搞好技工培训工作的通知》，指出做好学徒培训工作。但是，学徒制技术承接存在危机和断裂，技术力量青黄不接。1980 年 8 月，中共中央关于转发全国劳动就业会议文件的通知《进一步做好城镇劳动就业工作》指出，今后企业单位责任人应以经过职业训练的毕业生为重点。国有企业用工面向社会公开招收，打破传统的国家分配和铁饭碗终身制，逐渐改为企业面向市场招聘工人签订劳动合同，由此，企业培训工人的积极性大大减弱。

（二）国家对中等职业教育结构的调整。新中国成立后，国家建立了以中专和技校为主的中等职业教育体系，但"文化大革命"期间职业教育受到重大破坏，学校关门、教师流失、招生规模严重下降，1976 年中职学校在校生占高中阶段学生总数比例由 1965 年的 52.6%下降到 6.1%。② 1978 年，邓小平在全国教育工作会议上提出扩大各种技校和中专比例，调整中等职业教育结构。1985 年 5 月，《中共中央关于教育体制改革的决定》中首次提出

---

① 王星：《技能形成的社会建构：中国工厂学徒制变迁历程的社会学分析》，社会科学文献出版社 2014 年版。
② 石伟平、匡瑛：《中国教育改革 40 年：职业教育》，科学出版社 2018 年版。

"先培训，后就业"的劳动就业准入政策，中等职业学校数量大幅上升，招生和毕业生数量增加，企业招工更多的是从大中专技工学校、职业高中毕业生招收。1986年7月，国家教委、国家计委、国家经委、劳动人事部门联合召开第一次全国职业技术教育工作会议，指出"七五"期间，职业技术学校和普通高中招生人数比例达到1∶1，确立了中国职业教育初等、中等与高等三个层次，并有计划地将一部分办学效益差的普通高中改为职业高中，或者在普通高中增设职业班。1990年底，各类职业技术学校已发展到1.6万多所，在校生超过600万人。高中阶段，各类职业技术学校和普通高中招生之比接近1∶1。

二 双元制学校的教育理念与实践

在工厂学徒制技能传递危机和国家职业教育体系调整阶段，中国与德国在职业教育领域开始合作。改革开放之初，国家的工作重点放在经济领域，现代化建设需要培养大量的高素质技能型人才，而职业教育是沟通经济、教育与就业的教育类型，学习国外先进的职业教育理念和模式成为中国政府的必然选择。[①] 职业教育的发展模式基于不同国家的职业教育理念、发展目标和方向选择，这和不同国家的历史传统、文化特质、制度环境和职业精神相关，是发展策略的选择，就如德国具有悠久的工业传统，经过100多年发展，形成了双元制的职业教育模式，它在德国经济腾飞中发挥了巨大作用。[②] 19世纪到20世纪初，以德国职业学校（实训工厂）为主的培训取代了手工业师徒制。德国职业学校的产生源于国家主导的进修学校，它分为教会创办的教会星期日学校和行会创办的行业进修学校。第一种主要是文化类补习的普通教育，第二种主要进行技术课程培训，后来转为义务制，改为普通进修学校和专业技能学校。从组织的演变看，1890年起，德国将这类进修学校改为职业教育类学校，并按职业分类进修学校，开始在全德国试行。对于德国职业教育机构发展路径，19世纪末，德国进修学校经过国家改造，具有了职业学校的雏形；同时，企业实训工厂由国

[①] 姜大源：《中德职业教育合作30年大事记》，《中国职业技术教育》2009年第35期。
[②] 王鹤鹏、靳光盈：《德国"双元制"职业教育模式对中国发展现代学徒制的启示》，《现代职业教育》2016年第21期。

家主导，从国企扩展到民企，实现了规模化。① 这为德国沟通经济部门和教育部门、建立双元制的职业教育体系奠定了基础。1969年，德国颁布了《联邦职业教育法》，正式确定了双元制职业教育的法律地位。1981年，德国颁布《联邦职业教育促进法》，规定了职业教育规划、统计和研究的条款。2005年，合并两法颁布《联邦职业教育法》，规定了职业教育的专业目录、主管部门、社会地位等。2013年，德国职业教育专业为331个，覆盖大约2.5万个社会职业。② 作为国家法律约束的正规职业教育制度，双元制职业教育体系下的学校和企业必须遵循法律规定，基于工作过程的课程传递职业相关的专业知识和普通文化知识，提升职业能力。

在中德职业教育合作之前，中国在技能培养方面就存在一种"半工半读、工学结合"的模式。1950年，国家实行一种"半工半读、工学结合"的委托培训制度，设立半工半读学校，主要依托国有企业办学，"企业办教育"成为单位制下国有企业社会功能的一种类型。如1958年天津国棉一厂办起全国第一所半工半读学校，随后，全国兴起了三次半工半读的教育实验，但是，受到"文化大革命"的影响，"两种教育制度和两种劳动制度"倡导下的半工半读学校纷纷被停办。"文化大革命"时期，这种教育模式演变成上山下乡运动。1971年，随着中等职业学校逐渐恢复招生，半工半读制度才开始恢复。1981年2月，中共中央国务院颁发《关于加强职工教育工作的决定》，建立职工双补教育，全国范围内开始兴办短期技能培训班。在国有企业具有短期培训班、技术讲座、委托培养、技校培训等方式，企业渐渐具有主导权，在培养方式上有业余学习、集中培训、脱产学习、半脱产学习等方式。一些国有企业按照工种划分专业性课程，如钳工基础、机械制图、金属材料、公差与测量、机电工基础等课程。半工半读制度作为一种重要的技能培养制度，为中国工业化建设培养了一大批高水平的技能人才。但是，随着国家宏观制度的转型，这种半工半读学校制度失去了与之匹配的制度环境。

在"半工半读"学校制度下，学生技术学习和劳动生产过程高度统

---

① 李超：《德国职业教育历史源起与勃兴——以19世纪为考察对象》，《黑龙江高教研究》2016年第12期。

② 姜大源：《德国"双元制"职业教育再解读》，《中国职业技术教育》2013年第33期。

一。在学习和劳动的时间安排上相对灵活，比如三天理论学习、三天工厂劳动生产。这种半工半读制度的特点是：第一，企业是职业教育的主体，在技能培养过程占主导地位，技能的学习主要体现工厂专用技能的积累，这与当时企业主要是国有企业性质、培训教育经费主要由国家财政拨款和国有企业生产成本支付有关；第二，学习形式是学校公共技工教育和工厂学徒实训的结合，体现技能形成双轨制的特征，有利于加强职业学校培训的生产针对性，也有利于国有企业技术专业化和标准化；第三，在国家劳动力统分政策下，学校的学生主要通过国家行政性安置，这为学生的培养和就业提供了劳动保护制度；第四，制度匹配上，国家处在计划经济的单位制体制下，企业属于单位制组织，具备工厂与学校一体化的制度基础。

其实，中国早期的半工半读职业教育理念和学校实践是国家层面的一种教育实验，在理念和组织实践层面类似于德国双元制。德国双元制也是基于学校和企业培训的双轨制建立的，双元制的含义是学校教育和企业培训并行不悖、相互补充。中国的半工半读学校制度由国家主导、国有企业具体实施、重视专用性技能培养，是对工厂学徒制的延续和改造。此时，中央和教育部的领导和专家设想在中国引进德国的双元制职业教育理念和方法，建立一批双元制职业学校，主要服务于国家大中型装备制造业企业的中、高端技能人才培养。

中德职业教育的合作始于20世纪80年代初期，主要通过政府主导的国际合作项目的方式进行。1978年中国改革开放之初，国家把工作重心放在经济建设上，进行社会主义市场经济体制的建设，职业教育成为中高级技能人才培养的重要教育类型。此时，中国和德国在经济领域和教育领域都有合作的战略意图。当时，国家经委副主任袁宝华和教育部部长蒋南翔访问德国，代表团发现德国培养技术工人的双元制职业教育模式很有参考价值，于是建议国务院组织有关部门借鉴。1983年10月，中国教育部和联邦德国教科部签署教育合作协议，分别由巴伐利亚州赛德尔基金会和德国技术合作公司与中方开展合作项目，建立一批中德合作的双元制职业学校。[①] 1983年签署的合作协议以中德政府间经济援助方式落实职业教育合

---

① 中国教育发展战略学会：《教育发展战略40年：回顾与展望》，首都师范大学出版社2019年版。

作经费，具有政府间的经济技术和教育援助性质。此后，参加中德教育合作的中方专业部委达到 20 多个，如当时的外经贸部（商务部）、教育部、劳动部（人社部）、科技部、农业部、交通部、原机械工业部等。1985 年国家教委以德国援助的 35 个项目为经验基础，在苏州、无锡、沈阳等 6 城市进行德国双元制职业教育模式的试点，"点面结合"开展"校企合作、工学结合"的双元制职业教育模式的试验。[①] 在中德合作的背景下，项目合作一般直接引入德国双元制职业教育模式，如 1983 年开办的上海电子工业学校、湖北十堰汽车技工学校、武汉湖北啤酒学校等，引入大批德国职业教育专家（一般是 2—8 年时间）以及德国原版教学计划、教学材料、教学设备，采用德国双元制的基本组织形式，现场指导、培训师资。这个阶段，中国对双元制的模仿学习主要在于把握教育理念思想、人才培养模式、办学途径和教学方法等。这些合作项目对中国职业教育的体系建设、体制改革和教育变革都生产了积极深远的影响。当时，在国家层面，教育部门、经济部门和劳动部门都建立了一些中德合作的学校，根据教育部门相关领导的论述，"随着中国市场经济体制改革和教育管理体制的变化，以及中德项目合作的结束，一些双元制职业学校通过合并重组的方式转型为高职院校或合并入其他大学，接受政府部门的财政拨款。如北京电子磨具培训中心，与德国合作 30 年，后来合并到了北京仪器仪表学校。另一方面，由于德国官方的项目资金和专家撤走，一些项目虽然还是以中德合作冠名，但是德方的合作层次下降，由德国政府部门变成行业、企业"。

新华职校是在中德经贸和职业教育项目合作的大背景下诞生的。学校校史馆资料显示，20 世纪 80 年代联邦德国驻华大使和国家经委副主任达成共识，建议在联邦德国向中国提供的资本援助和技术援助中划出一部分经费，按照德国双元制模式建设一所专门为国家尖端工业领域服务的双元制职业学校，重点培训核电和电子领域中、高级技术人员。20 世纪 80 年代中期，中国政府按照德国"双元制"模式确定职业学校的办学规模为在校生 400 人，设置机械工业、计算机应用软件编制和电器及仪表 3 个专业，学制为大专 2 年，中专层次高级技工 1 年。

[①] 姜大源：《中德职业教育合作 30 年大事记》，《中国职业技术教育》2009 年第 35 期。

三 对德国双元制职业教育模式的改造

在国家职业教育理念上，新华职校的设立是德国双元制在中国本土化的过程，按照本土化的不同阶段，新华职校开始完全采用德国的双元制办学模式，引进项目，把握德国双元制的制度理念，培养工学结合，动手能力强的技术技能精英。在一定程度上，新华职校的诞生体现了延续早期国家职业教育理念，学习借鉴德国先进职业教育制度和人才培养模式，培养中国工业化建设需要的高端技能型人才。但是，在引入德国双元制的模式过程，在双元制学校项目酝酿、论证、建设、实施、反馈等阶段，中国政府也对其进行了三个方面的改造：

（一）提高职业教育的培养层次。新华职校开始设定的是400人规模，学制为大专2年，高级工1年。但是，新华职校以技工教育为主，提供技能培训和技能等级认定，获取德国相关的技能资格证书。此时的国家理念是完全复制德国的双元制职业教育制度，而德国职业教育体系和高等教育体系是双轨制的制度体系，主要在中等职业教育层面。德国双元制职业教育对应的是中国高中阶段的职业教育，而职业教育高中后的职业教育则为高中阶段职业教育的延续和升级。德国在职业教育体系之外，还有工程技术教育体系，采用双元制模式培养工程师，如应用科学大学（EH），也称专业大学、双元大学[①]，一般招收普通高中或者专科高中毕业生，而非中等职业教育后的职业教育学生。在高等教育大众化和大学扩招背景下，德国高等教育的入学率不断提升，2013年达到59%。20世纪60—70年代，为满足国家科技发展战略、满足市场对专业技能毕业生需求，德国兴起应用科技大学，主要由工程师学校、经济和社会学院合并重组，经历工程教育的大学化过程，进入了高等教育体系。70年代中期，德国开始将三年制的职业技术性的高等专科学校（FH）改为四年制的应用科技大学，成为和学术型大学同等地位、不同类型的高等教育制度，以科学知识为基础，培养具有实践能力的工程科技人才。所以，德国双元制高等教育体系，探索实践应用和学术素养的结合，是继双元制职业教育之后又一个成功典范。但是，德国的高等教育入学率始终低于同类工业化国家，这都得益于

---

① 姜大源：《德国"双元制"职业教育再解读》，《中国职业技术教育》2013年第33期。

德国双轨制职业教育。双元制大学和应用科技大学是高等教育的精英教育，只适用于少数年轻人。职业学校从专科层次升级为本科层次，但是依然坚守职业教育的办学特色。在德国双元制职业教育本土化的过程中，国家顶层领导和专家的讨论会中，一些领导和专家根据中国技能人才培养现实需求，希望可以提升培养的层次，延长技能培养教育的时间，建立中国高等职业教育的学校和课程体系。所以，中国政府与德国政府协商，根据中国实际情况对专业设置和办学层次、教学计划和设备结构进行重新规划。20世纪80年代末期，学校按照双元制办学模式，技工班学制三年，分为工业机械工、工业电工两个工种，后续增加工具机械工、切削机械工、动力电工和机械电工四个工种。在此背景下，在双元制学校的设立上国家提升了新华职校技工教育的学制和学历层次。[①]

（二）在双元制课程体系中加大了对理论知识和通识性课程的设置。在课程体系方面调整专业课程和文化课程的比例，重视对技术人员文化课程的培养。德国双元制的IHK的职业技能培训规定，70%的培训是在工厂实训，30%是在学校理论学习。但是，20世纪80年代末期，新华职校的首届技术干部大专班的教学设计，虽然原则上参考德国技术员教育指定教学计划与课程设置，但把理论课与实践课的比例调整为1∶1。后期，又把比例改为两年在学校学习理论知识，一年在工厂进行技术培训的2∶1。实训课程与就业岗位直接挂钩，并由学校的德国专家和政府官员组织技术技能考核。之后，中德专家完成了技工班和大专班教学计划和教学大纲《技工、大专班教学计划和大纲》。[②] 国家对双元制课程体系的改造受到中国职业学校（包括中专和技校）原有课程理念和培养制度的影响，20世纪80年代，中国中专和技校主要延续苏联模式的"三段式"课程体系，分为文化课、专业理论课和实践课程。基于理论应用于实践价值观的影响，教育理念比较重视基础理论课程的培养。

（三）在技能培养过程体现学历教育导向。在双元制学校建立之初，新华职校主要开展了两项人才培养课程，一个是企业技术员干部的学历班，获得大专学历；一个是技工教育和职业培训的技术技能短训班，获得

[①] 历史档案和文献资料来源于新华学校的校史馆。
[②] 历史档案和文献资料来源于新华学校的校史馆。

德国承认的 IHK 技能等级资格证书。20 世纪 80 年代末期，学校主要以技术短训班为主，在西乡市工业企业中开展双元制的职业技能培训。20 世纪 90 年代，技术短训班的培训规模为 7054 人，而学历班招生只有 2841 人。但是，在德国双元制教育的后期，学校逐渐加大了企业职工的学历教育的业务，为职工提供大专学历的课程班则逐渐增多。

国家在引进德国双元制职业教育模式的同时，对其进行了本土化的改造，三年学制的改造体现了国家对高端技能人才的认知和需求，在国家理念和政策意图上，德国双元制的职业教育模式需要结合中国学历教育的需求，助力中国高等职业教育体系的建设。

第二节　新华职校的诞生与发展

20 世纪 80 年代初期，国务院、各行业主管部门以及教育部的领导和专家设想在中国建立一批双元制职业学校，通过引进德国双元制职业教育理念和方法，建立一所主要服务于装备制造业的高端技能人才培养的职业教育组织。本书的案例学校新华职校就是在这种政策理念主导下的具体政策实践。它主要服务于装备制造业企业的技能人才培养。笔者关注了新华职校在成立之初组织目标、组织架构、人员配置、资源分配、课程体系和学生培养等方面的情况。

一　新华职校的建立：高端的行政地位

20 世纪 80 年代初，德国对中国的工业化建设进行援助，在经济援助的同时提出了对工业发展的技能人才教育的关注，提出可以在职业教育领域合作建立一些职业学校，重点培养高中端技能型人才。当时，德国政府投资 6000 多万马克，利用本国技术和先进管理经验建设新华职校，重点培养中国工业化需要的服务尖端工业领域企业的中高级技能型人才。在成立之初，新华职校具有高端的行政地位，在行政隶属关系上属于行业部委主管。在政策文本中写道：它是中国利用德国资金和技术援助，引入双元制职业教育理念和模式，设立的一所国家级的双元制职业学校。根据新华职校的老领导介绍：

新华职校是国家层面的中外职业教育合作办学,是发达国家援助中国职业教育的项目。在成立之初,学校是国资委批复的。德国当时援助很多经费,引进了德国专家和专业教材,当时教师大部分是德国外教过来授课。学校行政地位很高,后来才划到地方管辖。[①]

学校的老领导很骄傲地述说着新华职校成立之初高端的行政地位和在教育界、经济界、国际社会的影响力。那时,中央政府的扶持和重视、地方政府的积极响应,德国官方技术、资金和专家的援助,这些因素让新华职校成为国家级的职业教育组织,组织目标是为国家大型工业企业培养高端技能型人才。20世纪80—90年代,在工业化建设阶段,中国需要蓝领技术工人、技术员和工业管理人才,而新华职校正是在国家统筹下建立的职业教育和技能培训组织,主要目标是为大型国企培养高端技能人才。新华职校的建立体现了国家经济领域、教育领域和劳动领域之间的联系,体现了国家教育部门、经济部门和劳动部门在职业教育工作上的协同合作,所以,新华职校在建立之初就和国家教育主管部门和工业主管部门有着亲缘关系,学校的规章建制是经由国务院技术装备领导小组和国家经委一致决定的,这奠定了其办学层次和组织地位的高端性。

校史馆资料显示,学校行政隶属于西乡市政府行业主管部门,由西乡市高教局进行教学业务的管理。80年代中期,西乡市人民政府发文《关于筹建西乡新华职校有关事宜的通知》(以下简称《通知》),决定将新华职校的隶属关系由高教局改为市经委主办主管,使其成为一所行业系统管辖的职业教育事业单位和独立的办学实体,新华职校筹备处为正局级单位。

二 单一的组织架构:精准人才培养目标

组织规模决定了组织架构,组织的架构服务于组织目标和功能的实现。新华职校早期的规模较小,组织层次较简单,是一种集中按照职能划分的一元结构,类似于U形组织结构。《通知》中明确了新华职校成立初期的组织目标、组织架构、规模和人员构成。组织目标是:"服务于中国工业化发展的大型国有企业,提供职业技能培训和技能人才输送。"如80年代末期,新

[①] 访谈资料:D20170924。

华职校服务西乡钢管公司、汽车工业公司、航空总装线等11家企业，一共举办了12个技术短训班，培训人数达421人。学校档案资料中描述：20世纪80年代中期到末期项目投资进展顺利，从德国本土引进了先进的教学设备和专家团队，完成了学校的基建工作，并且确定了学校的人员编制和教师规模。学校的人员构成情况是：新华职校编制140人，教师56人，实验和实习车间技术人员20人，管理人员50人，工人14人。1985年，国家投入1875万基建专款用于新华职校的校舍建设。1987年，新华职校完成了项目协议和贷款协议，建成19间教室、25个实验室和6个车间，教学设备花费5000万元人民币。1988年底，新华职校引进教学设备151批次，其中赠款设备90批次，贷款设备61批次，价值1560万马克。[①]

　　新华职校成立之初，组织结构相对简单、目标单一。1986年，学校组织架构为：办公室、教务处、人事处、设备处、科研处、总务处、基建处和政治处8个机构。1987年，学校设置了机械工程部、电工电子工程部和基础课部3个教学部门和7个教研室。从1982年项目酝酿、到1985年项目筹备实施，再到1987年，学校主要进行基建和教学准备工作，还没有招生计划，先后有8位德国专家来学校进行初期的建设工作。根据中方和德方对校园建设、师资培养、专业设置、课程体系的规划，建立了早期的学校组织结构。1988年，学校机构调整为11个，在相关职能部门建立的基础上先成立三个教学系部，涉及基础课程、机械专业和电工电子专业。1988年国家教委规定培训学员830人，主要面向工业企业中工程技术人员、专业技术人员开展短期培训，举办大专层次专科职业教育。图3-1是1987年新华职校成立之初的组织结构图，学校早期的组织结构属于一种简单职能结构。

　　组织学理论认为组织的形式和结构是由外部的制度与技术环境、组织内部劳动分工、管理方式、权力关系等因素决定的[②]。组织形式可以分为统一模式和多重模式。统一模式主要包括简单结构、科层结构和职能结构，强调组织目标的单一性和决策指挥的一致性。而多重模式适应多重目

---

　　① 资料来源于新华职校的校史馆。
　　② ［美］斯科特、戴维斯：《组织理论：理性、自然与开放系统的视角》，高俊山译，中国人民大学出版社2011年版。

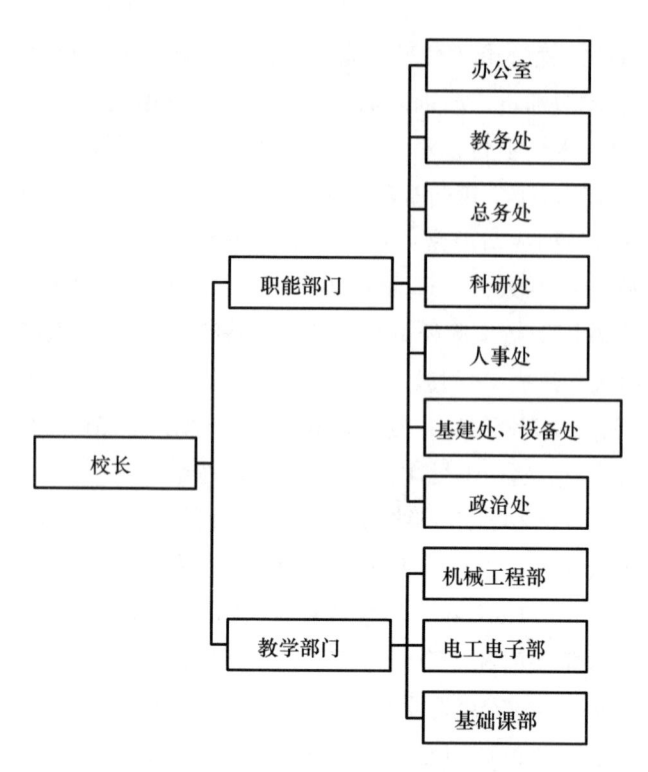

图 3-1 新华职校组织结构示意图（1987年）

标和分散性的权威。新华职校的职业教育和技能培训的部门为3个教学部门和7个教研室。学校职能部门为7个横向处室，主要服务于中心日常事务的管理和教学辅助工作。学校组织的正式结构是简单职能结构和上下级科层制的结合，功能垂直型结构，是一种集权制，主要由内部的行政协调机制安排资源分配，教学系部相对于行政职能部门还不是很强大，缺乏二级学院的自主权。各部门权力较小，权力集中在高层管理人员手中，如校长。在组织结构架构上，组织更多受到国家教育政策和德国双元制模式的共同作用，这成为影响组织后续发展目标的主要力量。一些老教师表示：

> 以前中心的组织结构很简单，人员也少，如果决定和落实什么事项，大家一起来开一个会就可以搞定，沟通也很顺畅。[1]

---

[1] 访谈资料：ZD20170924。

我们发现，早期新华职校的组织目标体现了国家职业教育理念和目标，通过国家政策规定，主要针对大型国有企业岗位人才需求，培养高端技能型劳动力。组织目标是单一、清晰、稳定和一致的，就是按照德国双元制的职业教育模式，培养中国的中、高级工业制造业技术人才，适应工业化建设的需求。学校的培养对象主要为国有企业技术人员和管理干部，培养方式主要是通过短期的技能培训和学历教育，具体形式为工厂技工短期培训、大专层次学历的专科教育和德国职业技能资格证书培训。根据校史馆资料和对老教师的深度访谈得知，建校以来，学校借助深度校企合作关系和企业培训进修需求，开办技工班、技工干部大专班、师资培训班、技术短训班、德语培训班五种办学类型。学校早期的职业教育完全采用双元制（BBS）理念和模式，将学校理论学习与工厂企业实践密切结合，并引用了德国 IHK 的交叉学习机制。学校具有明确、清晰的人才培养目标和层次，可以精准地培养中高端技能型人才，特别是以机电为主的制造类和电子工业类的大型企业。学校的教师完全按照双元制的课程要求，进行重点培养、小班授课。一些老教师说：

> 最早招的学生完全就是按照双元制的模式培养的。技术性基础的课时量很多，基础性技能训练课时量大，成本耗材多，小班授课规模一般为10—25人，每个老师关注的学生数量少，精力主要集中在教学，重点培养，真正的培养"大国工匠"啊![①]

当时，新华职校还是采取小规模、精英化的技能培养方式，借鉴了传统学徒制技能形成的模式，采取一对多的师傅带徒弟的形式，言传身教。专业教师除了德国技能教育专家外，很多都是来自国有大企业的技术人员和工程师。虽然，那时的新华职校不具有现代高职院校的大规模学历教育的目标和能力，但确实可以精准服务于企业技能培训和人才需求，为西乡大型国有企业，特别是机械工业和装备制造业企业提供技能培训。学校主要以技术短训班为主，并在西乡市的工业企业中开展双元制的职业培训模式，建立深度紧密的校企合作关系。从1990年到1999年，短期技术培训

[①] 访谈资料：ZD20170901。

规模达 7054 人，学历班招生 2841 人，后来学校形成培训和学历并举的办学模式。在市经委、市劳动局的支持下，德国专家带领学校开始在西乡工业企业中进行双元制职业培训模式的实践，先后与西乡石油公司、西乡化工厂、西乡石化公司实施了 3 年到 5 年不等的技工层次的职业培训。

三 双元制的课程体系和考试制度

德国双元制在教育层面遵循职业性原则，劳动训练和职业教育以职业形式进行，职业劳动的地点、范畴、资格、地位和教育标准相关联，如专业、课程、教学和考试等，此时职业教育的理念就是以职业能力为目标，以职业需求设置专业，以工作过程开发课程，以教学实践作为行动导向，以职业资格作为技能考试。新华职校早期完全按照德国双元制的职业教育理念，将企业所需的职业技能和机电专业，以及技能证书考试的能力培养相结合，培养企业需要的实用主义的技能劳动力。[①] 早期的新华职校按照德国双元制的职业教育模式设计技能人才培养方案、课程体系和考试制度。在专业设置方面，完全对照企业的职业岗位，主要包含机械工程专业和电加工专业。机械工分为工业机械工、工具机械工和机械电子工专业；电工电子专业主要分为动力电工、工业电工、信息电工专业方向。在课程体系设计中，理论课和实践课的比例为 2∶3，实践课程占比更大，主要在学校实训车间和实验室完成，并结合企业岗位技能要求进入企业学习。机械工程教学部和电工电子教学部引入德国职业教育模式，形成了数控维修、电加工技术、数控车技术、数控维修技术、FMS 柔性制造技术等方面的课程方案和讲义大纲。与此同时，学校按照德国双元制模式建立了期中考试和毕业考试的执行规则：《技工考试规则》、《技术员考试规则》和《期中考试规则》。

新华职校在办学理念、制度设计、办学类型、培养模式和课程考试制度等方面复制了德国双元制（BBS）职业教育体系，将学校理论学习与工厂企业实践密切结合。具体落实在技能人才培养方案、专业设置、课程体系和技能考试体系中。早期新华职校对德国双元制职业教育模式的复制主要体现 6 个方面：

[①] 姜大源：《德国"双元制"职业教育再解读》，《中国职业技术教育》2013 年第 33 期。

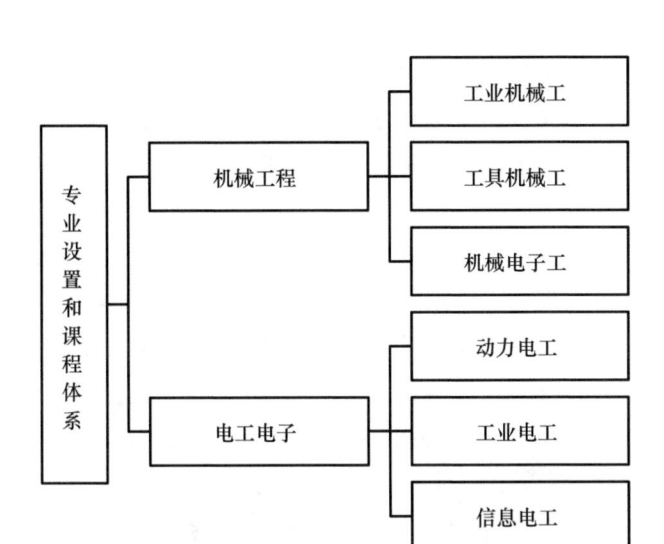

```
                          ┌──── 工业机械工
              ┌─ 机械工程 ─┼──── 工具机械工
专业设置       │           └──── 机械电子工
和课程体系 ────┤
              │           ┌──── 动力电工
              └─ 电工电子 ─┼──── 工业电工
                          └──── 信息电工
```

图 3-2　新华职校专业和课程示意图（1987 年）

（一）在职业教育理念上坚持双元性原则，主要体现在企业与职业学校、理论与实践、工作与学习的双元制理念，按照德国双元制的职业教育模式培养工厂企业需要的中高级技术人才。

（二）在教育管理制度上，依据职业教育的宏观管理制度，经经济和教育主管部门协调，将职业教育供给和劳动力市场需求结合，并把职业教育放置在社会制度、经济发展、劳动力市场需求的大趋势下。

（三）在办学类型上，坚持职业性和教育性的结合，主要是针对大型制造业企业的职工技术培训和学历教育。学员构成分为技工班和大专班，技工班学员主要是来自工厂的职工。技工班招生数逐年上升，1998 年技工班招生数量达到最高。

（四）在校企合作方面，具体体现在技术学员的构成、课程的工厂实践和专业学习分配、建立深度校企合作、行业技术认证等方面的合作。

（五）在人才培养模式上，将知识和技能教育结合，教育过程关注职业工作过程，注重培养职业能力。

（六）在课程和考试制度上，学校根据岗位设置专业，根据专业类别设计课程体系和教学计划，建立能力为本位的课程体系和模块式的就业技能课程。

具体而言，在课程体系方面，新华职校的教学计划和教学大纲完全复制德国双元制的模式，由德国专家培训新华职校教师进行授课。IHK对技能标准的认证权汇集了国家政府、行业企业和德国双元制职业教育模式的认可，考试制度成为新华职校教育的特色，考试标准完全按照德国的技术等级标准考试进行，考核主体为西乡市经委、劳动局、德国专家、企业工程技术人员和学校人员，根据成绩定技术等级，技工毕业可以拿到学校毕业证、劳动局等级证和德国工商联合会颁发的熟练技工证书（IHK）。因此，IHK对技术等级的认证得到国家、市场和国际的授权，含金量很高。根据校史馆资料，20世纪80年代末期新华职校首届技术干部大专班开课。其中，教学设计参考德国技术员教育指定教学计划与课程设置，理论课与实践课各占一半。专业课程、专业基础和公共课程课时比例为4∶3∶3。1988年制定技工班和大专班教学计划和教学大纲，编译部分课程练习和考试题。新华职校的技工班课程体系分为理论、实验和实践三个部分。理论部分主要包括基本计算工、电路分析技术、机械加工技术等。实践部分主要包括测试1—4。从自动化工程系的机械电子工业专业的考试成绩可见，课程分为理论与实践两部分，理论课程占40%，实践课程占60%。理论部分包含机械制图、专业计算、工作计划、功能分析；实践部分包含考试1、2，测试一、测试二和测试三。在双元制课程体系中，实践课程主要包含对已学习理论课程的操作实践。机械工程系技工班的实践课程一共24个学时，根据不同的专业课程方案分为工业机械工、工具机械工和机械电子工。工业机械工包含气动、液压、车工，装配、热处理、材料检验。电工部分包含铣工、测量、质量检测、机零加工、车削、洗消，装配电工、控制等操作工序。工具机械工分为基础、车削、铣削、装配、工具制造、气动热处理、材料检验、电加工、液压等。

　　双元制的课程总体时间为38周，课程体系分为理论与实践。同时，理论部分分为理论课程和实验课程，基础理论是通识性的技术理论，而实践课程是在技能操作的基础上学习企业的专用性技术。动力电工专业课程体系安排主要分为理论、实验和实践课程，课程持续38周。在前21周，理论课程和实践课程穿插于教学过程之中。理论和实验课程包括电力系统运行、大功率电子学、调节技术、电机与驱动、自动化技术。实践课程包括测量、配电装置、电子学和接触器，主要是训练技能操作能力，将技术理论应用于具体的生产环节的实践。从第 22 周到第 38 周，主要进行实践课程学习和准备技能考试。

新华职校按照德国双元制的职业教育模式，更侧重建立技术评价标准和技能等级考试制度。技能等级考试制度刚好契合了中国八级工技术等级标准。1990 年，按照德国双元制模式编写大专班课程大纲 2 套，包含简要和详细大纲，初步制定了《技工、技术员和培训员毕业考试规定》。在《技工毕业考试规则》中的第一章《考试委员会章程》中明确指出，考试委员会的人员由学校的中方领导、德方代表、上级主管机关代表、合作学校代表、学校企业特派员、培训企业代表、教务处代表、直接参与培训的部门领导的代表和学校专业理论和实践教师组成①。

技工班毕业考试委员会结构完全按照德国双元制的考试模式——德国慕尼黑 IHK 考试委员会组织形式设计。组织结构的第一级由西乡市经委、学校中方领导、德方领导、西乡市劳动局、西乡市教委组成；第二级由机、电部领导、德方专家和教务处领导组成。考试过程的参与人员还包括新华职校的机部和电部的企业特派员，以及合作学校特派员（包括南京和上海）；第三级是按工种分类，主要分为动力电工、工业电工、信息电工、工业机械工、工具机械工、切削机械工的技术岗位考试，分别包含企业代表、考试负责人、理论教师、实验室教师和实践课教师。技工班的考试制度按照德国 IHK 技术认证标准进行，考试非常严格，不合格者不能毕业，技能证书具有很高的含金量。

从新华职校的职业技能等级考试制度可见，新华职校学生通过双元制的职业技能培养之后，按照德国 IHK 技术认证标准进行考核，整个过程的技能等级认定是相当严格的，它体现了双元制技能培养的双元性、职业性和协调性原则，职业教育涉及众多的利益相关人，如行业部门、企业雇主、中央政府、地方政府、劳动者（工人）等。制度的建构是利益互动和宏观制度层面的利益政治过程，它体现了德国职业教育的历史渊源、现实禀赋、行业主导的特点。在这一制度确立过程中，德国慕尼黑 IHK 工商联行业协会发挥了重要作用，特别是提供了行业技能标准，每个工种下都需要企业代表的参与，根据工作岗位和专业设计技术考核标准。德国工商业

---

① 新华职校：《技工毕业考试规则》，内部资料，1990 年。

联合会（DIHK）设立了广泛的职业资格鉴定体系，集中在制造业、信息产业、交通产业、商业与服务业、物流、金融等主流产业，开发了一系列针对性强的职业资格标准和证书，采取培训和考核相分离的考核办法，主要培养企业高级技术人才。资格证书在德国和海外通行通用，几乎被所有欧美国家和企业认可。国家劳动局颁发的技术等级证和德国工商联合会颁发熟练技工证书（IHK）具有很高的含金量，主要体现在两个方面，第一，证书具有德国制造业技术的先进性，在大型企业可以适用高级技工的岗位。第二，新华职校的官方背景让证书具备技能认证和流通的合法性。

新华职校早期的双元制课程标准包含：专业核心课程、技术课程、毕业答辩、技工考试。例如，自动化系01级技工班共有两个班，46人，分别为动力电工班25人，机械电子工班21人。技工班都是采取小班授课，专业技术考试非常严格，每一年都有5%的学生考试不合格而不能毕业。考试内容分为理论与实践两部分，成绩分别占40%和60%，分为考试得分和工作测试得分，并根据技术等级赋予权重，最后计算得出学生的综合成绩。

第三节　德国双元制的本土化：复制与改造

中德职业教育合作40年之际，回顾两国在职业教育领域合作的阶段和实质，不难发现，新华职校为中国职业教育体系建设积累了大量的经验。在1978年中国改革开放之初，作为一个与经济、就业结合最紧密的教育类型，职业教育为中国经济发展和人才培养贡献了自己的独特力量。学习德国双元制的职业教育模式，让我们开拓了视野，逐步把握了职业教育发展的规律，经历了"学习复制—比较选择—本土化"三个阶段，合作形式有项目引进、经验推广、比较研究、内涵建设等，通过项目复制、项目重构、项目迁移、项目创新等方式，中国逐步建立了中国特色的现代职业教育体系。

一　双元制本土化的理念和阶段特征

中国技能教育早期就有了类似双元制的"半工半读"的职业教育理

念,后来国家还建立了一批半工半读学校,将劳动生产和职业教育相结合。当时,依托于国企工厂的半工半读学校有学历教育和非学历教育两种形式,新华职校的双元制教育却是朝着正规学校制度发展的。新华职校的设立完全引入了德国双元制的职业教育理念和制度。德国双元制是把职业学校和企业或公共事业单位等校外实训场结合,称之为职业教育的双元。在教育过程中,把职业知识传授和企业职业技能培训相结合。学生具有学生和企业员工两种身份,通过理论课与实训课学习技术专业理论和技能操作。学生要花四分之一以上的时间在企业实训,根据生产岗位需求进行操作技能训练。双元制职业教育方式是二战后德国经济腾飞的重要保障,德国双元制的职业学校学生可以考取德国工商业协会(IHK)的职业资格证书。

新华职校引进德国双元制的职业教育理念、制度和课程体系,其发展经历了不同的阶段。中德合作项目酝酿阶段是20世纪80年代初,由两国政府的经济和教育部门负责人商讨合作事宜。合作项目的准备阶段,从80年代开始,按照中德职业教育援助项目协议,德国方向培训中心提供为期15年的援助,长、短期专家主要负责政府项目的监督协调、师资培训、教材开发、教学指导、教学设备安装、语言类培训、管理技术培训。具体而言,第一,德国派驻专家(共132名)进行学校双元制培训制度的建设,包括考察企业、教学设备、教学大纲制定、课程设置、校企合作、校园管理等。第二,确定办学层次和类型,德国专家经过与中方负责人的研讨,逐渐开办技工班、技工干部大专班、师资培训班、技术短训班、德语培训班等不同教学类型。第三,德国专家带领中方教师研究课程体系和教学大纲。1988年,中德专家完成了技工班和大专班教学计划和教学大纲——《技工、大专班教学计划和大纲》。

在双元制学校建设项目开展期,德国政府分四个阶段对学校进行项目援助,并在不同阶段投入建设和教学经费:第一阶段(1989年2月—1992年8月),初步建设期,德方主要派驻专家考察中国企业,根据企业需求制订培训计划、开办技工班;第二阶段(1992年8月—1996年2月),全面建设和发展期,中德合作在教学过程全面实行双元制方案,先后制定了6个技工班教学大纲,开办企业职工的技能短训班;第三阶段(1996年3月—1999年2月),质量提升黄金期,主要提高技能培训质量,加强校企合作和校园管理；第四阶段（1999年3月—2002年2月），项目调整期和组织生存危机爆发期，主要调整学校组织形式，以适应企业需求的变化。1999年以后，中德合作项目结束，德方专家、技术、资金分批撤离，同时，学校受到外部制度环境变化的影响，面临生存发展危机。

在德国双元制本土化的不同阶段，校企结合的方式在不同阶段也体现了不同的特点。校企合作早期主要依托德方在华企业，将校企结合方式不断深化以服务区域化企业发展。在德国专家和西乡市政府经委的支持和帮助下，在学校成立之初，在与德方企业密切合作的基础上，学校就与西乡市众多大型工业企业建立合作培训的关系，主要体现在国有企业内训和技能外训的结合，如举办西乡钢管公司、汽车工业公司等11家企业的技术短训班。同时，德国专家带领学校走访西门子、雀巢等一批外资驻京机构或企业，寻求合作。从1990年到1999年，短期技术培训规模达7054人，学历班招生2841人。之后，随着市场化转型和德国项目合作的结束，校企合作主要依靠原有资源和路径，但校企合作越来越缺乏良好的外部环境。

我们通过一所职业学校在宏观制度背景下的组织变迁，分析双元制职业教育模式引入中国的过程，揭示双元制作为一种教育理念、制度体系和课程改革在中国职业教育领域本土化的实质。20世纪80年代初，国家顶层制度设计引入双元制职业教育制度，开始以学习和复制为主，但后期则根据宏观制度的变化不断调整职业教育制度和组织发展模式。双元制本土化的过程体现了"早期以复制为主，后期根据制度需要不断适度调整和改造"的特点。不管双元制本土化的实验成功与否，都体现了国家对"工学结合、校企合作"的技能劳动力培养模式的尝试，以此形成了技能培养和职业教育的理念和认知。

新华职校的诞生体现了国家在80年代初期对中高端技能劳动力培养的需求和认知，从工厂学徒制，到50—60年代的半工半读学校以及中专和技校制度，它们为中国引入和改造双元制职业教育模式奠定了理论和实践基础。另外，对双元制的学习和引入体现了中国技能培养的现实需求。80年代初期，"文化大革命"对技能传递的破坏导致技能传递的危机，国家缺乏大量的工业技术人员。1982年，国家劳动总局培训司的《技术工人培训调查报告》显示：中国大量工业化建设岗位的职工文化程度不高，技术水平低下，制约了技能依赖型的装备制造业或者机械制造业产业发展。1984年底，全国全民所有制和集体所有制单位的员工，近一半工人为三级及以下的初级工，七、八级的高级工比例仅为5.1%。[①] 80年代初期，地方企业主要以青年技术工人为主，技术水平偏低，缺乏理论知识，同时，大批老技术工人退休，很多生产工序出现技术断裂。在国有工业产业的企业中技术人员的比例却在下降。所以，国家从十一届三中全会之后，开始着手技工培训和技校的建设工作，强调技能培训和思想教育并重，重视对技能培养的系统性和专业性，对传统师徒制进行改造，实行集体授课培训和建立外部的职业学校培养制度。

二　合法性与有效性：双元制的中国化

从学徒制到职业学校制度，中国技能形成制度经历了从内部传承为主向大规模建立外部职业学校制度的转变。20世纪80年代国家顶层设计借助德国双元制的职业教育模式的复制与改造，尝试在中国建立新华职校这样一种双元制职业学校。起初，中国政府希望把德国双元制完全复制到中国职业学校，建立双元化的技能劳动力的培养制度，但是，中国引进的德国双元制（BBS）和IHK学习机制，具体对接的是德国双元制中等职业教育，教育对象是中职学生（初中层次），中等职业教育的层次限制于技能学习，学制时间较短，获得"门槛级别"的技能职业资格证书。而20世纪80年代，中国极度缺乏中、高级技术工人（技术员），需要建立一所高端的职业学校，为满足工业化进程下的大中型企业人才需求，主要侧重于对中、高级技术工人和管理人员的培训。所以，中方希望可以提高新华职校的办学层次和人才培养的学历，主要通过技术培训和学历教育培养业界蓝领技术精英。新华职校作为国际合作下的职业教育项目，拥有德国先进的职业教育理念、技术、资金、设备和专家。同时，国家政策大力支持新华职校发展，确定了学校高端的行政地位。新华职校最早隶属于国家行业部委，后交接给地方政府，但是级别设定为正局级的建制。这奠定了其组织发展的政治合法性和职业教育模式的专业技术的领先性。一方面，在德

[①] 王星：《技能形成的社会建构：中国工厂学徒制变迁历程的社会学分析》，社会科学文献出版社2014年版。

国双元制的复制过程中,德国专家给予了大量的帮助,指导学校进行院校建设、课程体系设置、师资培养和教材研发等。比如提供机械、电工教学设备、开展专业技术和语言的师资培训、研制教学设计中的教学计划大纲和课程体系,确定理论与实训课程的比例,制定考核技术标准和程序。技能证书的考核和颁发是德国专家主导,学校运行的技术标准完全遵循德国双元制的模式进行。新华职校对大型工业企业的技术短训班引进德国先进的企业制造和管理技术,在技术创新、管理理念、课程设计、教学团队上,新华职校的职业教育和技能培训都是先进于中国企业的发展现状的,具有技术的领先性。在合作企业上,主要是国有大型工业企业,具有可持续性和稳定性。德国专家对学校的影响不仅在资金支持、师资培养、先进制造业设备的引进、课程设计、考试制度和学校管理等方面。同时,德国专家还积极帮助新华职校联系和扩大校企合作的规模和范围。作为一种政府统筹的职业教育项目,校企合作、技能培养成为一种政府行为,学校在建立之初是行业办学,隶属于西乡市经委,在校企合作方面,学校有德资大企业支持,通过经委主管企业进行深入的校企合作,并且在校企合作过程中,学校通过技能培训将双元制的教育理念在国有企业本土化。另一方面,学校高端的行政地位,可以更好地服务于高端技能人才培养。在计划体制下,新华职校的发展获得政府的大力支持和国有企业的积极配合。国有企业的单位制保障了双元制培训的进行,稳定的劳动力市场和福利分配制度为双元制提供了良好的制度环境,组织发展具有源源不断的动力。一位参与双元制建校的工作人员说:

  这所学校原来就是德国人办的,从机器设备、教学教案、专家授课、职业资格证书都是从德国引进的,当时是具有先进性的,我们很需要这些技术对技术技能人才进行培养,当时德国专家长期呆在学校,进行学校建设和教学工作。

综上所述,20世纪80年代初,国家引入德国双元制职业教育模式作为一种延续"半工半读"的职业学校制度的尝试,这具有重要的历史和现实意义。第一,职业学校制度作为一种外部的技能形成制度,改变了传统学徒制技能培训不系统、理论水平低的缺点,早期小规模、精英化、集中授课的职业训练模式既可以培养技能精英，又可以提供满足国家工业化发展所需的一定数量的技术人员；第二，在一定的历史时期，工厂学徒制和职业学校制度并存，两种技能形成体系相互补充，服务中国工业化发展和国有大型企业的技能劳动力供给，形成一种天然的紧密的校企结合关系；第三，新华职校的技能培养方式借鉴了德国双元制教育模式，又延续和改造了中专和技校的传统培养模式，特别是紧密的校企结合关系，通过职业教育继承传递企业专用性的核心技能，有利于中国技能型企业的技能传承和积累，形成工业化发展的比较优势。西乡市作为国家制造业企业的集中区域，是中国早期工业化发展的策源地，新华职校的技能培养为西乡市工业发展做出了独特的贡献。同时，依托行业企业的职业教育模式避免了企业挖人的外部性问题，在职业教育体系中建立了劳动安全保护制度，降低了企业培训投入成本，又没有导致学徒工的滥用。

双元制的中国化和本土化经历了不同的阶段，每个阶段国家职业教育政策都成为重要的引导力量。在10年的项目合作过程中，新华职校职业教育和技能培训的效果还是很明显的，它成为了西乡市，甚至区域化的中高端技能型技术人员培养的摇篮。它是教育界和经济界联合办学的典范，体现了双元制的现代职业教育思想在中国本土化的过程，并且突出了职业教育适应区域产业发展的特点。学校的核心目标是培养精准、高端的技能人才，提供满足国家工业化发展的中高端技术人员，培养国家需要的高端技能型人才。

第四章　市场化转型中的职业学校：危机与转型

　　1978年党的十一届三中全会后，在宏观制度层面，国家开始了从计划到市场体制的转型。随着市场化改革的推进和20世纪90年代国企改革的深入，传统工厂学徒制出现技能传承危机，行业和国有企业办学逐渐退出职业教育领域，内部技能形成制度逐渐瓦解。在市场化转型下，国家逐渐建构了外部技能形成的职业学校制度。改革开放之后，党的工作重心转移到经济建设上，国家和地方经济发展需要大批训练有素的技术人才和技能工人。然而，在计划经济体制下，国家统一分配高等专业技术人才，在规模和数量上都不能满足国家工业化和地方经济发展需要。同时，技能人才培养的结构、数量与经济发展所需要的生产、服务、管理一线人才脱节。[①] 1983年国家开始对劳动工用政策进行调整，推行"先招生、后招工"的劳动雇佣制度[②]，更加大了学徒制的瓦解和职业学校的大规模发展。在此背景下，中国开始了调整中等职业教育结构，并发展高职院校，进行整体教育管理体系改革，建立现代职业教育体系。1985年《中共中央关于教育体制改革的决定》发布，提出要逐步建立一个从初级到高级、行业配套、结构合理，普职融通的职业技术教育体系。[③] 这为中国职业教育体系勾勒出了一个初步的结构体系，包含职业初中、中等专业学校、技工学校、职业高中、职业大学和五年制高职等类型的职业学校，形成国家统筹下的职

---

　　① 石伟平、匡瑛：《中国教育改革40年：职业教育》，科学出版社2018年版。
　　② 王星：《技能形成的社会建构：中国工厂学徒制变迁历程的社会学分析》，社会科学文献出版社2014年版。
　　③ 中共中央：《中共中央关于教育体制改革的决定》，1985年5月，百度百科（https://baike.baidu.com/item/中共中央关于教育体制改革的决定/5496886?fr=aladdin）。

业学校制度。

在宏观制度环境中，随着市场化改革和国企改制的深入，配合企业技术培训的外在化，工厂学徒制已经不具备实施的社会条件。当时，外部技能培训模式存在服务国企技术培训的技能短训班和大中专学历教育。由于提供企业需要的专用性技能训练和培养对象的稳定性，新华职校具有稳定的生源和校企合作的渠道。但是，随着宏观制度转型和国企改革后对社会性职能的抽离，很多国企将主办学校的职能交给地方教育部门，一些国企的技能培训中心逐渐面临企业订单班减少和培训学员人数萎缩的生存发展困境。新华职校隶属于行业主管部门——西乡市经委，并没有被纳入国家教育管理体系。同时，20世纪90年代末期新华职业教育的项目合作到期，德国资金、设备、教师等纷纷撤回德国，这对新华职校的发展产生很大影响。可以说，90年代末期开始，新华职校逐渐丧失了组织发展的政治合法性和专业有效性，即国家教育体系的政策支持和德国双元制教育的技术保障，特别是在校企合作方面，从主导地位变为被动地位。

在高等教育大众化的战略下，中国开始建立高等教育体系，在大学扩招的背景下，高职院校获得快速发展的机遇。高职教育属于高等教育体系，中职教育属于中等教育体系，而行业主管和在人社部管辖下的国有企业创办的技工学校并没有被纳入国家国民教育体系。面对市场化转型的压力和国家体系建设的滞后性，很多职业学校和技能培训中心不能对接市场需求调整组织发展策略，错失发展的机遇，面临倒闭、撤并的危机。国家国民教育体系是一个综合性的制度设计包，包含配额的招生就业制度、集中的财政拨款制度、行政化的绩效考评制度、教育行政管理体制和等级化的教育排名制度。我们发现，从1999年到2009年，有一些中专、技工学校、成人高校、职业培训中心通过合并、重组和升格的方式，纷纷转型为国家国民教育体系中的公办高职院校。伴随着国家高等教育大众化和大学扩招的政策执行，各类学校纷纷通过合并重组的方式，"摇身一变"成为综合性学院或者大学。这是一个从"杂牌军"到"正规军"的过程，获得了组织发展的契机。新华职校在这样的教育制度转型背景下，在19世纪末期到20世纪初期通过西乡市一所职业学校和成人学校的合并转型为一所公办高职院校，进入了国家国民教育和高等教育体系。而这个组织转型升级的过程包含自上而下的制度约束和自下而上的组织策略互动的过程。

第一节　制度转型下职业学校的演变

职业学校外部的制度转型成为其组织生存发展的制度和技术环境。在宏观制度层面上，20世纪90年代是市场化体制转型的深化阶段，随着劳动雇佣制度的改革，自由劳动力市场制度建立，职业学校面临市场化改革的机遇和挑战。一些研究认为国家建立了自由流动的劳动力市场制度，这是劳动力商品化的起点，由此，工人和企业的关系发生变化。这是中国职业教育发展史中重要的制度背景，不同阶段职业教育发展的特点对应着职业教育的兴起、辉煌、没落，再到商品化的过程。[①] 当然，从劳动力商品化的角度看职业教育的发展主要针对的是中职教育在市场化转型中面临的问题，如廉价劳动力用工制度和中职学生的亚文化问题等。[②] 而从技能形成制度的角度看，工厂学徒制的衰弱和职业学校制度的体系化，是整体国家制度匹配发生变化。中国技能形成制度在市场化体制下，已经不是原来计划体制下的公对公的关系，而是需要建立与市场的联系，建立一种规模化、集群式的职业学校制度以满足工业化生产对技能劳动力的大量需求。在宏观制度层面，市场化转型下，职业教育制度的演变和产业发展制度、企业治理机制和社会保障制度密切相关。不同的利益相关方的博弈过程形塑了中国职业教育制度体系。职业学校制度是技能形成制度中的重要环节，并且学校本身具有主观能动性，成为建构中国技能形成制度的重要教育组织。（见图4-1）

一　从计划到市场体制：市场机制与技能形成

1979年之后，国家开始恢复调整中等职业教育结构，开始零星的发展高职院校，1985年通过教育体制改革政策初步建立了多层次的职业教育体系，到1996年，《职业教育法》的出台，职业教育体系的法律地位得到确立，在此制度环境下，见证了中国职业教育从1985年到1996年的辉煌发

[①] 苏熠慧：《对职业教育发展现状的反思》，《中国工人》2014年第7期。
[②] 苏熠慧：《双重商品化与学生工的抗争——以F厂为例》，《中国研究》2015年第1期；苏熠慧：《网络游戏与底层青年亚文化的形成——以C市A校的学生为例》，《社会发展研究》2017年第1期。

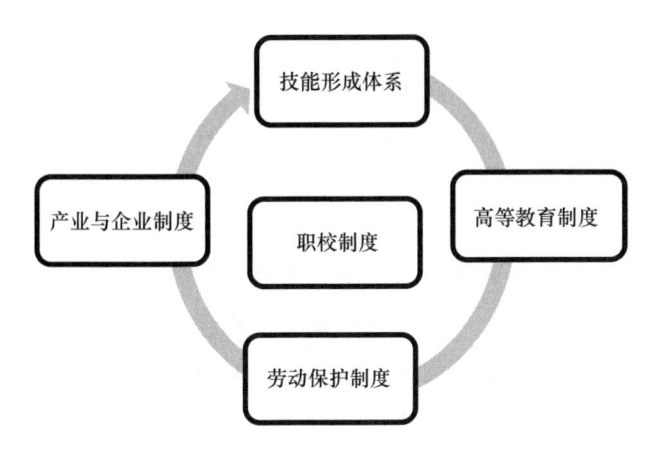

图 4-1 技能形成体系中的中国职业学校制度

展时期，现在职业教育的从业者还在怀念老中专和大专时期的辉煌，培养的技术技能精英在各行各业发挥重要的作用。但是，随着市场化改革的推进，中国技能形成制度从内部到外部转型，需要建立市场机制下的职业学校制度。原来在计划体制下的工厂学徒制和中专、技校体制逐渐面临转型的需求。第一，1983年国家劳动工用制度改革，开始推行"先招生、后招工"的劳动雇佣制度，工厂学徒制度开始瓦解。1983年，劳动人事部召开全国培训工作会议，提出全面系统改革培训制度，要逐步将就业后培训改为就业前培训，变招工为招生。1983年劳动人事部颁布《关于积极试行劳动合同制的统治》指出，对新招收的工人实行劳动合同制。1986年劳动合同制度在国企中推广。在1999年颁发的六部门《关于积极推进劳动预备制度加快提高劳动者素质的意见》中，要求对新生劳动力进行1—3年的职业技术培训和职业教育，严格实行就业准入制度。所以，工厂学徒制已经不具备实施的社会条件和制度环境。国家开始大力发展职业学校，建立与市场机制匹配的外部技能形成制度。20世纪90年代中后期，随着国企改革的深化，国有企业剥离了社会和教育功能，行业系统和国有企业逐渐退出了职业教育领域。第二，在1985年教育管理体制改革之后，国家开始职业教育体系建设，建立多层次的中、高等职业教育体系。中等职业教育学校大量增加，毕业生数量也大规模提升。20世纪80年代中后期，国家开始试办职业大学，1983年《国务院批转教育部、国家计委关于加强发展高等教育的报告的通知》指出，提倡大城市、经济发展较快的中等城市和大企业举办高等专科学校和短期职业大学。由此，中国高等职业教育诞生。①

在国家层面，从国家统筹转向市场招聘的用工政策改革确实有现实的原因。计划经济体制下，"单位办社会"的模式造成企业负担过重，单位组织要承担除了劳动生产之外的社会服务和公共服务的职能，建立全面的社会福利保障体系。在技能培养方面，组织内部需要承担劳工的技能培养功能，实行严格的就业控制，国有企业没有随便解雇员工的权力，还要承担承诺国家充分就业的政治任务。在单位制下的技能培养，更多是专注于企业的单一技术，容易出现技能老化、更新速度慢和企业市场竞争的风险。所以，传统依托国企的技能培训制度随着国企改革的深入逐渐瓦解。20世纪90年代中后期，国有企业剥离了社会和教育功能，逐渐退出了职业教育领域。市场化改革是通过建立竞争、自由的市场，激活企业发展的活力。同时，与市场化改革相配套的就是下放企业经营自主权、企业参与市场竞争，以及建立自由的劳动力市场，让劳动力自由流动。所以，在市场机制下，技能形成方式势必要从内部向外部转变。技能形成理论认为，内部技能生产主要基于工厂与受训劳动者之间的可信承诺，而外部技能形成制度是技能生产的外部替代，产业和企业的技能劳动力通过外部劳动力市场获取，而不是内部组织机构的技能培养。它的制度匹配的环境是自由劳动力市场和市场化运作机制。

市场化机制对技能形成的影响是推动了外部技能形成体系的建立，在国家政策导向上大力发展职业学校制度。同时，市场机制下，国家改变了原有计划体制对技能培养的包揽制度，改变原来由国家财政拨款和国有企业经费负担的厂内技能培训和国企技能培训，逐渐转向从劳动力市场招聘技术工人，将培训投入社会化、市场化。职业学校制度建立主要的制度原因体现在三方面：第一，国有企业的角色从计划经济下的单位代理人，变为在市场竞争中自主经营、自负盈亏的市场化角色，资金更多用于产品生产和市场竞争，而企业技能培养的外部性造成内部技能形成制度的瓦解。第二，工业化生产过程对技术更新的要求，需要技术人才掌握复杂工种的技能，并且需要大量的生产一线的技术工人，所以，公共性的职业教育机

---

① 石伟平、匡瑛：《中国教育改革40年：职业教育》，科学出版社2018年版。

构成为满足生产要求的技能养成方式。第三，从国家教育政策导向看，20世纪80年代开始，国家大力发展职业学校，中专、技工学校，职业高中毕业生成为技术工人的重要来源。国家在教育领域开始建立中、高等职业教育体系。

市场机制改变了技能培养的方式，推动了职业学校的演变。工业化发展需要大量的不同层次的技能劳动力，加上国家自由劳动力市场的建立，企业开始从大中专、技工学校和职业高中的毕业生中招收技术工人。工业化发展的特征是标准化、专业化和社会化，强调集中化、规模化生产，组织规模变大，组织结构层级化，生产规格统一化，学校组织也受到工业企业的影响，规模化、集群式的培养模式逐渐成为职业学校的教育模式。特别是受到高等教育大众化政策的影响，大学数量和规模增长，教育目标更加工具化，办学模式上出现规模发展和升级倾向。职业学校也更重视发展规模效应。

二 管辖权的演变：市场机制与职教管理体制改革

市场机制对职业学校发展的影响还体现在教育管理体制上，包含办学体制和行政管理体制的变革。教育体制是教育改革的核心，教育体制包括教育行政体制、办学体制和学校管理体制三方面。职业教育行政管理体制处理的是中央和地方，政府、行业与教育行政部门的关系，政府与学校的关系，办学体制主要解决的是政府与市场的关系。[1] 学校管理体制包括领导体制、决策机制、执行体制、监督机制等，是教育组织内部的治理机制。对于职业学校的组织演变最直接的原因是中国职业教育管理体制的改革。市场化转型下，职业教育发展规律主要体现在办学体制和行政管理体制的变化。1985年《中共中央关于教育改革的决定》和1993年《中国教育改革和发展纲要》标志着中国高等教育进入全面建立社会主义市场体制的新的发展阶段[2]。国家政策要求职业学校要依靠行业、企业、事业单位办学，走产教结合的路子，举办者由政府为主、社会力量办学为辅，转变

---

[1] 中国教育发展战略学会：《教育发展战略40年：回顾与展望》，首都师范大学出版社2019年版。

[2] 张慧洁：《中外大学组织变革》，复旦大学出版社2005年版。

为主要依靠社会力量办学，减少政府计划控制和支持，在招生就业、教学设施、专业设置和课程体系建设方面增加学校的自主权。继而在中专、技校、职业高中、民办中职等学校进行市场化的改革和调整，重点引入市场机制办学。随着市场化改革的深入，行业系统和国有企业主办的职业学校也开始与行业分离，成为国家教育体系建设的一部分。在教育管理体制改革中，原部属行业院校逐渐下放到地方，地方教育部门在业务上进行统筹，并不断强化其教育行政管理的职能。所以，在市场化转型下，职业教育经历了管辖权的演变，职教管理体制改革主要涉及央地关系和产教关系的变化。第一，在央地关系上，主要体现国家简政放权的政策方针；第二，在产教关系上，则体现了从行业主办到教育统筹的变化。

　　追溯教育行政管理体制演变的历史，我们发现，职业教育行政体制改革主要调整了行业和教育、中央与地方的管辖权。在职业学校管辖的央地关系上，体现了国家简政放权的改革方针。20世纪50—60年代国家实行"统一领导，分级管理"的教育行政管理体制，强调中央权威。1985年之后，实行简政放权，地方负责，分级管理的原则，通过规范央地政府的权责关系，改革行政管理体制，中等职业学校实行"地方负责"的体制，高等教育实行"中央、省、中心城市三级办学"体制。1985年《中共中央关于教育体制改革的决定》在教育事业管理权限的划分上，政府有关部门认为对高等学校管理得过"死"，使学校缺乏应有的活力；而政府应该加以管理的事情，又没有很好地管起来。在教育结构上，基础教育薄弱，学校数量不足、质量不高、合格的师资和必要的设备严重缺乏，经济建设大量急需的职业和技术教育没有得到应有的发展，高等教育内部的科系、层次比例失调。所以，中央认为，要从根本上改变这种状况，必须从教育体制改革入手，在加强宏观管理的同时，坚决实行简政放权，扩大学校的办学自主权；有系统地调整教育结构，进行办学体制、教育管理和劳动人事制度的改革。与此同时，在国家层面开始着手建立职业教育结构体系，提出以中等职业技术教育为重点，同时积极发展高等职业技术院校，逐步建立起一个从初级到高级、行业配套、结构合理又能与普通教育相互沟通的职业技术教育体系。1993年，进一步完善央地教育管理权限，职业教育实行县乡两级政府分级统筹与管理，高等教育实行中央与省分级管理，由此，央地权责关系逐渐明晰化。1992年以来，教育体制中的办学体制通过合并办学、共建共管、协作办学、中央转交地方管理、行业转交教育管理等方式进行改革和调整，1999—2003 年国家在教育行政职责权限上进一步分权和放权。中央业务部门逐步退出高等教育管理，地方政府管理功能不断强化，学校自主权上升。同时，在高等教育大众化和大学扩招的背景下，国家要求提高规模效益，走内涵发展道路。高校开始规模化、综合化发展，2000 年，校均规模本科院校由 2500 提高到 3500 人，专科院校由 1000 人到 2000 人左右。

在简政放权的同时，国家也在不断调整教育管辖权中的央地"条块"关系。新中国成立以后，1950 年政务院发布关于高等学校领导关系的决定，规定全国高等学校以中央教育部统一领导，各大行政区高校暂由中央教育部委托各大行政区教育部直接领导，是有条件、有计划、有步骤地收归中央教育部直接领导。中国从此建立了中央集权的教育管理体制。在机构建设方面，1952 年底设立了高等教育部，分工直接管理全国的高校，中央有关业务部门可以委托大区行政委员会或者省政府管理某些高等学校。1958 年 9 月，中共中央国务院关于教育工作的指示，要求少数由中央各业务部门管理的学校下放给所属企业直接管理，此时，中央企业可获得授权成为学校管理主体，高等院校的管理主体为中央政府、地方政府和中央企业。1963 年 5 月，《中共中央国务院关于加强高等学校统一领导分级管理的决定试行草案》提出在中共中央、国务院统一领导下，中央教育部、中央各业务部门和省市自治区分工管理高等学校。在教育管理格局上形成中央部门、各地方省级政府"条块结合"的管理体制，省域实行"条条为主"的高校管理模式。1985 年的《中共中央关于教育体制改革的决定》提出实行中央、省、中心城市的三级办学体制。1991 年 10 月，国务院《关于大力发展职业技术教育的决定》明确提出发展职业技术教育的主要责任在地方，关键在市、县。1994 年，《国务院关于中国教育改革和发展纲要的实施意见》构建了以省级政府办学和管理为主的条块结合的新体制框架。1995 年 7 月 19 日，《国务院办公厅转发国家教委关于深化高等教育体制改革若干意见的通知》（国办发〔1995〕43 号）要求逐步把中央部门学校转由省（区、市）政府管理或与地方政府共建共管，变条块分割为条块有机结合。1998 年 7 月 1 日，《国务院关于调整撤并部门所属学校管理体制的决定》（国发〔1998〕21 号）、国务院办公厅 1999 年 3 月 16 日印

119

发《国务院办公厅转发教育部等部门关于调整五个军工总公司所属学校管理体制实施意见的通知》，以及1999年12月22日发布《国务院关于进一步调整国务院部门（单位）所属学校管理体制和布局结构的决定》都是在部署调整中央部委高校管理体制，至此，除教育部及少数部门和单位继续管理学校外，其他部门和单位不再直接管理学校。后续的一系列政策就是强化地方举办职业教育的权责。

在产教关系演变上，市场化改革背景下，行业、企业的职业教育办学权示弱。1998年国务院机构改革后，行业部门和国有企业在发展职业教育中的作用被削弱，企业办学减少近三分之一，企业创办职业学校的经费从1997年的32亿下降到2002年的9.21亿元。[①] 职业教育管理体制从行业办学向教育统筹体制转变，其中最直接的原因是行业发展的不景气和企业效率低下。市场经济改革之后，国家逐渐退出直接管理国有企业，企业自主经营，突出了企业经济的职能，而把其他社会功能逐渐交给市场和社会。所以，国家在政策导向上，进行职业教育管理体制的改革，调整职业教育管辖权中的产教关系，把职业学校的管辖权从中央下放到地方、从行业转移到教育主管部门。1985年到1999年，国家逐渐放开职业学校的办学权。在管理体制上，管理权从中央到地方，把中央部门学校转由省（区、市）政府管理或与地方政府共建共管，逐步剥离中央行业主管部门和国有企业的职业学校的管辖权。

市场化转型中，职业教育管理体制改革的深入是职业学校组织演变的直接原因。具体体现在如下两个方面：第一，市场机制下行业部门和国有企业在职业教育中的作用逐渐剥离，专注于产业转型和经济效益的提升。职业学校的办学主体逐步从行业系统转移到教育部门。因为行业、产业格局的变化，很多原来依托行业产业发展的职业教育专业没有了市场。行业办学不能支撑职业学校的招生、教学、经费等方面，很多行业所属学校业务严重缩水，很多技校办学困难，甚至停招学生、倒闭，面临生存发展的危机。很多厂办技校开始转型，而有一些则通过合并重组成为中等、高等专业学校。第二，在教育管理体制的转变下，行业办学逐渐划转为教育系

---

① 中国教育发展战略学会：《教育发展战略40年：回顾与展望》，首都师范大学出版社2019年版。

统办学之后，行业主管部门逐渐退出了学校的教学业务管理和经费支持。职业学校在职业教育教学业务上统一归属教育系统主管，经费上也逐渐从教育主管部门获取。这改变了职业学校的组织发展策略，很多学校开始向教育主管系统聚集，组织目标不断"向上看"。虽然，职业教育的管辖权划归到教育部门统一管理可以避免多头管理和分散治理格局，统一制定职业教育业务规划和制度体系建设，但一些行业部门还控制着学校的领导任命、人事调配权，导致政出多门、权责交叉。同时，原有的行业办学紧密的校企结合关系被破坏，新的校企合作关系又没有建立好，导致职业教育与行业企业逐渐脱轨，不能按照产业变化的需求调整人才培养模式。

在央地关系上，中央和地方政府权责关系不匹配，易造成职业教育体系建设和区域发展差异化的张力，继而影响着职业学校的资源获取方式和组织发展路径。这些体制机制的问题导致了职业教育人才有效供给不足、办学条件滞后产业发展、校企合作松散、单一、浅层次化，多头管理矛盾重重。

三 高等教育大众化下的高职院校

高等教育大众化战略是大众化和精英化的并行，这成为中国职业学校发展的重要制度背景。随着国家高等教育大众化战略的发展，随着大学扩招推行，高职院校也获得的规模化发展的机遇。中国开始重视高职院校的建设，以满足市场化对高端技能人才的需求。1980年底，国家统一分配的高等专业人才并不能满足产业发展需要。1982年，第五届全国人民代表大会第五次会议提出要试办专业学校和短期职业大学。1983年，《国务院批转教育部、国家计委关于加速发展高等教育的报告的通知》提出举办高等专科学校和短期职业大学。高职教育起步发展。1980年全国有7所职业大学，校企联合办学，如南京金陵职业大学、合肥联合大学、武汉汉江大学。1985年达到118所，开创了中国高等职业教育与普通高等院校并行发展的格局。1985年的教育体制改革确定了高等职业教育在国民教育体系中的合法地位。[①]

在20世纪90年代，高等教育的大众化推动了高职院校的迅速发展，

---

① 徐国庆：《从分等到分类——职业教育改革发展之路》，华东师范大学出版社2018年版。

大学组织的演进追求规模效益和综合化的路径，高职院校纷纷进行合并、重组和升级。90年代末期，高校纷纷走向扩张和扩招的道路，高校人数增多、功能多样化、大班授课、学科优化组合、创办综合性巨型大学、争创世界一流等成为组织结构转型方向。同时，在行政管理体制上，通过体制改革逐步把一部分中央部门属于学校转化为省级人民政府管理，或者中央部门与地方政府共同建设和管理，扩大了省级政府对本区域高等教育事业的统筹权和管理权。对学校进行合理调整和合并，打破原有隶属关系的限制，这些因素都推动了教育组织的合并重组和升级。在高等教育领域出现了大规模的院校合并、重组，如合并后的吉林大学规模达到了50000人，浙江大学、武汉大学、山东大学等都成为大学中的航空母舰。[①] 在大学组织扩张合并的规模化发展下，职业教育领域的高职院校获得迅速发展的契机，通过新建、合并、重组和升格等方式，建立了国家高职院校体系。同时，一些职业大学开始转型发展，在办学模式上出现合并和升级之风，近三分之二的高职院校通过合并、重组等方式升级为本科院校，不到三分之一的高职院校保持原有特色，坚持职业教育发展，还有一部分在合并中被撤销。1996年，职业大学只剩下73所，在校生10万余人[②]。而一些行业管辖下的高等专科院校在后期基本都升级为本科院校，如武警水面船艇学校1999年为公安海警高等专科学校，2010年升级为本科院校，更名为公安海警学院。但一些国家行业部委所属高等专科学校，还保持专科定位，如应急管理部的公安消防部队高等专科学校。一些高专院校或者通过合并重组进入本科大学的建设，如北京工业学院合并进入北京科技大学建制。

为控制高职升本的狂势趋势，国家教委在1995年明确规定职业大学不再改名为高等专科学校，要突出职业教育培养特点，并开始试办五年制高职院校。五年制高职是为了防止中专升级为大专后走本科院校的发展路径，而是通过学制的创新，把专科和高等专科进行联结。如上海电机制造学院、西安航空工业学校是在中专层面试办的五年制技术专科。虽然国家政策明确规定了高职院校的发展定位和人才培养模式的特点，但高等教育大众化战略和大学扩招带来了学历贬值的社会后果。在教育市场上，逐步

---

① 张慧洁：《中外大学组织变革》，复旦大学出版社2005年版。
② 石伟平、匡英：《中国教育改革40年：职业教育》，科学出版社2018年版。

强化了教育的社会分层功能，家庭和个人的人力资本投资则更倾向于升学教育和追求教育市场的高学历。这改变了职业学校生存发展的空间。

第二节　新华职校的危机与转型：双元制的演变

一　德国合作的终结：双元制本土化的调适

随着中国市场化改革和技能形成制度的转型，德国双元制的职业教育模式在中国制度环境中出现了"水土不服"的现象。中国教育部从20世纪80年代初开始在职业教育领域和德国有关机构进行合作，如汉斯塞德尔基金会和德国技术合作公司，实施"双元制职业教育"试点工作。但是，在宏观制度环境的压力下，很多学校纷纷开始组织转型与扩张，而不是延续双元制的职业教育模式。新华职校作为双元制的试点院校之一，通过引入、复制和改造双元制模式，建立了一套职业教育组织发展形态、校企合作模式、师资培养方式、专业学科建设、课程体系和教学方法。在15年的发展过程中，学校经历了初步建设期、全面建设和发展期、质量提升黄金期和项目调整期。1999年以后，中德合作项目结束，德方专家、技术、资金分批撤离，同时，学校受到外部制度环境变化的影响，面临生存发展的危机。其实，在新华双元制合作项目的过程中，国家政策和学校组织层面就对办学模式、学历体系、技能认证和教育模式进行了一系列改革，集中在办学层次、专业设置、教学计划、课程分配上。区别于德国中职教育制度，新华职校逐渐以"学历教育为主、技工教育为辅"。但是，随着中德合作项目的结束，学校逐渐改变了德国的双元制职业教育理念和方法，不断调整双元制教育的传统。

从1989年到2002年，德国政府对中国职业教育进行了为期14年的技术支持、资金援助和专家咨询服务，按照国家技能培训的理想，新华职校的建立目标是德国双元制职业教育模式在中国的本土化实验，通过在中国建立双元制职业学校实践引进德国双元制的教育理念、制度模式、课程体系和教学方法。在新华职校发展过程，德国的援助主要分为3个阶段，前期主要集中在设备和资金支持和组织架构建立，中期侧重课程体系设计、校企合作联系和师资培训，后期随着外部制度环境的改变，新华职校对双元制进行本土化的改造。一位双元制授课教师说：

过来的德国专家是政府行业部门负责人和企业技术专家,他们刚开始是按照自己的学校办的,想把德国双元制学校模式完全复制过来,很兢兢业业的帮助学校建设,但是从制度模式上,它(双元制)很难在中国落地生根,因为我们的政治制度、经济制度和教育理念非常不同,企业效益好的时候还可以谈合作,但是后期市场化国企改革,企业纷纷不景气了,除了在华的德资企业支持,其他企业基本上没有什么深入的合作了。

根据学校历史记录和访谈了解:新华职校建立的过程中一共经历了两次双元制的改造,第一次是在建立之初,国家顶层设计时从学制和学历教育方面对其进行了改造,以适用中国本土对中、高端技能人才的需求。第二次是在项目后期,随着外部制度环境的变化,市场化转型、国有企业改革以及外部自由劳动力市场的建立,还有在高等教育大众化发展的国家战略下,传统的专用型和企业紧密对接的技能教育模式需要对接市场变化进行改革,但是中国职业学校遵循传统科层制的发展路径,并没有跟上时代的变迁进行系统的组织变革。同时,国家职业教育的体系建设相对滞后。中方对双元制的两次改造之后,职业教育理念和制度的本土化有了很深入的社会实践,并没有实现制度体系的根本性改变。其实,对于职业教育的双元制试点与改造的讨论并不限于中德合作的期间。而是要通过后续的组织变革过程分析德国双元制对新华职校未来发展的影响。德国双元制本土化的调整主要在于:

(一)在职业教育理念方面,中国经历了从双元制到单轨制的变迁过程。1949 年,"教育要与生产劳动相结合"展现了中国"双轨制"教育体制建立的设想。提出了"全日制升学教育与职业教育并存"的"双轨制教育"。此时的职业教育主要在于技能培训,非全日制的升学教育,如工厂学徒制、技能培训中心、技工学校中的技能培养模式。"非全日制教育"即"职业教育(生产劳动教育)"学校,办学目标为培养具有社会主义觉悟、一技之长的普通劳动者。职业教育以中等专业学校(简称为中专,学制一般 3—4 年)、技工学校(学制一般 2—3 年),农村中学、农业中学(一般初中 3 年、高中 3 年或五年一贯)为主体,后来出现了城市职业高中。非全日制职业学校在教学计划中,文化课与专业技术课、实习课按照一定比例进行，执行以"半工（农）半读""勤工俭学"为主体的"生产劳动教育"。所以，在中国工业化建设早期，就存在着一种类似德国双元制的职业教育模式。但是，随着计划经济体制向市场经济体制转型，以及教育体制的改革，国家逐渐重视正规学校的学历教育，建立了以学校学历教育为基础的职业学校制度，中国职业教育逐渐从双轨制向单轨制发展。随着高等教育大众化的发展，高等教育体系建设成为教育改革发展的方向，技能教育在知识体系中落入了辅助和边缘位置。而德国是双轨制的职业教育结构，职业教育和普通教育成为两条不同的专业技术和职业发展路径，不具备学校地位的等级化色彩。

（二）早期双元制的改造主要体现为提高技能培训的层次、加大理论课程学习和调整实训课程比重，为后续双元制本土化的不适埋下伏笔。同时，德国专家介入制度设计和课程体系的程度并不深入，他们更多成为联系校企合作的纽带和技能鉴定的重要资源，而不是双元制制度改革、课程体系建设和人才培养的主导力量。20世纪90年代末期，随着新华职校和德国的项目合作期结束，德国专家纷纷回国。中外职业教育合作项目的高端性和合法性降低、技能培养的专业性逐渐丧失，校企合作的紧密关系变得松散。在中德项目的合作后期，新华职校积极开展全日制的学历教育，逐渐放弃了双元制的教育传统，努力进入国家国民教育和高等教育体系来解决学校生源不足、经费匮乏、身份认同不高的问题。

二　市场机制下新华职校的危机

在市场化转型中，随着行业、企业在职业教育中的职能的抽离，学校发展逐渐在招生数量规模化和学历层次逐渐提升。在课程体系和技能教育过程中，学校逐渐淡化了双元制职业教育模式，开始院校化、规模化、集群式的培养模式，重视传授系统化的专业知识，建立以知识为形态的间接经验传递的系统课程。校企结合方式从"学校—企业"转变为"学校—市场—企业"模式，推动了学校的信念体系、制度环境、组织目标和组织内部机理的变迁。

（一）高端行政合法性的丧失。在市场转型下，新华学下的危机主要体现在组织高端地位的丧失，面临合法性的弱化。组织成立之初，虽然新华的归属关系从中央转向地方，但是由于德国合作项目的运转和国际影响力，中央和地方政府对新华职校双元制办学业务还是很重视的。从成立之初的批地、基建、校企合作、人员管理等方面都给予重点支持。但是，随着合作的终结和德国专家的陆续离开，中央政府和地方政府都渐渐放松了对新华职校的关注。伴随着市场化转型和国企改革政策的落实，学校的技工培训业务出现了下滑。德国专家离开后，学校面临高端政治地位的丧失。第一，在中央层面的重视降低，学校进入高等教育系统，逐渐脱离了行业系统管辖。20世纪90年代末期，学校逐渐转型为一所公办高职院校，办学方向开始转向全日制的学历教育。20世纪80年代中期，新华职校在校生的规模才400人，1996年学校试办的成人高职试点，由企业推荐具有两年以上工作经验的学员，然后，1998年学生的来源发生变化，开始从高中毕业生和中职毕业生招收高职学生，2000年达到了1546人。一位退休教师说：

> 当时（2000年），随着项目结束，德国专家都走了，学校面对制度转型难以为继，基本上要办不下去了，国家和地方政府都不重视，开始想剥离学校，因为地方财政经费有限，西乡市的类似学校又很多，很多学校都快办不下去了，一些学校已经快倒闭了，没有生源，招不到学生啊，一些成人高校更惨一些，本身教师很少，课时量也很少，每学期才150个学时。培训课程没有市场，当时西乡政府想甩包袱了，学校办不下去，政府还要往里投钱，他们也不愿意。政府就想把一些区域位置和相关的学校合并办，我们就和旁边的一所成人学校合并，算是抱团取暖吧。

新华职校在市场化转型下，组织丧失了双元制职业教育合作项目的高端地位，也逐渐失去了中央和地方政府的政策和财政支持，在技能培训的专业性和效率方面出现了问题。我们发现，在2000到2004年，面对工业企业的短期技能培训班招生人数出现严重下滑，到2004年仅为60人左右。

（二）技能培养专业性的滞后和效率的下降。第一，新华职校在市场化制度演变下，由于隶属关系属于政府机关，作为国家全额拨款的事业单位，面对市场环境的变化，组织转型的动力和基础不足。第二，其组织高端合法性地位逐渐丧失、技能培养的专业性下降，职业教育从精英化教育

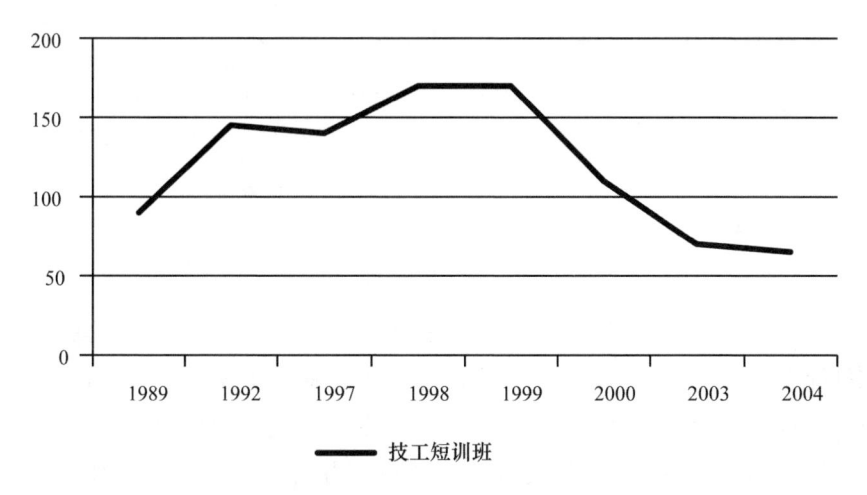

图 4-2　新华职校短训班招生数（1989—2004）

模式向大众化教育模式的转变，出现了技能教育的学历化导向。90 年代末期，学校办学方向开始转向全日制的学历教育。具体体现在招生规模的扩大、学历班人数的增加、企业实训时间的减少、校企合作的松散化。新华职校逐渐成为一种侧重培养专业通识性知识的公共职业学校。作为技能教育组织，新华职校早期的运作通过职工大专班和技工技能训练班培养技术干部和技术工人，在技能传承上主要是企业的专用性技能，培养的技能人才可以完全适应工作岗位的需求，这些主要得益于德国双元制模式中对岗位分析、根据工种设置专业，以及在目标企业中进行技能训练的结果。所以，新华职校在技能培养方面具有先进的技术性和技能人才培养效率。当时，新华职校的教师都是分批直接去德国的大型企业和职业学校进修学习，掌握双元制的理念和教学方法。另外，20 世纪 80 年代，新华职校的教师有 70% 来自企业和科研院所的一线技术人员，学校的技术教育没有脱离企业先进的技术。1986 年到 1989 年，学校翻译了包括西门子在内的大量德文教材、工具书、教学和设备计划书，到 90 年代初期，新华职校一度成为德国双元制职业教育研究的中心。毕业的学生可以分到比较高端的大型企业工作，具有较高的社会地位。80 年代被派到德国培训的一名教师称：

我是机械加工专业的教师，当时被派到德国学习先进的技术和教育方法，1985年是首批12名教师去联邦德国的职业学校和企业进修学习，一般三个月左右，1987年到2004年有100多人进修学习教学法，后来经过德国DSE培训机构，学校选派了毕业生去德国学习。由于和企业联系紧密，以及技能的过硬，毕业出路都很好，可以进入大企业工作。

但是，在德国专家撤走后，学校慢慢开始学历教育和规模发展导向。在技能培养方面，新华职校技术逐渐滞后于企业，不能及时了解企业先进技术的进展，同时，对德国双元制的传统也存在丧失的危险。德国专家在的时候，学校更多聘请德国专家亲自授课，并对中国教师进行师资培训。新华教师双语授课、双元模式、工作岛、技能反馈等在课堂上随处可见，但是，合作结束后，新华职校的教师队伍技术知识更新速度慢，教师队伍知识结构老化，不了解企业技术实践等问题，授课方式加大了理论课的比重，照本宣科，实践课程缺失对学生的技能指导。德国双元制的模式和内涵在学校运转过程已经远不如中德合作期。早期学校培训的学员可以到德国航空总装线从事高级技术员工作，企业对其评价很高，获得德国熟练技工证书（IHK）的学员，在大型国有工业企业可以轻松找到工作。但是，在2000年前后，学校培养学生数量和质量都急剧下滑，很多学生找不到合适的技术工作岗位。学校技能劳动力培养渐渐从高端沦为大众化。

市场化转型之后，学校技工培训和证书考试考生困难，学校只能靠国家给予的财政拨款勉强运转，逐渐忽视对双元制教育的传承，由于领导的换届交接工作的问题，有一些重要的德国双元制的技术图纸和先进教学方案逐渐流失。

> 当时，德国合作结束之际，X领导因为要换届走人，由于制度的不健全，他带走了很多重要的技术技能资料和教学资料，确实非常可惜的，包括一些德国专家留在学校的技术图纸、教学方案、教案资料等。[①]

---

① 访谈资料：R20110718。

（三）学校与行业、企业逐渐疏离，校企合作松散化。学校和原有的紧密型的技术和人员培训合作关系渐渐变得松弛。随着市场化转型和国企改革的推进，大型工业国有企业技术更新换代更快，并且转向从外部劳动力市场招聘技能人才。从新华培训中心与企业合作关系的变化可以看出，新华职校和企业从相互依赖的关系，变成了单向的依赖，学校更希望从大型企业获取技术支持和学生实训的机会，但是企业投入职业教育的意愿在不断下降。90年代中后期，在德国对学校援助阶段的中后期，德国专家都在积极帮助学校建立校企合作关系，包括调整组织形式、提高技能培训质量、适应企业需求，但是，培训的效果不是很明显。一位二级学院的院长说：

> 那段时间（德国专家快走的时候），他们确实给我们（学校）出了很多力，积极去跑企业关系，建立了好几个大企业的校企合作项目。这为新华职校在2000—2007年的惨淡经营期奠定了一个基础，不然那几年新华职校有可能就真的倒闭了。
>
> 德国专家在项目结束前后，帮助我们（学校）联系了很多家企业，一些合作关系虽然没有计划经济时期那么紧密，比如建立战略合作关系吧，至少保持了一段时间的基本经营。但是，现在那些企业对学校的依赖逐渐变弱了，因为学校没有官方的支持，技术水平又滞后于企业发展，企业自己的内训做得越来越好，人家不需要学校的技术培训，校企合作的维持阶段就是学校向企业要一些资助，比如一些钱和一些机器设备，还是能给点的。①

在新华职校项目合作的后期，德国专家意识到新华职校和西乡市的校企合作关系的变化，在合作上越来越被动，但是德方还是动用政府官方和私人关系帮助学校建立了几家校企合作的项目。校史馆官方资料显示：在德国专家的帮助下，建立了一批校企合作协议，但是，这些合作方式已经完全不同于企业短训班时期的紧密合作方式。2000年以后，校企合作的重点是建立校外实训基地和校内实训体验中心，获取企业技术和资金支持。新华职校当时与西门子、亚龙科技、钢管集团、宝洁、日本丰田等企业建

---

① 访谈资料：D20171220。

立了新型的校企合作关系。现在新华职校的很多校企合作的大项目,很多都是借助德国专家的官方背景和私人关系建立的。一位学校校企合作负责人称:

> 你看现在很多校企合作的大项目,虽然不是原来的培养技能人才的合作方式,更多是要求的象征意义和学校建设的需要,虽然没有太多实质作用,但是也带来很多意想不到的资源,都代表学校的企业和社会的影响力。这些校企合作的大项目很多都是靠德国专家的帮助建立的。①

在外部制度环境和教育管理体制变革下,新华职校渐渐丧失组织发展的合法性和有效性,组织面临生存发展危机。这种危机主要体现在政府支持的降低、技能培养的滞后、校企合作危机、招生就业的下滑等方面。第一,在德国合作结束之后,学校由于经营不善,没有得到中央政府和地方政府的重视,地方政府渐渐觉得学校没有跟上教育市场化改革的步伐,在政府简政放权下学校成为财政负担和累赘。第二,学校技术更新速度滞后于企业,德国专家留下的核心技术不能满足学校技能培训发展的需要,渐渐丧失了技术的先进性。第三,校企合作关系的转变,原有紧密型合作关系被形式化的战略合作关系替代,学校核心技能培养业务丧失了服务对象,发展只能靠一些企业的施舍。第四,学校招生出现严重下滑,在劳动力市场的就业质量大幅度滑坡,技能培养效率低下。

三 组织目标的探索:市场还是国家?

20世纪90年代末期,随着中德合作项目的结束和国家宏观制度的转型,新华职校面临组织发展的危机。市场化改革之后,面对变化的外部市场环境,学校技能人才培养质量下降,新华职校的行政主管部门面对学校的惨淡经营并没有采取实质的行动,而新华职校自身也没有按照市场转型的要求开展技能人才培养的动力。新华职校没有选择市场的原因是复杂的,除了外部制度和技术环境的变化外,组织内在的治理模式成为约束组

---

① 访谈资料:P20171220。

织转型的内在机制。

在中国职业教育发展的滑坡阶段，特别是市场化转型以来，国家对职业教育的支持力度下降，计划经济的就业福利政策被陆续取消，市场经济要求职业教育冲破计划体制时代的藩篱，面对市场需求培养人才，与市场紧密结合，需要学校在内部治理体制上进行相应的改革，如人事制度、薪酬制度、绩效考核制度、专业设置、课程体系和人才培养方案的全面调整，但是，职业教育体系下的职业学校没有能力根据市场经济的需求发生变化。一些职业学校出现办学混乱、管理不规范、教育资源浪费等情况，区域职业教育发展布局滞后，与本地产业结合程度低。这主要基于三方面原因：第一，国家教育行政管理体制限制并没有形成组织的"向市场看"的信念认知和行动取向，新华职校隶属于地方政府的经委，属于正局级事业单位。第二，组织自身在财政软预算约束下，组织行为是不计成本的，没有成本收益分析的逻辑。组织虽然也关注生源和企业合作，但是其主要目标缺乏市场逻辑，更侧重满足教育行政体制的考核要求。第三，新华职校校长和领导班子的绩效考核遵循行政问责制。领导人（校长）的绩效考评是短期性的，不关注组织长远发展利益。在学院举步维艰的发展过程中，学校自身也具有行动的主体性和能动性。面对国家从计划向市场体制转变和国家用工制度的改革，组织决策者意识到原有的技能培训方式不能适应经济、社会发展趋势。学校逐渐认识到其生存发展需要进入国家国民教育系列和高等教育结构中。

新华职校外部制度环境和校企结合关系的改变，形塑了组织生存发展的路径。90年代末期，德国专家撤走，学校面临组织转型的关键点。危机的产生和组织的目标探索是相互关联的，学校一直在思考组织如何转型发展：是面对市场需求进行技能人才培养，还是继续依靠行业主管单位的支持？一方面，在依靠国家力量方面，学校希望从行业向教育领域转型，进入国家国民教育体系和国家招生配额体系，同时，根据国家高等职业教育的体系建设的规划，学校积极进入高等教育体系，成为一所办公高职院校，这样就可以从教育主管部门获得身份认同和财政资源支持。学校领导认识到要改变组织的办学层次、专业设置、课程体系、招生规模和校企合作关系，提高组织在教育科层体制中的位置，这样才能获得在教育市场上生存发展的优势。

第三节　新华职校的理性选择：进入国家高等教育体系

一　国家、市场和社会：组织转型的制度环境

20世纪90年代中后期，学校面临外部制度环境的剧烈变化，组织遭遇生存发展危机。由于德国专家的力挽狂澜和地方政府的勉强支持，学校得以平稳发展。组织内部的人员在这种双重保护下并没有意识到要按照市场化的要求改变现状，仍然选择依赖国家的发展模式，还是停留在行业管理部门的财政支持下，学校教师都属于事业编制，工资比较稳定，但是却面临高端行政地位的丧失、技能培养专业性的滞后、招生的大滑坡和校企合作的举步维艰等问题。在这种情况下，国家教育管理体制改革很有可能将学校合并或者撤销。根据学校当时一些中层领导的回忆，在德国专家撤走之后，学校有一段时间招不到学生，教师发不出工资，有很多课程都停课了，但是学校教师不管这些，还是照本宣科地上课，不看外面环境的变化，因为教师都是事业编制，不考虑学校面临的危机。

在90年代后期，新华职校的一些领导和教师意识到了危机的悄然来临，以及组织高端性和专业性地位的逐渐丧失。在组织面临危机和转型的过程中，组织的外部环境包括国家、市场和社会等不同角色，市场化对高端技能劳动力国家教育行政体制的改革，以及教育市场对学历教育的需求。那么，新华职校的转型发展是契合市场需求，还是选择依靠国家？此时国家的行业主管和教育主管部门在职业教育上的管辖权也面临一些变化，如何认识这种变化并调整组织策略进行转型呢？

如果按照市场需求培养企业需要的技能劳动力，学校组织要灵活地适应市场化的办学需要，职业教育增加地方政府事权责任后，办学要结合地方经济、社会文化发展的需要，安排区域产业发展和职业教育对接，才能形成良好的产教关系。1978年，借助中等职业教育结构调整的契机，一些地方政府统筹规划本地产业发展形态、企业治理模式和职业教育管理体制，形成了一些具有区域特色的产教融合模式。比如20世纪90年代，广东顺德在管理体制上改变了职业学校办学混乱的局面，调整学校布局结构，在了解当地产业发展基础上，进行职业教育的资源整合和院校结构优

化，建立机电类和电子技术公共实训中心，实行区域统筹，资源共享，集约办学。① 另一方面，国家力量体现新华职校的行政隶属关系和教育行政体制的制度约束，它既可以是组织转型发展的限制性因素，也可以是组织变迁的动力机制。从中可以发现，组织的制度环境是国家倡导的通过合并、重组、联办、划转等途径改变条块分割的职业学校布局结构，大力发展高等职业教育，建构外部技能形成制度，开展大规模的专业化和大众化的高等职业教育。1999年9月，教育部印发了《关于调整中等职业学校布局结构的意见的通知》，提出建立适应区域经济和社会发展需要的职业学校布局结构，改变条块分割的学校布局体系。1999年的高校扩招和高职学院建设政策成为新华职校进入教育部高等教育体系的宏观制度环境。最后，社会力量是指外部劳动力市场对学校人才培养的需求，以及教育市场上家长和学生对职业教育的认知和期待。在高等教育大众化的时代，他们更希望学校可以提升学历教育。所以，学校在对外部环境的认识和判断中，逐渐形成一种理性策略，组织发展过程中，中央政府、地方政府、市场、社会成为新华职校组织转型发展的重要力量，而只有进入教育部高等教育体系，学院才能提高办学层次、扩大招生、提高毕业生就业率。而要壮大组织规模，学校应该积极按照国家的要求开展专业化和大众化的高等职业教育，培养进入劳动市场竞争的大专学历的高职生。当然，这个转型的过程是极度艰难的，组织不仅要应对市场变化，还要积极获取国家和地方政府的支持，获得在教育系统发展的合法性和身份认同。

二 学校局部危机意识和两校合并

在20世纪90年代后期，新华职校的一些领导和教师意识到了危机的悄然来临。一直到2000年初，新华职校的双元制职业教育合作结束，组织渐渐面临生存发展的危机。在市场化转型和国家政策导向变化下，新华职校在德国援助的后期，出现了技能培训业务专业性的下降和校企合作的松弛化。这一时期，由于德国与中国职业教育合作的项目接近尾声，国家行业和教育主管部门的重视程度也有所下降。所以，90年代末期，组织目标变得摇摆不定，学校开始探索未来组织发展的模式和方向，学校领导和

---

① 姜蕙：《顺德现代职业教育发展研究》，华南理工大学出版社2012年版。

具有一定科研水平的教师看到了组织环境的变化和组织面临的生存问题。一些领导在工作会议上认识到了市场化改革给学校带来的影响，指出了市场化改革让国有企业渐渐不需要内部的技能培训和职工的学历教育，学校和国有企业关系也从原来的紧密关系渐渐松弛。教育市场化和高校扩招政策带来了学历贬值的后果，大专层次的职业教育被贬低，学校已不具备学历继续教育市场的优势。一位老教师说：

> 新华职校隶属于西乡市经委，成人学校隶属于西乡市人民政府，引进国外先进的企业管理理论和经验，主要是培养高级企业管理人员，具体提供职业培训、企业咨询、对外交流，科研课题和学历教育。成人学校在这个时期也面临发展危机，学校一开始是培养企业高级管理人才，但是现在都是学历教育，企业高管的学历都提升了，一些二本院校的管理学院办的也很好，特别是清华和北大的企业管理本科和MBA更适合一些大型企业的领导们去学习管理学、经济学和工商管理，他们可以去清华读一个在职的MBA，谁还需要我们这个成人学校的大专学历培养的企业高管呢？

虽然，学校一些领导和教授意识到了外部环境的变化对学校发展的影响，但是内部的很多员工都不想改变现状，因为事业单位国家拨款，教职工属于事业编制，也不愁发工资和生存问题，他们没有动力去思考如何改变现状，进行组织目标调整和发展转型，很多教师还是墨守成规，按照10年前学校的课程体系和授课方法，没有意识到培训对象的改变，及时调整组织发展方向。一位在学校工作了近30年的老教师说：

> 90年代后期，外国授课专家都走了，后面几年他们过来讲讲课，也只是象征性的了，外面的大环境在转型，我们自己靠政府财政拨款，根本没有变革的动力，你看我们学院的那些老师没有评上副教授，但都是生活很随意、很清闲的，当时课时量很少，每年才150个学时，老师们的知识基本没有什么更新。[1]

---

[1] 访谈资料：M20171220。

第四章　市场化转型中的职业学校：危机与转型

新华职校在外部制度和技术环境的转型下，组织面临着生存发展的危机，一些学校领导意识到了学校转型发展的需要，但是整体上教师队伍的更新还比较滞后。但是局部的危机意识为后期学校转型高职院校在理念和行动上奠定了基础，学校最终选择通过进入高等教育体系，成为国家高等教育系统的高职院校。国家的国民教育体系中包含了高等教育体系和职业教育体系，在该体系下形塑了高校的招生配额制度、集中的教育财政体制、科层制的教育管理体制、行政化的绩效考评制度和等级化的大学排名制度。这些制度层面的变迁成为新华职校选择进入国家高等教育体系的制度约束和组织动力。在国家高等教育大众化战略和教育体系建设的背景下，新华职校通过合并、重组和升级，按照地方政府的意志进行职业教育的学历教育工作，在成为国家公办高职院校之前，新华职校和成人学校合并，成为新华学院建制的组织和人员基础。2001年，在西乡市政府和市教委的主导下，新华职校和成人学校进行了两校合并①。两校合并后还是独立运营，直到2009年才通过新华学院行政领导体制改革，进行学校的组织整合工作。在申报高职院校和高职示范校申请、建设和验收的过程中，两校合并后的各项指标都可以用于组织机构规模、人员编制、基础设施建设、师资力量、专业设置、课程方案等方面的综合评定。两校合并推动了新华学院进入高等职业教育体系，成为了一所国民教育和高等教育体系下的国家公办高职院校。一位老教师说：

> 当时，西乡市经委对学校的投入不堪重负，学校的技工班学员大量减少，职业资格证书含金量降低，成人学校的企业管理培训的学员根本看不上大专学历。学校渐渐意识到依靠企业短期技工培训和大专学历教育不能适应国家高等教育发展和人才培养层次提升的需要。很多中职层次的中等职业学校纷纷被合并和关停，新华学院的领导认为只有让学校进入国家高等教育体系，成为教育系统的公办高职院校，才能获得学校的生存发展空间。②

---

① 两所学校的专业分布互补，分别是机械制造类和经管类，一个培养技术技能劳动力，一个培养企业高级管理人才。新华职校隶属于西乡市经委，成人学校隶属于企业管理局，都属于行业部门主管。在市政府和教委的主导下，为建立新华学院两校进行合并。

② 访谈资料：D20170901。

在成为高职院校之前，新华职校就开展了成人高职教育和大专学历教育的招生，逐步进入国家招生配额体系。招生配额制度是国家国民教育体系对高等学校招生工作的制度性安排，没有纳入体系的高校的招生将受到限制，招生制度对招生的层次、来源、渠道、招生方式、数量、程度都有着严格的规定。新华职校纳入高职教育体系后，主要的办学业务是从高考和中职毕业生中招收学生，而不是原有的企业员工的技术培训。新华职校成为国家公办高职院校后，其招生渠道主要包含三种：春季考试招生、秋季高考招生、学校自主招生（中职毕业生和五年一贯制）。招生配额制度国家还规定了学费标准和财政经费分配的制度，按照学校的规模和学生人数进行生均拨款。1996年，经国家教委和西乡教委批准，学校开始向全日制学历教育转型，开始试点成人高职班。1998年开始从高考生中招收高职学生，并从中职毕业生中录取高职学生。2000年，学校高职学历教育学生已经达到1546人，占全校学生人数的75%以上。

三　从行业中职到高职院校：追求身份认同

在成为高职院校之前，新华职校的领导希望获得进入国民教育体系的机会，进行高职招生和学历教育，建立高职院校。据学校的老领导讲述，当时的校领导是职业教育系统上来的，对职业教育很有情怀，看到学校快办不下去了，就去找企业，让企业给设备和钱。当时的情况很艰难，基本都是去求着企业给资源，很多行业、企业也面临国企改革和市场化的生存压力，更是无暇兼顾学校。所以，老领导就总是去经委和教委找资源，汇报工作的同时表达了希望上级领导可以给学校进入国民教育体系和成为国家公办高职院校的机会。

根据西乡地方政府文件：2001年西乡建立西乡新华学院，撤销了西乡职校和成人学校的建制，相关的中专学校也一并被撤销，确立了新华学院的办学层次为专科层次的高等职业学校，全日制在校生规模暂定为3000人，这个文件奠定了学校走全日制正规学历教育、进入国民教育体系的发展路径。文件还指出：学校今后的办学方向，应加强教学实践环节，探索高等职业学校的办学体制、管理体制和运行机制，为区域经济、社会发展和职业教育提供经验。从中职学校到高职院校、从行业办学到教育主管，新华学院的组织转型获得了组织在教育体系的身份认同，呈现了一所行业管辖下的中职学校在国家教育体系中的成长的路径。作为国家公办高职院校，新华学院将沿着科层制的路径发展，进行组织的规模化发展、学历教育和升级导向。

进入国民教育序列和高等教育体系之后，学校获得了教育主管部门的财政拨款，从财政角度看，新华学院属于国家事业单位，教育经费和教师工资主要由地方政府统筹，行政隶属关系还是在经委，但是业务主管在教委。组织转型为国家公办高职院校，可以借助教育系统的政策和财政资源，整体的制度环境是一种软预算约束（Soft budget problem）①。在行政级别上，由于学校原来高端的行政地位，从中央到地方的过渡仍然保留了高半级的行政建制，西乡市地方政府管辖的高职院校是副厅级，而新华学院是正厅级。

学校在进入教育系统管辖后，组织可以获得地方政府、教委甚至教育部的重视，学校可以沿着教育系统的"条条"关系，进入教育科层体制，提高行政等级地位，并获得教育财政拨款，如国家生均拨款制度和高职院校建设经费等。新华学院财务审计处的处长说：

> 学校进入高等教育系统的好处很多，特别是财政拨款方面，教育系统的财政拨款很多，包含教育部示范校建设拨款，央财对于专业建设的专项拨款、实训基地建设拨款、还有西乡市财政和教委的教育拨款。所以，多头管理的好处是从各个方面都可以获得教育发展经费。现在教育主管部门的经费比原来行业主管的经委多。

中国的教育财政拨款主要分为四种方式：基数加发展、投入要素、投入产出、简单产出型。事业性经费拨款机制是实现教育公共政策目标的重要财政手段②。高校的经费来源主要分为基础建设经费（中央和省级）、专

---

① 官员的行政问责制的不完备性会带来软预算约束问题。在软预算约束下，学校领导不会进行组织的成本收益分析。组织财政环境软预算约束是指下级政府支出超过预算，自己并不为其缺口负责，而是由上级政府事后追加补助或者借债填补。

② 王蓉、杨建芳：《中国地方政府教育财政支出行为实证研究》，《北京大学学报》（哲学社会科学版）2008年第4期。

项经费（项目制的科研、学生和专业拨款）、学费、自筹经费等①。公办高职院校的主要经费来源于教育主管部门的财政拨款。

第四节　高职院校建设下技能培养的规模化

学校进入高职院校建设阶段后，逐步进行了组织架构、管理体制、教学、科研、师资、专业设置和课程体系等方面的转型和改革。新华学院的办学层次为专科层次的高等职业学校，全日制在校生规模暂定为3000人。教育部、西乡市政府和西乡教委要求学校走全日制正规学历教育，加强教学实践环节，探索高等职业学校的办学体制、管理体制和运行机制，为区域经济、社会发展和职业教育提供经验。

一　从行业到教育：新华学院管辖权的演变

新华职校本来属于行业办学，行政归属西乡市经委主管，在计划体制下，学校具有很稳定的行业、企业资源，特别是建立与经委主管的国有企业的紧密联系。在校企合作方面，学校通过紧密的校企关系精准地培养企业不同工种所需的中高级技能型人才。但是，在市场化改革之后，行业主管部门逐渐把注意力放在企业生产经营和经济效率提升方面，国有企业逐渐剥离教育功能。学校原来是在行业条线的管辖下，地方政府和学校的关系并不紧密。当与行业主管逐渐疏离后，学校也积极建立和地方政府的关系，职业教育管辖权中的条线和条块关系不断改变。但是，地方政府在面对西乡市产业转型升级的压力下，在统筹经济发展与地方公共事务的过程中投入职业教育的积极性和财政资源不足，并且市场化改革是鼓励学校市场主体的地位，让其参与市场竞争。对于学校而言，其实自身没有能力在外部制度环境的巨变中调整市场体制的办学模式，传统计划体制的路径依赖还在，只是行业产业方面的支持不能满足学校转型发展需要，需要参照国家宏观教育发展政策和体制改革的方向，不断调整学校组织发展的策略。

经过学校领导的商定，在不改变原有经委行政隶属关系的基础上，把

---

① 杨钋：《"三限"政策对公立高中择校的影响》，《教育发展研究》2009年第19期。

学校职业教育的教学业务归属西乡地方政府和教委共同管辖，教委给予业务指导。这样可以借助教育主管部门的资源获得组织转型发展的机遇。于是在1996年经过教委的授权，学校开设成人高职试点班。1998年，学校开始从高考生中和中职毕业生中招收高职生。2000年，新华职校开始转型为高职院校，设立13个高职专业。2001年，新华职校通过两校合并，成为一所公办高等职业技术学院（简称高职院校）。2001年，经西乡市人民政府批准，两校开启整合进程，以西乡新华学院（职业技术学院）为名称，共同开办高层次高职教育。新华职校转型为高职院校，在管辖权上，行政关系隶属于行业主管部门，而职业教育业务归口教育主管部门的管理模式，成为地方政府财政拨款的一类事业单位。组织目标上形成了以全日制的大专学历学生教育为主、技能培训为辅的办学方向。学校组织转型具体体现在办学方向、组织规模、课程设置、师资水平等方面。在行政隶属关系上，新华学院进入了教育主管部门的业务管理范畴，纳入了国民教育的招生配额计划和财政拨款体制。教育部职成司和西乡市委市政府成为新华学院的上级领导部门。西乡市教委和经委成为新华职校的直属主管部门，行政隶属关系归经委，教育业务隶属关系归教委（如图4-3）。虽然，经委和教委都是正厅级部门，但是在职业教育政策导向和财政经费保障方面，教委占据重要地位，掌握了西乡市高职院校发展的公共政策和财政资源。而经委是行业主管部门，主要为学校提供校企合作关系和部分经费支持。市场化转型初期，国企改革不断剥离教育职能，学校获取行业资源的能力变弱。一位学校老领导说：

> 原来西乡市教委不太重视学校，因为学校属于行业主管部门，教育部和教委的好的项目资源从来都不给学校，西乡教委比较偏向自己主管的学校，如西乡职业大学、工程师范大学、成人培训学校等，所以，90年代末期，我们（新华职校）没有职业大学等学校发展得好。原来行业系统更有权力和资源，特别是经济企业系统的学校，但是行业办学不景气后，教委算是职业教育的指挥部，在国家示范校建设阶段，教委统筹职业教育业务，有一定的资源和权力，所以，西乡市高职院校的校长还是比较尊敬西乡教委高职高专处的处长的。

新华学院的组织隶属关系的转型体现了教育管理体制的"条块"关系的变化，经历了"条条"为主到"条块结合"和"块块为主"的变化。在经济和工业行业系统管辖下，学校完全属于行业系统，和地方政府基本没有什么关联，行政级别也比一般归属地方政府的学校高半级。但是，从行业办学向地方政府和教育系统转移过程中，条块关系发生变化，条条关系从行业系统转向教育系统，同时，中央下放地方教育管辖权，块块的管辖力提高，相对分割的"条块关系"变成"条块结合"。（见图4-3）

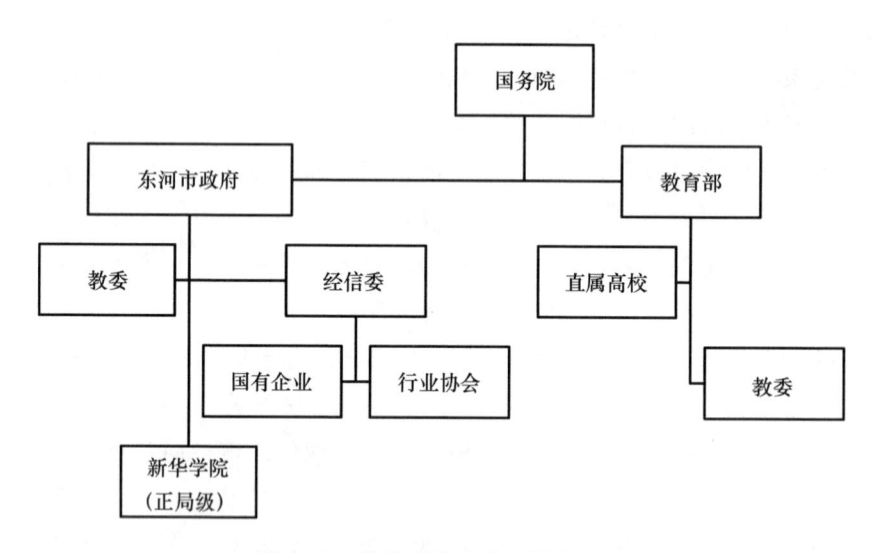

图4-3 新华学院行政隶属关系图

二 合并与重组：高职院校的建设

新华职校和成人学校的技术培训和专业类别不同，具有不同的办学方向和特色。新华职校主要学习德国双元制的教育模式培养服务制造业的中、高端技术人员，进行机械加工、电工电子等方面的技能培训。而成人学校主要引进国外先进的企业管理经验，对大型国有企业技术管理者进行能力培训和学历教育，主要集中在国际贸易、企业经营管理、市场营销等方面的培训。一位校领导说：

当时，西乡市政府让我们两院合并，2001年合并后搞了一个新华职业技术学院，但是合并后（两院）还是分散在两个地方办学，新华职校、成人学校各自为政，直到搬到西乡职业教育园，这两个地方就合在一起了。2009年学校进行了一次组织制度建设，对两校的领导班子、中层领导和组织结构进行大调整，正式将两校重组整合。因为2001年合并之后，在一段时间内，两所学校的人员谁也不认识谁，直到搬到一起，才逐渐熟悉，并且领导班子组织部分别有安排，但是中层领导的分派任职也比较关键。①

两校合并后独立运营了一段时间。从2001年西乡新华学院成立到2009年，合并的两所学校都是独立运营，在招生、培养、就业等方面，各自承担培养高职学生的任务。但是，学校按照高职院校进行招生和学生培养，在办学层次、专业设置、招生就业、校企合作方面不断扩大学校规模。学校在高等教育体系中逐步发展壮大，组织规模不断提升，到2009年，学校的发展受到地域限制，在校园面积、教学设备、师资规模（编制）、师资水平、政策支持、生源质量等方面都需要扩张。

在两校合并之后，学校对人才培养目标做出了调整：技能培训从精英化到大众化，学校企业技能培训目标转变为大众化的职业教育目标，培养对象由企业高级技术和管理人员转变为大中专学生，从非学历教育转型到学历教育，从半工半读的模式转变为全日制的职业院校教育，开始了院校化、规模化、集群式的正规学校教育模式。在正规学校教育之外，还保留了一部分技工培训的业务，成为一种新型的校企合作关系，合作层面主要在国外大型企业。学校通过政府关系建立了工业中心，主要目标是利用国外先进的数控机床设备进行生产研发工作，为工业、企业进行设备安装调试和生产研发，集中精力进行数控机床的生产、研发和技能培训，并形成了数控维修、电加工、数控车技术、数控维修技术、数控加工技术、FMS柔性制造技术等企业内训资料。校史馆资料显示：2002年工业机床培训中心奠基。新华学院引进资金976万美元，建立工业机床技术培训中心，探索职业教育多元国际合作模式。2003年，工业机床技术培训中心成为中国培养数控技术领域专业技术人才现代化的培训基地。

工业中心的建立是学校通过新型的校企合作方式保留一部分技能培训

---

① 访谈资料：M20171220。

和技能认证的功能，为后续开展相关领域的校企合作和订单班培养打下基础。但是，从整体来看，学校组织环境的变化目标在不断调整，技能培训已经不是组织核心的培养目标了。在成立时间上，工业中心是在新华职校和成人学校职业教育、技能人才培养项目结束之后，在国家合作关系性质改变后，工业中心借用中外国际合作关系建立，合作方式是战略合作关系。工业中心本身具技能培训和生产研发功能，人才培养其实是辅助与生产和技术创新的业务。工业培训中心的定位是企业服务、生产、技术研发、技能认定、企业员工培训等业务。工业中心的发展是否可以成为学校市场化行为，还有待探讨。工业中心在工业生产方面有明确的投入与产出关系，组织结构为理事会形式，中国和外国都有负责人，对外宣传继续发扬新华职校培养高端技能人才、服务企业产学研的传统。2000年，学校和国外机构签订第一期合作协议，后续签订了两次合作协议。一位工业中心教师说：

> 工业中心和机械学院有一样的专业，主要是数控机床。生源主要是社会上的学生，或者高考哪里也考不上的学生，收费比较高，是教育收费性质，技能培训为主。同时，工业中心对外也承接一些生产性的项目，有点像学校的第三产业。但是，工业中心是独立法人，独立核算，自负盈亏。工业中心可以聘请外教，对外宣称国际班、高端班，其实生源比较差，工业中心又干培训、又干生产加工。①

三 技能教育的规模化：专业设置和课程体系

新华学院在组织转型后，学校组织的目标、办学定位层次和人才培养方式发生了变化。它从以培养企业技术人员的非学历技能为主转变为培养大众化技能的公办高职院校，主要开展全日制大专学历教育，培养公共性和大众化的高职学生，以适应劳动力市场的需求。从培养方向来说，学校更侧重于招生和培养人数的规模化，教学方式和方法上渐渐放弃了德国双元制的小班授课形式，开始合班上课、减少企业实训、招聘应届毕业生而非企业技术人员。教师开始重视理论授课，建构一套综合性的专业和课程

---

① 访谈资料：Q20170901。

体系。学校按照教育部和教委对于高职学院专业设置的要求，以机械和电子专业为基础，拓展了专业设置，形成了 13 个高职专业并进行招生。2009 年，学校已经累计招收高职学生 14955 人，已形成春高职班季、秋季高职班和五年一贯制班的办学模式。2001 年，学校对高职机、电 8 个专业的教学大纲和一个五年制高职班教学计划进行调整和修改，按照教育部高职高专处的要求，编纂教材，拓展高职课程体系。2005 年，学校开展央财支持的实训基地建设，建立了一个区域性综合实训基地，覆盖数控技术、电工电子、自动化技术、计算机软件技术、建筑技术等多个领域。

从学校转型为高职院校后，学校获得了高等职业教育系统的身份认同，之后，整个学校的发展方向更偏重建设国家高职示范校要求的各项指标，以追求学校在高等职业教育体系中的等级地位。我们可以从 1999 年到 2009 年新华学院高职班与技工班培养学生人数变化上，学校主要进行高职学历教育，逐渐放弃原有的企业技工短训班的办学方向，到 2009 年技工班几乎不复存在。而 1999 年到 2009 年，高职教育的学生人数稳步提升，累计招生 1320 人。(见图 4-4)

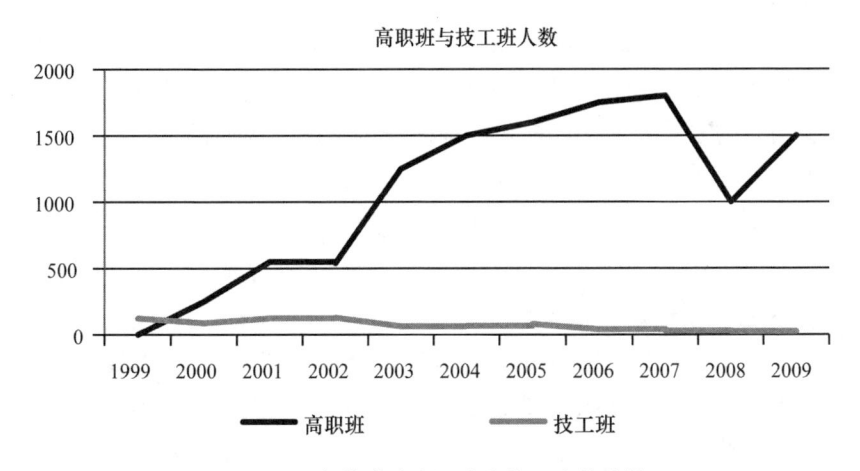

图 4-4　新华学院高职班和技工班的比较

在课程体系方面，原来新华学院引入德国双元制的教育模式，培训的课程比较单一，主要是为了符合企业生产技术和管理的专业性知识的需求，主要分为机械加工、电工电子和计算机专业。课程和知识体系具有针对性和高端性，学生主要是企业员工，人数较少，属于一种精英式职业教育方式。但是，学校在招收高职学生后，由于学生人数的增加，授课教师严重不足，同时，由于专业设置的扩展，课程从单一到多元，人才培养变成一种通识性、大众化的培养方式。这对学校教师的授课方式和课程体系设计产生了影响。一位老师说：

> 之前的授课方式比较单一，我以前主要讲西方经济学，学校合并之后，课程体系就特别杂了。比如我要讲授人力资源管理、市场营销、商务礼仪、连锁经营管理等等，反正什么都能讲，其实对于内容的深度反而简单了，教材还是比较简单和浅层次的。学生数量的增加，专业方向的增多，师资还比较缺乏，所以需要老师什么都能讲，我是 XX 大学经济系硕士毕业，深读过《资本论》，其他课程很容易讲。

在专业设置和人才培养模式方面，学校以机和电起家，技工培训主要参照德国的双元制模式对接企业岗位工种进行专业改造，但是，高职院校建设需要按照教育部专业目录，专业建设需要按照高职的套路进行。2001—2009 年，学校在高职院校初步建设期间，借鉴德国的先进职业理念和产学结合的双元人才培养模式，全面开启了高等职业的学历教育。2001 年，学校对高职关于机电八个专业的教学大纲和一个五年制高职班的教学计划进行了修改和编制，完成了教育部组织的高职高专教材编写。高职层次的专业由 2001 年的 9 个专业及方向发展为 2009 年的 26 个专业及方向，2009 年 8 月，累计招收高职生 14955 人。

在课程建设方面，2009 年建成了国家级精品课 14 门。学校倡导的学历教育借鉴德国的先进职业理念和产学结合的双元人才培养模式，主要体现在学历教育中的订单班培养模式，但是在大规模的学历教育导向下，订单班能否延续双元制精英技能培养的路径呢？学校教师透露：

> 一些大企业本来每年需求的人才就很少，每年就 10 多个，学校每年批量的学生人数很多，不可能都采用订单班培养。同时，很多高职学生还看不上一些企业的订单班，报名也不积极，不想过早被束缚到

一个固定的企业和岗位，特别是现在社会观念导向，很多家长和学生都不希望成为制造业的流水线的工人，所以，订单班的现状是越宣传，学生和家长越质疑订单班的含金量。

一位老师说：

> 对于企业内训而言，很多企业都具有一套自己的技能培训体系，这些年企业比学校培训做的好很多，有内部培训体系，根本不需要学校的平台了。所以，学校只能搞规模化的学历教育。

所以，学校还是以大规模的学历教育为主，逐渐淡化了传统双元制的技能培训课程，高职全日制学历教育为主的院校，生源主要是西乡和全国的应届高中毕业生和中职学校的学生，学校的职业教育变成了高中后职业教育的模式，学生毕业获得大专学历再去找工作，而传统的双元制的技能培训逐渐淡化。

第五节 技能型高校制度的社会建构：理念、制度和组织

新华职校从一所行业管辖的中职学校发展为教育系统的高职院校，遵循着一般理念、制度到组织变迁的过程。职业教育理念和职业学校组织发育是相互关联的，学校组织的理念受到国家、市场、社会和个人的影响，它体现了学校组织决策者如何看待职业教育、组织发展路径和人才培养模式等方面的理念。市场化改革后，中国高等教育大众化发展的理念时刻影响着职业学校成长的路径。中国职业教育的理念经历了一系列变化，总体上，呈现出技能培养职业性淡化、教育目标多元化和职业教育普通化的认知趋势。高等教育从精英化到大众化的发展主要是由国家层面的科技发展战略和人才培养理念的变化决定的，教育民主化和教育公平成为世界各国的关注点，教育机会均等和高等教育大众化联系在一起，成为体现一个国家实现教育公平的重要指标。

1998年，在世界高等教育大会上，陈至立发言《共同的使命与责

任》，标志着中国大学扩招的序幕拉开了。高等教育的目标更功利化，在国家理念上，高等教育是国家经济增长和科技发展的关键因素。在高等教育大众化的理念和政策下，高校合并和升级一直都没有间断过。同时，市场化转型以来，国家加强了高等教育管理体制的改革，开始建立大学排名评价制度，参与国际竞争。在创建世界一流大学上，1995年中国提出科教兴国战略，制订了由高等教育大国变成强国的计划，国家通过"211"和"985"工程建设高等教育重点院校，通过合并重组的方式进行强强联合、资源整合、学科建设、人才培养，进入世界高水平大学建设时期。国家理念上认为合并是增强高水平院校建设一流大学和学科的基础。在这个国家理念的背景下，职业教育的体系建设相对滞后，差距越来越大，如果国家不进入精英化的院校建设序列，就很有可能被时代淘汰，或者通过合并、重组的方式消失在巨型大学的组织建构中。在职业教育理念上，一方面要遵循着高等教育大众化的理念，追求规模化发展模式；另一方面，职业学校需要获得在高等教育等级序列中的身份认同。

在计划体制时期，工厂学徒制和职工技能培训的教育理念是对企业专用性技能的传承，关注实践操作的能力培养。在市场体制转型中，职业学校作为一种正式的、规模化的全日制学历教育，重视传授系统化的专业知识，教育理念倾向于精英化和学术性，关注职业教育在知识体系和教育系统中的等级地位。中国职业教育理念和技能型教育组织的演变是相互建构的，它形塑了国家职业教育的管理体制改革和财政体制、绩效评价制度。在制度转型的背景下，形塑了职业教育学术化和职业学校大学化的发展路径。

中国职业教育理念变化和组织发展模式是相互关联的，学校组织的理念受到国家、市场和社会的影响。从国家理念到组织理念体现了制度的转型和建构过程。在学校组织层面，新华职校的理念经历了双元制精英教育向大众化升学教育的转变，形塑了新华职校市场理性的组织策略，进入国家高等教育体系，获得国家教育系统的政策和财政资源，从原有的行政隶属关系转变为资源依赖的关系，以一种理性人的身份面对行业和教育主管部门，追求国家的"名"，以获取身份认同、教育财政和政策资源，学校通过组织升级争取优质生源、学校排名和组织声望。从中职学校到高职院校的制度和组织变迁过程体现了技能型高校制度的社会建构过程。组织在教育体系中的成长路径是沿着教育科层制发展的,组织目标不断"向上看",即聚焦中央和省级教育政策和财政资源、升级导向和规模化发展模式,因此,导致了组织内部的认知重构和升学教育导向、借用行业和教育体制资源从行业系统进入高等教育系统,获取组织在教育科层体系中的身份认同。

在市场化转型下,新华职校的组织发展理念不是面对变动的劳动力市场不断调整人才培养模式,而是满足教育市场的"普教热"和"升学教育"的发展趋势,遵循国家高等教育大众化发展步伐,紧跟国家高等职业教育体系建设的要求,进入高等职业教育体系。在宏观制度背景的转型下,新华职校组织层面出现了一系列的变化。新华职校在组织架构和目标、办学层次、培养对象、招生就业、校企合作、专业设置、课程体系和教学方法等方面都发生重大变化。可以说,制度转型和组织变迁的过程是结构和主体之间的互动过程。新华职校在制度变迁下,发挥了组织的主体性和能动性,从一所双元制职业学校转型为一所公办高职学院。国家在教育体系建设中形成了相关的财政拨款制度、招生就业制度、科层管理和评价制度,在制度的约束下,新华职校选择了成为一所国家公办高职院校,进入高等教育体系,争取高等教育的财政和政策资源。学校的组织目标和办学方向的变化,建构了组织内部治理、权力关系、招生就业、专业设置、课程体系、教师教学等方面的一系列变化。从20世纪90年代末期到21世纪初期,新华职校积极扩大招生规模,实现组织转型和地位的提升。在高等教育扩张时期,组织外部的制度约束和激励机制促使新华职校转型为高职院校。新华职校从服务于国企职工精英化技术教育理念转变为大众化和通识性的教育理念,从强调企业专用性技能知识到加强基础性理论知识学习。这也造成了学校逐渐丧失了技能培养的双元制特色,逐渐成为大众化的高等职业院校的一员。

第五章　项目制下的高职院校：示范校建设与组织升级

新华职校从双元制中职学校到国家公办高职院校的转型，具体体现在其办学方向、办学层次、招生培养对象、培养方案、专业设置、课程体系、教学方法和组织内部各个环节的变化。新华职校进入国家高等教育体系后，要按照教育部、西乡市政府和教委的要求，进行高职院校内部治理的组织建设、财政制度、行政管理体制、人事制度、绩效评价体系和技能人才培养等各个方面的转型。第一，新华职校按照国家职业教育的政策导向对学科群建设和专业设置进行了扩充，设立了综合性的专业群体系，完善了学历教育大众化的课程体系；第二，学校培养对象主要以全日制考高考和中职学校招收的学生为主，并不断扩大了招生规模，合并小班教学；第三，学校在校企结合方面，不断联系大型企业建立战略合作关系，将技能技术合作转变为组织层面的合作，弱化技能人才培养方面的合作；第四，上层领导对学校内部组织架构和行政管理体制进行调整，建立党委领导下的校长负责制，加强学校组织内部的各项制度建设，如招生就业制度、二级学院制度、外部人事招聘制度、职称评定和绩效考核制度、教师培训制度等；第五，启动外部劳动力市场的教师和职工招聘工作，大量招聘高校应届毕业生，提高招聘的学历要求。2009年开始，学校要求从"211"、"985"高校招聘硕士及以上的应届毕业生，大量减少从企业招聘技术人员和能工巧匠，加强师资的学历水平，实施职业资格证书制度的双师队伍建设；第六，学校主要从教育主管部门获取财政支持，如示范校建设经费，进行校园基础设施建设，如学生宿舍、实验实训室建设、实训设备扩充等。

学校组织转型之后，新华职校组织的核心目标不再是为国家工业、企业培养中高端专业技能人才，而是成为培养普通大专毕业生的高职院校。从技能形成制度上看，公办职业学校采用一种外部的技能形成方式，而新华职校是一所公共性和大众化的高职院校。从知识类型上看，学校培养的是一种通用性的综合知识和技能，而不是企业专用性的知识和技能。新华职校逐渐成为高等教育大众化下的综合性高校，二级学院的扩充、组织功能的多元化、权力的交织、专业组群的建设、组织结构逐渐和大学趋于一致，逐渐丧失了双元制学校的特点。

从组织形态上看，新华职校在2001年到2009年是在内部治理层面进行组织转型的阶段，通过两校的实质性融合，进行行政管理体制改革、专业群的建设和外部劳动力市场的招聘工作，在学校组织结构和规模上突破了原有双元制学校体系，进入了高职院校的迅速发展期。2002年国家开始进行职业教育改革，2005年《国务院关于大力发展职业教育的决定》发布以来，国家一系列的职业教育改革和财政政策出台，中国职业教育经费进入迅速增长的轨道。国家通过项目制的方式，支持高等职业教育体系建设。而学校则迅速把握国家精英化高职院校建设的政策，通过示范校建设提升在教育体系中的等级地位。中央财政投入的加大是最显著的特点，从根本上改变了职业教育的经费来源结构。职业教育主要有三种经费来源：财政性教育经费、民办学校举办者投入和事业收入。2005—2016年，职业学校的财政性经费占比大幅度提高，民办投入一直较低，事业经费占比大幅下滑。2010年之前，事业经费是高职教育最主要的经费来源。

第一节　项目治国和大学的再精英化

一　国家治理理念的转型：项目治国

应星认为："理解中国社会治理理念要分清基层治理的历史阶段性特点和理解治理术中人和事的关联性。"他认为中国基层治理经历了三个阶段：总体化的治理、简化的治理、项目治理，总体趋势是从总体支配向技术治理转型。[①] 2008年之后，国家出现了新的强化治理的趋势，主要以项

---

① 渠敬东、周飞舟、应星：《总体支配到技术治理——基于中国30年改革经验的社会学分析》，《中国社会科学》2009年第6期。

目制的方式从中央到地方，再到基层社会组织。计划体制的单位制是对人的全面管控，并提供全面的社会保障体系。而1978年之后，国家经历了30年左右的治理的简化，即不完全实施对人的全面的控制，而是通过专项治理的方式进行相对松散式的管控，赋予地方政府一定的治理权限。2008年以后，社会治理的趋势是一种技术治理的转变，治理变得更加精细化、数字化和网络化。同时，国家通过各种指标化的考核标准对城乡人事进行管理，在一定程度上加强了中央和省级政府的集权。[①] 对基层治理阶段特点的分析对研究教育治理模式的转变有一定的借鉴意义，特别是社会学学者对央地政府关系和分税制的研究框架，是教育治理和职业学校组织变迁研究的宏观制度性背景和框架。在国家整体治理方式转型的背景下，一些学者对央地政府间关系和分税制改革的社会后果的研究关注这种中观层面的制度转型对组织演化机制的作用。[②] 福柯对治理术（Governmentality）的研究指出了治理是人和事的复合体。中国基层治理的特点是以人为核心，即通过对官员的考核和晋升制度，进行层层行政压力的传导。分税制改革之后，央地关系的变化还是要关注财权、事权和人事权的变化关系。[③] 一些学者通过对项目制的研究指出，项目制作为一种治国体制体现了一种从总体支配到技术治理模式的转变，它关注的是上下级政府间权力关系的变化。[④] 一些学者从经济学、社会学和政治学的角度分别提出了行政发包制、压力传递制和政治锦标赛制的研究都是在政府间关系框架下讨论，考察官员政绩考核与行政问责制下的基层治理过程。[⑤]

随着国家治理理念和模式的转型，项目制成为一种新的权力支配方式和资源调动方式，形塑了在传统科层制下的新的权力关系[⑥]。但是，项目制在组织层面实践对组织治理机制实质的影响的方向性相关研究还

---

① 李连江、张静、刘守英等：《中国社会治理变革及前沿——中国基层社会治理的变迁与脉络——李连江、张静、刘守英、应星对话录》，《中国社会科学评价》2018年第3期。
② 陈家建、张琼文、胡俞：《项目制与政府间权责关系演变：机制及其影响》，《社会》2015年第5期。
③ 周飞舟：《分税制十年：制度及其影响》，《中国社会科学》2006年第6期。
④ 渠敬东：《项目制：一种新的国家治理体制》，《中国社会科学》2012年第5期。
⑤ 周黎安：《行政发包的组织边界兼论"官吏分途"与"层级分流"现象》，《社会》2016年第1期。
⑥ 周雪光：《项目制：一个"控制权"理论视角》，《开放时代》2015年第2期。

存在争议。项目制下的基层治理是在组织层面引入了竞争机制,还强化了原有的科层体制。在组织形式上从科层制到项目制的转化,也许是组织内部治理机制改变,即在组织运作逻辑、执行过程、信息沟通与传达、组织决策、结果导向等方面可能导致权力更加集中[1]。追溯历史,项目是一种事本主义的动员和组织方式,即以事的内在逻辑为出发点,在限定时间和资源约束下,利用特定组织形式完成明确预期目标。中国早期的运动动员治理模式是一种自上而下的政治动员方式,成为国家治理机制的重要部分,以突破原有官僚科层体系,用自上而下政治动员方式来调动资源和组织动员[2]。而项目制已经超出单个项目的事本主义逻辑和基于临时目标的组织动员模式,通过制定、申请、审核、分配、转化、检查与应对等一系列环节,形成社会整体联动机制。项目制是在分税制下,资金分配在"条线"体制外的灵活运作,即财政转移支付的项目制在科层制层级体制运作[3]。

学者们对教育领域的项目制的讨论主要集中在项目制在高校组织层面带来的后果,是通过进入竞争机制,提高其组织活动效率,还是一种按照原有行政隶属关系的资源依赖结构再生产,学者们的分歧主要在项目制对组织资源分配的方式是竞争性还是行政化[4],认为中国治理方式是"科层为体,项目为用"[5],更深入一些的讨论是关注项目制运行过程,高校和国家之间依赖与互动关系的改变[6]。而且和国家基层治理制度相关,随着国家基层治理从总体支配向技术治理的转变,项目制的讨论更多体现制度变迁与组织回应的关系,项目制是代表国家治理形式的转型,作为一种自上而下的资源配置方式,在组织层面出现了不同控制权威类型和博弈过程,

---

[1] 周雪光、艾云:《多重逻辑下的制度变迁:一个分析框架》,《中国社会科学》2010年第4期。
[2] 周雪光:《权威体制与有效治理:当代中国国家治理的制度逻辑》,《开放时代》2011年第10期。
[3] 渠敬东:《项目制:一种新的国家治理体制》,《中国社会科学》2012年第5期。
[4] 熊进:《科层制与项目制:高等教育治理"双轨制"的形成研究》,《江苏高教》2016年第6期。
[5] 史普原:《科层为体、项目为用:一个中央项目运作的组织探讨》,《社会》2015年第5期。
[6] 姚荣:《大学治理的"项目制":成效、限度及其反思》,《江苏高教》2014年第3期。

从而形成不同组织形态，诱发了各种地方政府、各基层组织策略行为及社会后果（资源、人事、行政、注意力）。一些研究把项目制放在中央与地方行政发包制的关系中讨论，项目制涉及政府上级下治理逻辑，探讨行政发包制在不同历史阶段表现和上下级控制权分配中的组织边界问题。项目制过程涉及委托代理关系（正式权威与剩余控制权）、资源分配与权力博弈、组织激励（动员）和晋升。[①] 也有一些研究认为项目制并不像国家顶层设计预想的目标，即实现国家治理现代化、专业化和合理化的转型，从官僚型向服务型治理演变，而是在权力关系和利益政治的互动中、逐利的价值观念下，实现权钱结合的官商勾结。项目制的运行是否顺利，核心是受惠主体的自主权问题[②]，并把项目制看作是院校与地方政府和上层政府之间资源获取的一种权力游戏。

那么，国家项目制的治理方式对总体教育治理模式的影响是什么？它对新华职校的组织变迁有什么作用？职业教育项目制的生成动因、获取方式、组织执行、绩效考评和意外后果对技能人才培养带来了什么变化？

二 教育项目制：高职院校精英化发展理念

大学的发展和国家力量不可分割，大学的发展成为实现国家目标的一种主要工具，中国大学转型的目标为：创建世界一流大学、实现高等教育大众化。从"211"和"985"工程开始，中国政府通过加大重点投入加快世界一流大学的建设步伐。[③] 1998年中国开始启动高等教育大众化建设项目，通过大规模的大学组织机构变革，形成多功能的一元化的巨型大学；通过对学科的优化整合，进行重点建设，追求规模效益，这促使了大学组织大规模的合并和重组，在目标、结构、权力和制度方面转型。中国大学制度的形成和西方大学制度不同，中国大学制度和评价是西方的舶来品，包括学科建设都是采取国际化的战略，实现一种跨越式发展模式。中国高等教育体系的建设和发展，更多的是政府干预式的，

[①] 周雪光：《权威体制与有效治理：当代中国国家治理的制度逻辑》，《开放时代》2011年第10期；周雪光：《项目制：一个"控制权"理论视角》，《开放时代》2015年第2期。

[②] 黄宗智、龚为纲、高原：《"项目制"的运作机制和效果是"合理化"吗?》，《开放时代》2014年第5期。

[③] 张慧洁：《监督、问责：评估与现代大学制度》，《清华大学教育研究》2005年第5期。

是对标国际化的发展战略。① 在中国高等教育大众化进程中，高等教育由精英型变成大众型与精英型并存，追溯高等教育发展的历史阶段可以发现：第一，中国高等教育系统变化是从小规模的精英式发展到大规模的大众化发展模式，从强调专业性教育和特色院校发展，到注重大学规模式数量化发展，体现在招生人数增多、组织的升级和合并，建立综合性大学和专业性大学综合性发展的模式，大学功能多元化，强调规模效益。第二，大学的再精英化发展阶段是要对标国际科技、教育和人才竞争，建设高水平世界一流大学目标，如通过"211"和"985"工程重点建设一流大学和一流学科。这种国家高等教育的大众化和再精英化的发展理念形成了中国大学制度和组织发展的宏观政策。20世纪90年代末期，国家开始重视高等教育中大学的发展，如通过"211""985"工程建设项目，进行重点大学的财政和政策的扶持，要建立一批现代化、国际化的世界一流大学。具体体现为中央通过项目制的方式建设国际化一流大学的设想，并按照国际大学科研、教学和社会服务评价指标进行中国精英大学建设。"211"和"985"大学建设项目就是国家早期在高等教育领域项目治理的尝试。在教育治理领域也按照国家治理理念的演变逻辑，经历了三个阶段性特点：(1) 国家教育治理的集权性、综合性和全面性。(2) 教育治理的专项性和地方分权。(3) 教育治理的"央省"集权和技术治理取向。

在职业教育领域，特别是高职教育也遵循着大众化下的再精英化理念。2003年开始，国家开始重视职业教育的发展，并通过教育财政项目激励高职院校发展。2006年，教育部、财政部启动国家示范性高职计划，遴选出100所高水平的国家级示范高职院校，中央和地方政府先后投入100亿元进行项目建设，2010年，在第一期项目建设的基础上，新增了100所骨干高职院校，教育部和财政部以专项资金支持，2015年完成教育部验收。2018年，教育部对照本科"双一流"建设项目，支持地方建设200所优质高职院校。2019年发布的《国家职业教育改革实施方案》开始推进中国特色高水平高职学校和专业建设计划，"双高计划"集中建设50所高水平高职院校和150个高水平专业群。国家对高职重点校的建设项目采

---

① 罗燕：《大学排名：一种高等教育市场指引制度的构建——新制度主义社会学的分析》，《江苏高教》2006年第2期。

用项目治理的模式，它既是一种国家财政资源分配方式，也是一种高职教育的公共管理手段。它体现了中央统筹建立现代职业教育体系，将高职院校纳入国家教育行政管理体制，实现高职教育的政策体系化建设初衷。

国家通过项目制的新的政策集中方式发展高职精英学校，在教育管理体制上体现为"央省集权"的财政体制和科层化的管理制度。90年代末期，在社会治理方面，国家的中央集权开始变强。2000年之后，国家在财政上开始进行中央和省级集权，通过项目治理的模式加强对地方政府的调控，中央和省级集权也存在一定程度的博弈，特别体现在转移支付的自上而下的过程，形成了央省地县博弈的复杂机制。[1] 从2004—2005年，这种宏观制度层面的央省集权的体制影响到教育领域，国家开始通过财政主抓各类教育，并突出了利用项目制强化央省控制的精英高等教育。中央政府通过专项补助的资金分配对高等教育资源分配进行宏观调控，通过项目方式进行学校建设、人才培养、教学科研和学科建设等方面的资金扶持，专项经费的比例也逐年上升[2]。它主要采取的专项补助和选择性重点学科建设项目，体现了一种专项逻辑和事本主义逻辑。高职院校是实现中国制造2025和培养技能型人才的重要教育组织。2006年以来，国家对高职院校开展了"示范校""骨干校""双一流校"和"双高计划"等央财专项建设工程，集中体现了对高职院校的项目治理模式。中央通过财政和行政激励对高职院校实施政策试点和重点项目扶持，形成项目的资源集中优势和竞争择优效应。教育项目制的运作实质是处理中央和地方复杂的委托—代理关系，处理政策集中化和区域差异化内在的张力。[3] 高职的示范校和骨干校建设项目是国家为了满足产业结构转型升级和职业教育国际化发展战略的举措。中央的示范校和骨干校建设项目也带动了地方政府教育项目制的投入，省级教育主管部门纷纷出台了省级示范校和骨干项目，以适应项目治国、项目治校的逻辑。从资源依赖的角度看，政府通过项目财政直接拨款，用于学校的日常建设。一般由政府设立某种专门项目对高职院校人才培养、专业建设、校企合作、精品课程和教学资源库建设、校企合作、

---

[1] 周飞舟：《财政资金的专项化及其问题兼论"项目治国"》，《社会》2012年第1期。
[2] 李福华：《从单位制到项目制：中国高等教育重点建设的战略转型》，《高等教育研究》2014年第2期。
[3] 王雅静：《教育项目制：高职教育的项目治理逻辑》，《现代教育管理》2020年第2期。

技能大赛等方面进行财政资金保障，专款专用，并制定了精细、严格的财务审计制度和绩效考评制度。从项目获取、项目实施和中期后期评估环节来看，它确实广泛地调动了高职院校的内部的人力、物力、财力资源，提高了组织动员能力。由此可见，高等教育项目制机制改变了原有市场化松散简化的教育管理方式，形成了项目治理下的高职院校争取项目资源和等级地位资源的依赖关系。①

三　项目制下的教育财政体制：央省集权

自 2004 年，国家开始大力发展高职教育，一方面是中国经济、技术结构和就业结构的变化，要提高职业教育的办学质量，以培养适应中国产业转型升级的应用技术技能人才；另一方面，20 世纪 90 年代末期，由于职业教育行业、企业责任的弱化和乏力，中国职业教育发展面临诸多困境。2002 年 7 月，国务院召开全国职业教育工作会议，印发了《国务院关于大力推进职业教育改革与发展的决定》，推进职业教育管理体制的改革，明确政府责任，提出逐步建立在国务院领导下的分级管理、地方为主、政府统筹、社会参与的职业教育管理体制，提出由政府主导，行业、企业和社会力量积极参与的多元办学体制格局，深化人事制度改革，实施职业资格证书制度。2005 年 11 月，国务院第三次召开全国职业教育工作会议，提出大力发展职业教育的决定，设计公共财政逐步增加对职业教育的投入，明确"十一五"期间中央财政带头投入 100 亿。此后，中央财政聚焦职业教育基础能力建设、示范校建设和学生资助体系等，带动地方财政投入，进行一系列重大项目建设。②

1994 年，国家开始财政分税制改革，处理国家与企业、中央与地方、政府和社会的关系，国家财政拨款模式渐渐由单一走向复式发展，分税制改革包含了对集中收支和转移支付制度的改革，增加了中央财政专项转移支付的比例。而专项转移支付通过项目制的方式从中央下拨地方，使财政收支制度更具有技术治理的色彩。1955 年，高校财政拨款模式为"基数 +

---

① 姚荣：《大学治理的"项目制"：成效、限度及其反思》，《江苏高教》2014 年第 3 期。
② 田志磊、赵晓堃、张东辉：《改革开放四十年职业教育财政回顾与展望》，《教育经济评论》2018 年第 6 期。

发展"。到1986年，国家教委、财政部发布《高等学校财务管理改革实施办法》，制定"综合定额＋专项补助"的拨款模式。至此，项目资金成为大学经费的重要来源。中央财政激励主要形式为央地政府间的专项转移支付和一般转移支付的专项化。中央政府通过专项补助资金分配对院校进行宏观调控，专项补助主要是用于中央委托事务和中央—地方共同事务经费，具有分包制特征和竞争性机制。2004年，教育部、财政部颁发《关于推进职业教育若干工作的意见》，采用中央财政资金引导方式，推动实训基地建设，财政拨款1.1亿元，支持九个省市50多所职业院校实训基地建设。2004年，国家教育部加强对一千所市县级骨干中等职业学校建设，首批安排5亿资金推进。为建立现代职业教育体系，在"十一五"期间，国家增加公共财政对职业教育的投入，中央财政投入100亿元。2006年示范校高等职业院校建设计划启动，在制造、建筑、能源化工、交通运输、电子信息、农林牧副渔和服务业领域，甄选一百所高职院校，国家重点投入409个专业。2010—2012年，中央财政重点支持一千所中职学校。2010年确定了首批276所立项的建设学校，2011年确定了第二批371所立项的建设学校。与此同时，各省级政府还设置省级示范（骨干）校建设项目的配套资金，通过项目制的方式进行资源分配，由此，项目制成为高职院校发展的主要财政动力机制。

四 项目制下的教育管理体制：央地关系的调整

从职业院校组织历史演化来看，它经历了从传统的工厂学徒制到现代职校制度的演变，这个过程是其不断被纳入国家现代职业教育体系的过程。在国家制度层面，教育主管部门建立了高职院校招生配额制度，将高职院校的招生就业、专业设置、校企合作、技能大赛、国际化发展等方面的工作纳入国家整体教育规划中。在统一规划和体系建设中，原有一些由行业、企业指导的职业学校，后来纳入国家教育部门统筹，业务上完全按照国家教育部门的要求进行专业设置、招生指标控制、办学水平和目标调整，职业教育业务更多体现为一种行政化指令方式，国家教育主管部门逐步把职业教育的管理权从行业、企业等行政主管部门调整到中央和地方教育部门。在项目治理的框架下，从传统单位制的行政隶属关系转变为项目治理下的资源依赖关系，高职院校和国家的关系更多体现为获取财政和政策资源的策略性互动，而国家行政激励主要体现为两个方面：第一，政府通过项目制的"选择性扶持"，将各类高职院校纳入现代国家职业教育体系，通过招生配额制度统一规划院校的招生就业、专业设置、校企合作、技能大赛、国际化发展等方面的工作；第二，国家示范校和骨干校建设等央财项目，带给高职院校更多是"正名"（合法性）的作用，即提高组织在高等教育结构中的位置和排名。这里经历了央地关系的两个变化：第一，教育管理体制的"条块"关系变化，经历了"条条"为主，到"条块结合和块块为主"的变化。在经济和工业行业系统管辖下，学校完全属于行业系统，和地方政府基本没有什么关联，行政级别也比一般归属地方政府的学校高半级，但是，从行业办学向地方政府主办、教委（省教育厅）业务主管转变的过程中，条块关系发生变化，条条关系从行业系统转向教育系统。第二，中央到地方下放教育管辖权，块块的管辖提高，相对分割的"条块关系"变成"条块结合"，分税制改革之后，条条的权威不断扩大，教育部委通过国家项目制的方式，加强了对职业教育地方的管辖权，以财权带动地方政府投入，完善职业教育的事权体系。

　　教育行政管理体制的改革主要调整的是中央政府和地方政府在职业教育上权责关系。一直以来，中央和地方在职业教育领域的财权和事权不匹配，在中央和地方"条块"关系博弈下，中央通过财政和政治激励加强了各个层级的教育体系化建设。中央政府通过资源自上而下的专项打包分配，加强中央集权和维护中央权威，此时，职业教育管理体制中的"条块"关系变得越发复杂化了。教育政策和科层体系是"条条"的关系，从上向下涉及众多利益主体，教育部、地方教育主管部门和高职院校在政策理念认知、解读和执行层面，也具有不同的利益取向。与此同时，地方政府作为一个独立的利益主体也对本区域职业教育发展模式产生影响，本地产业形态、企业内部治理、劳动保护制度、高等教育结构体系需要和职业教育发展模式协调统一。条块结构中的多元利益主体的博弈格局成为本区域高职教育治理模式的特点。职业教育治理的复杂性还涉及不同条条关系的演变格局，呈现出从行业到教育管理部门的转变，所以，即使在同一层级的地方政府，也存在劳动管理部门和教育管理部门的利益纠葛，并对高职教育的管辖权形成权力的博弈。

　　原来在行业系统的职业学校和本地的政府基本没有什么联系，一些学校从行业转到地方教育系统之后，地方政府需要统筹本地经济产业发展和职业教育发展，往往会根据地方经济和社会发展实际，对职业教育采取不同的发展策略。在不同的工业化区域，地方政府建构出不同的区域产业发展、职业学校产教融合、劳工社会保护的模式。而职业院校在不同的制度和技术环境下，逐渐形成了具有市场理性的行为逻辑，即在国家教育政策集中化和统一体系建设的过程，组织要积极获取国家教育项目财政资源和政策支持，进行职业教育的"规模扩张"和获取身份认同。所以，在中央和地方委托代理关系中，一直存在着"一统体制"和"有效治理"的内在张力，具体表现在职业教育领域就是复杂的条块关系。在高职管理领域，中央高职教育政策的集中化和地方高职教育区域化发展存在内在的张力，我们需要在理性人假设下，思考中央政府、地方政府、职业学校、企业、居民等多元主体的行为逻辑。在这个上下级的"委托代理关系"的互动过程中，地方政府具有独特的高职院校治理逻辑，它扮演代理型政权经营者的角色，既是发包的执行者，获得项目发包的权力，又掌握着对各个职业学校资源分配的决定权与考核权。而地方政府对高职教育的投入和该区域公共服务政策和产业发展政策相关。在产教融合和校企合作相对脱节的地区，地方政府从高职教育发展中的获利有限，其发展高职教育的动力缺乏市场和产业发展的内在激励，更多是来源于上级主管部门的绩效考评，采用高职教育"规模升级式"的发展模式更能获取国家财政支持，这更符合地方政府独特的利益偏好。

在高职院校治理格局下，现有的项目治理模式还受到原有职业教育管理体制的影响。在办学隶属关系上，高职院校经历了从行业办学到教育统筹业务管理的过程，而在中央和地方权责关系上，也经历了从中央到地方分权，再到中央通过项目制集权的过程，条条关系、块块关系以及条块关系都在不断地调整。在中央层面，多头管理涉及不同条条之间的关系，而在地方层面，不同条条关系也反映到地方的分散治理中。同时，中央和地方的权责关系也经历了从全面控制到一定的分权发展，再到项目集中治理的变迁。现阶段，国家通过项目制的教育财政体制和管理制度的改革，在不打乱原有治理格局和利益分配机制的基础上，不断调整高职院校的治理格局，建立现代职业教育治理模式。现代职业教育治理模式的优势在于：第一，将职业教育业务统筹在教育主管体系下，优化行政干预和改革管理体制，实施高校的管评办的分离，通过宏观调控统筹高职教育的业务，逐步提高高职院校的自主权；第二，发挥行业办学的优势，推进产教融合发展，特别关注区域产教关系的利益格局，完善地方政府的统筹协调能力，通过项目制的方式增加地方政府对区域产教融合的统筹安排，增加对地方高职院校的财政投入。

从高职院校管理体制的历史演变主要经历了三个阶段：第一，在国务院行政职能划分中，中央部委多部门共同管理，主要涉及教育部、劳动部、行业主管部门等。20 世纪 90 年代，大量的行业主管部委级别创办高专院校，逐渐形成多级政府统一管理模式。第二，市场化转型以来，高职院校的隶属权逐渐从中央下放到地方，在政策导向上加强地方政府职业教育事权，下归到地方政府管辖权的高职院校，其中存在国有企业开始大量地创办高职院校、人社局主管的技工学校和技师学院、地方行业主管的高职院校。管辖权从国家下放到地方，一些还在行业系统与行业企业联系紧密的学校校企结合更好，或者是当地政府统筹协调，建立适应本区域产教融合发展的制度体系，职业教育发展更符合区域化差异的特点。但是，我们更多看到高专类院校从中央到地方管辖权的变更是伴随着偶从行业到教育口的转移，如从中央部委院校交给省教育厅主管，或者央地共建的模式。总之，在管理体制上，职业教育的治理和管辖权经历了从"条块分割"到"条块结合"的过渡。

1996—2001 年，随着市场化转型的深入，国企改革和工人下岗，职业教育的吸引力下降。市场化转型之后，因为国家财政的放手，教育市场化和劳动力商品化，高等教育扩招和学历导向的影响，很多院校面临生存危机。市场机制带来的影响是行业主管单位重点关注经济发展等核心业务，而逐渐撤出对职业教育的责任，办学出现质量下滑的危险。随着行政管辖权不断下归到地方，一些高职院校通过升本和合并成为本科院校。另外，一些高职院校划归地方直属，或转移到教育口管理，或者由中央和地方政府共建。第三，国家教育部门通过项目制集权治理，2002 年开始，由于技能型人才的缺乏和不匹配性，国家开始重视职业教育发展。2004 年以后，国家财政投入中高职教育体系建设，以项目制的方式进行治理。教育部参照大学的"211""985"和双一流建设，进行高职院校的示范校和骨干校建设、双高计划、高职本科院校试点，以及应用型大学和职教本科院校建设。

第二节 信念体系与制度建设："正名"的动力机制

在国家高职院校的发展导向下，国家的职业教育理念通过传导机制影响职业学校的组织发展路径。高职院校的组织受到教育制度的约束和激励，将国家信念传导到组织的信念体系中。在本书的理论框架中，信念体系是国家、市场、社会、学校和个人认知结构中对职业教育的理念和行动倾向。国家理念和组织理念处于不同的层次，在国家高职教育精英化的理念下，组织积极参与教育体系的示范校建设等项目，获取政策和财政资源，提升学校在高职院校的声望和等级地位。而从国家理念到组织理念的传导机制就是科层制的压力传导和大学排名的激励评价制度。而这种示范校建设的信念和制度体系，让新华职校进一步走上了规模化发展和组织升级的道路。

信念体系是嵌入到社会结构中制度化的激励机制，涂尔干认为组织和制度的变迁和教育思想的演进是互动的过程，这种演化构成了观念内的历史的一部分。[①] 不同历史阶段的教育思想形塑了教育制度、组织结构、专业设置、课程体系、校企合作和人才培养模式。教育理念和大学制度的形成是一个社会"互构"过程，这种结构化体现了制度的二重性。职业教育国家和组织信念的形成是一个社会博弈的结果，蕴含不同利益主体的互动过程。信念是一套意义系统，包含内化的认知层面和内在的行动层面，形成行动者的主体性。一些研究指出了在高职教育项目制下国家的强势力量，通过自上而下的组织学习机制，包括专家论证、教育部讨论会、组织大会学习、集体讨论等形式把国家的职业教育的政策信念内化到组织层面，并进一步形成领导、中层干部和师生群体的自我信念。[②] 我们发现，在新华职校高职示范校的建设和发展阶段，出现了国家理念对组织理念的替代，而这主要基于国家信念到组织信念的传导机制，如项目制的财政激励机制、科层制的行政管控和绩效评价体系、市场指引的大学排名制度。

[①] ［法］爱弥尔·涂尔干：《教育思想的演进》，上海人民出版社2006年版。
[②] 郭建如、周志光：《高职示范校的组织学习、组织防卫与纠错能力——基于高职示范校C校的案例研究》，《高校教育管理》2018年第2期。

这些制度形塑了组织内部的治理模式，形成内部权力关系、制度体系和组织的变革。（见图5-1）

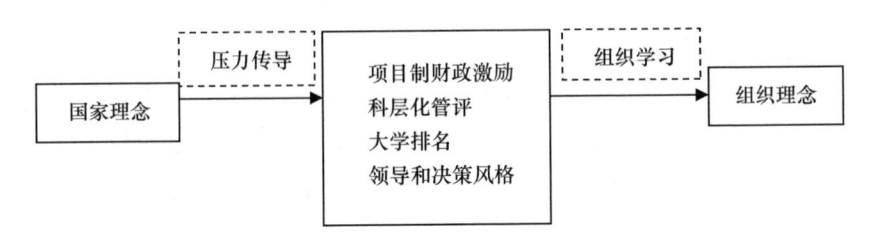

图5-1 国家理念到组织理念的传导机制图

国家示范校建设项目作为国家对高职院校精英化发展政策，形塑了新华职校与国家教育主管部门的资源依赖关系。国家示范校建设项目成为高职院校生存发展的重要资源，100所示范校建设目录不仅给高职院校带来专项财政拨款支持和院校全面建设经费，更给予学校"正名"，获得声望等级。新华职校组织发展信念是一种"正名"的逻辑，获得国家教育政策支持的身份认同和提升在高等教育体系中的等级地位。

一 项目制下的高职院校发展逻辑

中国高职院校的建设发展，一直面临发展的先天不足与政策扶持力度不够的问题。从财政拨款和专项拨款来看，职业教育长期被忽视，根本没法与大学相抗衡。从高职院校建设上看，1996年国务院第三次全国职业教育工作会议上提出积极发展高等职业教育，1998年《中共中央国务院关于深化教育改革，全面推进素质教育的决定》中提出高等职业教育是高等教育的重要组成部分，要大力发展高等职业教育。但是，高职院校从办学体制和管理体制上是多渠道办学，主要体现为1993年的"三改一补"和1998年"三多一改"方针。① 国家政策导向主要体现为多渠道、多规格、多模式发展高职院校，集中一切力量办高职，由职业大学、成人高校和高等专科院校转型为高职院校，普通高校二级学院可办高职业务。1999年教育部和国家计委印发《试行按新的管理模式和运行机制举办高等职业技术

---

① 石伟平、匡瑛：《中国教育改革40年：职业教育》，科学出版社2018年版。

教育的实施意见》进一步明确了高职院校的来源：短期职业大学、高等专业学校、本科院校二级学院、少数国家级重点中专院校、成人高校等。国家在管理体制上逐步放权和市场化，加强省级政府的统筹规划职能，确定招生计划、专业设置、收费标准等。

所以，高职教育长期处于整个高等教育体系中的薄弱环节，通过专业方向、培养目标和教学改革的方式，发展高职教育特色，早期的一些制度体系建设基本都是仿照本科建制，在办学中出现了定位不清晰、办学不明确等问题，所以，教育部提出"以服务为宗旨，以就业为导向，走产、学、研相结合的发展道路"的要求，2005年国务院提出重点建设100所高职院校的计划，正式确定高职院校精英建设路径。①

20世纪80年代末期，在劳动力市场建立的背景下，国家用工制度改革形成了"先培训，后就业"的方针。职业学校制度是一种外部技能形成制度，主要体现学校教育体系的统一规划和课程体系建设。2004年《教育振兴行动计划》和2005年《关于大力发展职业教育的决定》，体现了国家开始重视职业教育，并着手建立现代职业教育体系，积极引导职业学校培养高端技能型人才，并推进工学结合和校企合作培养模式。2005年以来，职业院校招生规模持续扩大，2010年中职学校招生数为870.42万人，高职院校招生数为310.5万人，分别占高中阶段教育和普通高等教育的半壁江山。从1998年、2006年、2015年的中国各类高等学校分布结构中可以看到以上情况（见表5-1）。

表5-1　1998年、2006年和2015年中国各类高等学校分布情况②

年份	央属本科高校	地方属本科高校	高职高专院校	总计
1998	220	371	431	1022
2006	105	615	1147	1867
2015	110	672	1327	2109

数据来源：《中国教育统计年鉴》（1998、2006、2015）。

---

① 曾家：《中国高等职业教育政策的演进、问题与调适》，《现代教育管理》2016年第3期。
② 教育部：《中国教育统计年鉴》（1998、2006、2015），2016年7月（http://www.moe.gov.cn/jyb_ sjzl/sjzl_ fztjgb/）。

第五章 项目制下的高职院校：示范校建设与组织升级 ◆◆◆

高职高专院校数量从1998年开始大幅度上升，从431所增长到1327所。地方本科高校也从1998年的371所增长到2015年的672所。而中央直属本科高校却减少了100多所。这说明，在1998年到2006年，高等教育结构的变化很大，体现了中国高职教育的扩张和高职院校急速增长的趋势，而且增长速度超过了本科高校的增长速度。在高等教育大众化的政策导向下，高职院校也获得了数量和规模的发展。高职院校数量增长的背后是国家职业院校体系建设和精英化发展的目标，而现代职业教育体系建设是将高职院校纳入到国家教育行政管理体制中，重点进行体系建设和产教融合。

项目制作为一种国家社会治理模式，体现了国家基层治理理念和政府间委托代理关系。项目制最根本的生成动因是国家财政体制的改革。财政制度体现"财"和"政"两方面的内涵，特别是政府通过使用财政制度来规范和控制政府官员的行为。① 而央地财政关系体现的是财权和事权划分的逻辑。财政制度包括税收、公共支出、转移支付以及决定政府间分配关系的财政体制。中国的财政制度演变经历了三个阶段：第一，高度集权的统收统支；第二，20世纪80年代中期的财政分权包干制度；第三，1994年以来的集权的分税制体制。② 其实质是从单一制的财政中央集权到80年代改革后的税收分配与支出的责任的分权化，这一时期地方政府具有预算外资金，在权力关系上具有一定的灵活性和自主性，但是，90年代集权的分税制改革后又加强了中央集权。一些研究指出了这种财政体制变化对基层治理的影响。周飞舟（2007）在对基层政府（农村）税费改革中的国家与农民关系影响研究中提出了"悬浮型"政权的概念，他指出政府间财政关系经历了从依靠农业税到依靠上级转移支付的变化，导致基层政府的行为模式从"要钱"到"跑钱"的变化。这导致基层政权从汲取型向悬浮型的转变。这种财政改革的影响渗透到基层教育领域也存在相似的经历，"以县为主"的教育体制改革是伴随着国家财政税费改革进行的。中国各级政府"以县为主"的教育财政投入模式，保障了教师工资发放。而这主

---

① 周飞舟：《谁为农村教育买单？——税费改革和"以县为主"的教育体制改革》，《北京大学教育评论》2004年第2期。
② 周飞舟：《分税制十年：制度及其影响》，《中国社会科学》2006年第6期。

要依靠中央政府的转移支付和农业税改革之后的增量。"以县为主"的改革就是划分财政责任，责任主体在上下级政府间不断转换。中央加强了转移支付的力度，造成乡镇政府依靠上级转移支付运转，这同时也改变了县乡财政体制和资金流动方向。① 中央集权式的分税制改革加强了国家能力、提升了中央权威，特别是通过转移支付补助的形式掌握了财政收入的再分配权力，并且建立了独立于财政体制的税收征管系统。但是，它也造成了一些社会后果：（1）转移支付随意性造成地区间差异拉大。（2）重塑地方政府行为模式，如土地财政和政企关系。在集权分税制改革以来，中央政府的转移支付成为"央省"集权的重要方式，转移支付包含税收返还、体制补助、专项补助等多种形式。转移支付属于预算内资金，每一笔都规定了明确和严格的用途，相当于专项资金。教育项目制下，高等教育的专项财政经费属于中央和省级政府的转移支付，专项性的转移支付比一般性的转移支付更容易导致软预算约束效应，更能够抑制非均衡化效应。②

在高等教育领域的"央省"财政集权的体制对职业教育政府间权责关系和组织内部治理结构产生什么影响呢？第一，从1999年的高等教育大众化以来，高校扩招其实质是学历贬值和普通高等教育劣质化的过程。2000年以来，大学"211"、"985"项目给予精英大学更多教育经费和资源。高职示范校和骨干校项目在学校招生就业、专业设置、课程体系改革投入更多财政经费，并提高了高职生均经费③。第二，从教育财政体制变迁特点看，20世纪90年代末期中央财政权力的收紧，以及2004年教育财政领域的"央省"集权，其实质是国家通过财政手段加强对各级教育的管控，特别是加强了财政转移支付力度，以此改变中央和地方政府在公共服务等支出上的财政分配关系。国家向上收紧财政权力，通过建立转移支付体系向地方补足，但在转移支付体系不完善的阶段，项目制的专项经费和转移支付的专项化成为高职院校发展的重要财政资源。第三，在学校组织层面，"央省"教育主管部门都加强对地方本科高校的管理和控制，突出

---

① 周飞舟：《从汲取型政权到"悬浮型"政权——税费改革对国家与农民关系之影响》，《社会学研究》2006年第3期。
② 刘明兴：《中国农村财政体制改革与基层治理结构变迁》，人民日报出版社2013年版。
③ 《国家中长期教育改革和发展规划纲要（2010—2020）》提出：生均教育经费标准要提高，提高地方高校的财政经费投入，西乡市高职院校的生均经费要求已经达到了12000元。

对人事的管控，特别是对高校领导干部的行政管理和领导问责制度的强化，如对学校领导的干部问责、行政晋升考核制度。领导的行动逻辑更多是"向上看"，对上级领导负责，实现政治忠诚。在一些层面，项目制实际上是强化了科层制，并不是引入了市场竞争的逻辑，因为项目的获取、执行和考核都是从科层体系中入手的，所以，职业教育的治理模式应该是"科层为体，项目为用"。

新华职校在示范校立项、建设和发展阶段集中体现了教育项目治理的逻辑。新华职校的经费来源主要是国家示范校建设经费，从2001年高职建校以来，示范校的发展为组织提升在高等职业教育系统的等级地位奠定了基础。在示范校立项之前，学校就积极和教育部、财政部等主管部门建立联系，获得了央财实训基地建设项目。校史馆资料显示：2005年，学校牵头申报中央财政支持的职业教育区域综合性实训基地建设项目，建立区域综合性实训基地，涉及数控技术、电子电工及自动化计算机技术、软件技术、建筑技术等多个领域。这次项目建设学校通过教育部和财政部拿到了1000万的资金支持，改善和提升了学校的硬件办学条件，为后续示范校建设立项做好准备。2007年学校成功被列为教育部国家示范校建设项目，并利用示范校建设的契机不断扩大办学规模和提升组织声望。2007年10月，教育部、财政部批准学校为国家示范性高等职业院校立项建设单位，获得中央和地方政府财政支持资金项目建设经费投入6800万元，其中中央财政1700万元。通过三年的建设，完成了数控技术、电气自动化技术、软件技术、机电一体化和应用德语五个重点专业和专业组群的建设，这为后续的专业组群建设和专业数量的增加奠定了基础。高职专业从2001年的9个发展到2009年的26个。2019年完成课程建设国家级精品课程14门，包括数控维修技术、工程材料、机械设计基础、液压与气动技术、商务德语、机械CAD技术等，这些办学成就基本上都是示范校建设时期完成的。学校2007年示范校立项，2010年通过验收，专业建设评价为优秀，国家奖励学校500万元。在高职教育整体经费短缺的情况下，学校依靠示范校建设的契机获得了充足的财政发展经费，这成为其转型发展和赶超同类院校的重要机遇。学校获取的资源主要来源于教育部、财政部、市教委、市财政局和经委。但是，2007年示范校建设阶段，教育部和地方教育主管部门的项目制经费成为学校经费的主要来源。

在学校 2010 年财务报表中，财政收支情况包含上级教育财政拨款（中央和地方）、教育事业收入、直接上级补助、学校投资性收益。根据类别划分，新华职校的收入结构分为教育发展经费、基建经费、专项拨款、申报项目拨款、学校自筹资金。其中，学校主要的收入来源是中央和省级专项拨款和生均拨款两项。在学校工作会议上，校领导详细列举了学院的财务收支结构。一些校领导也称：

学校财务审计报告有信息公开，但是有一些细节没有公开，在学校工作会议上校长一般会口头汇报学校的财政收支情况。学校现在最主要的收入是国家教育生均拨款和组织转型的专项拨款，生均拨款每个学生 12000 元，这主要在于学校的规模，一般并没有完全到位，统计上也分为宽口径和窄口径，所以，专项拨款占比越来越多。比如国家示范校和双一流校建设的专项拨款是主要经费来源，示范校项目 6000 万，地方政府的双一流校建设项目一般是 1—3 亿。

学校培训办主任介绍：

在高职院校建校初期，经费来源多元，但在示范校建设之后，经费主要就是来自生均拨款和国家教育项目经费了。新华职校原来是技能培训起家，继续教育学院培训收入分为国培和企业培训，国培占大头，一年每个学员大约一万元，一个国家培训项目就几百万，学校每年有 15—20 个项目，至少 500 万的收入。还有一些企业内部培训，每年收入 50 万—100 万。

学校工业中心的领导说：

工业中心是自负盈亏，独立经营，数控机床中心每年上缴新华职校一定的收益。

同时，企业还会给学校一定的捐赠，主要是实训设备和资金投入。直属机关经委的上级补助，每年有好几百万。还有学校投资性收益，如房地产，之前有一些，但是，现在国家控制事业性收益和收费项目，所以学校现在主要依靠国家项目财政拨款和生均拨款。

综上所述，在分税制改革之后，学校的经费来源发生变化，根据资源依赖理论，学校组织行为和策略也随之调整。在20世纪初期，学校的收入来源多元化，其中也有一定的市场发展的空间。笔者整理出新华职校的收入结构图，其中，上级财政拨款占主要部分。按照新华职校的收入结构排序，学院最主要的收入为教育事业费中的生均拨款和专项拨款，其次是学校自筹资金，再次是上级直接补助、继续教育收入、工业中心的经营收益、社会捐赠、投资性收益等。（见表5-2）

表5-2 新华学院的收入结构表

收入结构	经费明细	拨款项目	项目细则
教育发展经费	教育事业费	生均拨款（学费上缴）	教学、科研、考试
		专项拨款	中央项目拨款
			省级项目拨款
		学校自筹	企业设备支持
	教育基建费	校园后勤建设费	企业支持、地方政府补贴
		教学实训建设费	央财项目
上级直接补助	经委补助	活动经费	—
	教委补助	业务经费	—
非全日制继续教育	职业培训	国家培训	技术干部、师资培训
		企业培训	企业内训、联合培训
	职业技能鉴定	技术等级认定	培训费、考试费
工业中心数控机床业务	技术培训	技工培训、企业内训	—
	技能鉴定	等级鉴定、资格证书	—
社会捐赠	企业捐赠	资金、设备	—
	个人捐赠	校友捐赠	—
投资性收益	土地、房产	利息、租金、置换	租金、房产收益

新华职校是全额拨款事业单位，国家和省级政府给新华职校的经费主

要是教育发展经费。随着学校规模的扩大、招生数量的增加，学校的生均拨款数就会增加。同时，学校在国家示范校和西乡市的双一流校建设项目下，可以获得更多的政府专项拨款经费。除此之外，学校的直属行政领导机构经委和其下设（国有企业）行业联合会，也会给学院直接补贴和企业相关资源，同时，学校还有一些投资性收益。学院领导说：

> 新华职校的财政拨款分为稳定和不稳定两种，以及分为不同级别的，教育事业收入包含开展教学、科研项目、非学历教育、安排考试和会议的，直接上级补助，因为西乡市经委管辖行业学校和各类大中型企业，隶属一个集团办学，下面有很多事业单位和行业协会，行业协会和国有大中型企业的资源会倾斜给学校一些。
>
> 之前，学校的钱会搞一些投资性收益。可能有一些上限，不能超过多少，不然就有一定风险。比如可以投资一些基金，比如说利息收益、投资收益，但是有比例限制。现在制度限制得严了，比如之前学校在南城买了一块地，本来是想扩建校园，但是后来这块地没有用，几年之后学校卖了却能赚一大笔钱。但是，从示范校建设之后，学校经费以财政拨款为主，很多自主性收费和收益活动都限制了。

随着国家在治理和财政体制上的"央省"集权，新华职校在示范校和双一流校建设的项目下获得很多财政经费，在这种财政体制下，学校的自主性收费项目减少了，为了生存发展学校不得不继续"向上看"，组织行为契合国家和省级教育主管部门的政策要求，获得更多项目制的财政拨款。在原有的财政体制下，学校领导具有一定的财政支配权，但是，学校建设后期，一些事业收费项目受到限制，加上行政问责制度的加强，校领导既要做事接受绩效考核，又要面临一些行政问责的压力，如果因为事业性收费问题被指责和调查，校领导会面临一些政治风险。所以，在项目制财政体制改革之后，中央政府和地方政府对学校的控制加强了，学校的主要精力也放在了"向上负责"的方向。

2001—2009 年，学校校长积极地从企业获取资金和设备，支持学校的转型发展。21 世纪以来，学校开始协办全国职业技能大赛机器人赛项，这样学校可以借用资源优势，与一些企业签订长期战略合作伙伴关系。借助技能大赛的平台联系西乡开发区的外资企业，让企业给学校提供先进的制造业设备机器。在中德双元制项目合作期间，先后有 28 位德国的长短期专家在校工作，在合作项目结束之后，学校也通过学校层面的合作关系聘请一些专家来学校咨询指导工作。2006 年，学校借用原有德国的资源，建立航空领域人才测评中心和培训中心，考核自评人员 1344 人次，培训 255 人。在这段时间学校发展迅速，规模不断提升。学校 2009 年通过领导体制的重组，将两校在管理体制上进行改革和融合。2011 年扩大了校园规模，搬迁到西乡职业教育园区发展，扩大了招生，新生增长到了 2718 人，学校在校生累计 6009 人。2012 年，学校很多的工作都按照教育部的政策指导部署，比如建立创新创业学院，建立职业教育研究所，将二级学院扩展为 8 个，增加到了 43 个高职专业。

从项目治理阶段财政体制的变化可见，2005 年之后，随着国家职业教育政策的陆续出台，中国职业教育经费迅速增长。公办高职院校的主要财政经费来源为财政性教育经费和事业收入，2005—2016 年，财政经费占比从 53.09% 上升到 87.67%。随着国家分税制改革的推进，在高职经费结构中的事业经费比重大幅度下降。2010 年以前，高职院校的事业经费一直是最主要的经费来源。2010 年之后，随着项目制的推进，财政经费成为主要经费，2016 年占比为 62.51%，事业经费下降到 32.34%。[①] 从新华职校 2001 年高职建校到 2015 年组织转型升级，财政变化基本遵循了这个规律。财政项目经费占比逐渐成为学校经费的主要来源。在财政体制变化的背后，体现了国家职业教育治理模式的改变，从总体支配到技术治理，对于高职院校而言，从原有的行政隶属关系为主转变为资源依赖关系为主，学校资源获取的重心改变，职业院校向企业看的倾向降低，导致人才培养供给侧和产业需求侧在结构、质量、水平上不能完全适应。随着国家项目体系的建设，一些嵌入区域产业中的职业学校也开始弱化与产业、企业的联系。

二 管理体制的多级委托代理：科层制与项目制

在对教育项目制下财政体制讨论的同时，我们应该认识到教育政策评

[①] 田志磊、赵晓堃、张东辉：《改革开放四十年职业教育财政回顾与展望》，《教育经济评论》2018 年第 6 期。

估对事权、财权匹配性的研究应放在一个更广阔的视野中。讨论教育投入产出关系和绩效评估的过程中，其实还需要考虑到教育管理体制方面的配套性原因，其中涉及中央和地方政府的关系是教育财政的一个非常重要的影响因素，教育财政的执行体制的改变，也可能是配合各项改革的一个重要的手段。以财政分税制改革为分水岭，1993年前后，教育管理体制的主要矛盾发生变化，在此之前，体制的矛盾在于不同条线之间的张力，以及条线内部中央和地方的关系。现阶段，教育管理体制上主要是不同条块的央地矛盾，是区域有效治理和一统体制的张力。职业教育领域更加复杂，职业教育的管理体制不但涉及中央与地方的权责分配的变化，同时还有行业与教育主管部门的职责分割的转变。所以，对高职院校组织演变机制的研究最根本的问题是教育行政管理体制和学校内部治理结构的变迁。刘明兴认为中国教育财政体制的变化经历了多级政府合作金字塔结构到单一教育体制的金字塔，再到区域化发展的多级政府主管金字塔结构几个阶段。这个分析框架超越了简单的集权和分权的分析结构框架，可以更清晰地把握职业教育财政管理体制发展的阶段特点，对职业学校组织的变革具有更强的解释力，其实也引发了对职业教育条块关系变化的思考。

在项目制的教育治理模式下，高职院校的精英化发展逻辑是仿照双一流计划进行的，高等教育领域的精英大学发展策略必然会带来分化效应，而高职主要是模仿高等教育大学的发展逻辑，也要发展高职教育精英院校。项目制并没有打破传统的科层制结构，因为它的传递方式还是按照科层制结构进行的，只不过在这种科层结构中具有一定的灵活性和不确定性，引进了一些竞争机制。所以，我们要考察在组织层面项目治理给学校组织变迁带来了什么影响？高职院校的办学自主权在20世纪80年代达到了高峰，之后就变得很弱了，或者具有巨大的区域差异。北方的院校更多是偏离市场，通过组织"向上看"，获取国家资源，职业教育的市场化投入效率比较低。而南方的院校更多的是对接市场，一些地区通过地方政府的统筹协调加强了产教融合的制度机制。但是，整体国家职业教育体系建设对这些地区的产教融合产生了一些不好的影响。教育系统的条条关系就是科层体制关系，而项目制的财政体制改变的是中央与地方在"条块"关系上的变化。在一定层面和区域，项目制可以突破科层制的弊端，改善区域条块关系。但是，在一些层面，项目制实际上是强化了科层制，并没有引入了市场竞争的逻辑，因为项目的获取、执行和考核都是科层体系中入手的。地方政府的政策执行和统筹协调也遭遇到教育系统条条关系的影响，省教育厅要按照教育部的指令办事，如职业教育国家教材的研制和应用，很难适应区域产业发展需要的灵活性的教材体系。

现代国家理论中，一般通过政府组织间的权责配置特点来理解地方政府和基层组织的行为逻辑。地方政府的行为角色是在不断变化的，但都是遵循制度环境下的理性选择理论，有经济型、代理型、谋利型、地方法团主义和汲取型、悬浮型。20世纪80年代地方政府的自主性还是比较强的，当时中央部门条条的分工程度弱，块块自主权大。在计划体制时期，中国的条条关系还是很强的。20世纪80年代出现了短暂的变化，分税制改革以来，条条有回头的势头。所以，政府间的权责配置特征历史性变化是比较复杂的。不清晰的权责配置关系，形成条块间杂的治理结构，导致下级政府和上级政府的关系更复杂。①

在职业教育领域科层制和项目制的关系体现了产教关系和央地关系的变化。20世纪80年代，自高职院校体系建设以来，职业教育的办学特色一直是多部门、多结构、多形式的办学结构。所以，职业教育的治理模式要处理的不仅是中央和地方的关系，还有行业企业办学和教育制度体系建设的关系。其一，上级政府通过人事任命和目标绩效考核，可以直接命令和指导干预下级政府的决策，这是一种行政干预。下级政府也可以向上索取，寻求庇护，逃避惩罚和选择性的执行。其二，职业教育管理体制在上下级互动中夹杂着行业部门、劳动部门和教育部门的互动。90年代末期开始的行业对职业教育管辖权的收缩，教育体系的扩张成为学校组织上下级互动的重要因素。至此，国家职业教育管理体制上的多重权责关系被放置在项目治理的模式下，研究要揭示职业教育项目制的逻辑，需要在组织层面处理科层制和项目制的关系，项目制的中央集权效应是通过科层制发展而展开的，科层制的条条关系的演变、组织内部的治理结构、干部人事制度、绩效评价和问责机制，以及地方政府的利益视角成为组织转型的重要的制度环境。

新华职校在21世纪初期高职院校成立时，虽然统一对外招生，但是

---

① 史普原：《政府组织间的权责配置——兼论"项目制"》，《社会学研究》2016年第2期。

两所合并的学校还是独立运营，分别有不同的科层体制。2009年，随着学校整体办学模式和教学业务逐渐向国家高职教育体系靠拢，上级政府开始对学校进行领导体制改革，建立教育科层制的管理制度。可以说，这次学校的管理体制改革是学校发展的分水岭，通过领导体制、人事管理制度、绩效考核制度的改革，学校完善了科层制的组织架构，让新华职校真正成为一所公办高职院校。在学校管理体制上，通过两校合并和领导体制改革，确定了新华职校科层制的管理制度。具体而言，教育管理体制改革下的新华职校的管理体制和组织形态的变化体现在领导体制、内部权力关系、人事和绩效评价制度的变革。

（一）两校合并申请示范校。在国家示范校建设立项之后，学校积极按照教育部和西乡市政府的要求进行组织变革和教学改革，从行业系统向教育系统转变，学校要按照教育部、西乡市政府和教委的要求建立组织的科层管理体制。校长、书记和校领导班子成员的任命也要经过市委组织部，经委和教委都可以推荐人选，最终由教育部和西乡市委组织决定干部任命和考核。在组织转型过程中，面对教学部门的功能增强和内部权力关系的重组变革，需要改革学校管理体系，进行两校合并后的领导体制改革。第一，在国家示范校建设下，学校组织规模迅速扩张，为了扩大组织规模，学校合并了一所同行政级别的成人学校，这样有助于学校组织规模的扩大和事业编制数量的提升，因为学校在高职院校建设前期，在人员编制、财政拨款、师资队伍、校园面积、领导体制方面发展都有限制。合并之后，最重要的就是获得了另一所学校的人员编制、财政经费、教学设备、师资队伍和专业课程体系。其实对于两校合并最主要的目的就是高职院校组织建制。一位院长讲：

> 2007年国家示范校建设项目启动，学校就获得了生存发展的机遇。2007年学校争取升示范校的过程，要先通过省里再到教育部。地方政府和教委在考察的学校的基本情况的时候，学校领导就积极让上级部门认识到学校的规模太小，力量不够。如果要推荐示范校需要合并重组或者改名字。于是，西乡市领导就决定把两个学校进行合并。

一位领导描述了当时的情况：

第五章　项目制下的高职院校：示范校建设与组织升级

当时两所学校规模都很小，在90年代末期，外部环境变化两所学校都面临生存发展危机，特别是成人学校面临倒闭、被撤销的危机，当时，新华职校希望可以升示范校，那么国家要求学校规模要达到一定的水平，所以学校就给市里打报告，希望可以合并整合学校和更改名字，向上申请批复，后来两个学校自然而然的合并到一起，这样可以为申报示范校做准备。

按照申报示范校的工作进程，两所学校合并，成人学校人员较少，合并之后给新华职校带来了200多个编制，可以招聘一定量的教师，扩大组织规模。这样，新华职校具备了一所综合性职业学校的专业分类和人员规模，包括制造业类专业和经贸管理类专业的建设，组织架构也不断扩充。在合并之初，新华职校就具有强势的地位，而成人学校的实力较弱，在后续的领导体制改革之后，新华职校不断地对成人学校进行兼并重组，形成统一的科层制领导核心。

新华职校发展至今，组织发展轨迹中呈现了两所学校不断磨合、碰创和融合的特点，涉及不同人员的资源分配和内部权力关系。一位老师说：

原来两所学校都是正局级单位，专业类别不同，可以互补，它们是错位发展的。而现在合并之后，成人学校就变为新华学院的一个二级学院了，所有人员并入二级学院和部分行政中层岗位。

两校合并之后，还是按照原有组织运行方式开展日常工作，办公地点和人员关系都保持原状，只是在招生上按照新华学院统一招生，办学定位改变为公办高职院校，主要采用学历教育方式培养大中专学生。合并后的独立运行模式限制了新华学院的发展，两院业务互不干涉，合并只是一种形式化、外在化的合并，组织内部整体的科层体系还没有建立，特别是在需要统一领导的时候，内部权力关系不协调，政出多门。2007年，学校确立为国家级示范校建设项目后，学校和上级领导准备在领导体制方面进行一次大规模调整，核心要处理的问题就是两所学校的真正融合，理顺管理体制，建立全新的党委领导下的校长负责制，解决领导分配和权力关系的问题，进行学院整体性组织架构、专业设置、院系资源分配和教学过程的整合，形成两校真正融合发展。

根据校史馆档案资料：

> 按照中共西乡市委任免通知 176 号文件加强对新华学院的党委领导，建立中共西乡新华职业技术学院委员会，向征担任党委委员和书记（原成人学校的校长），改变新华职校原有领导体制，整合两校合并后的领导和人员体制，建立全新的党委领导下的校长负责制。

学校的档案资料显示，2009 年两校重组整合，重点对领导体制进行改革，建立了党委领导的校长负责制。追溯新华职校的领导班子的历史变化，在高职院校建设之前，新华职校的领导建制是党委书记、校长、纪委书记和副校长，书记和校长为同一个人。在新华学院 2009 年重组后，建立党委领导下的校长负责制，明确了校长的行政权力，而成人学校的领导由于年龄较大、资历更高，担任学校书记，并且他很快退休了。整个新华职校的领导决策主要在校长的手里，两校合并之后，2009 年领导体制重组之后，领导班子 9 人，成人学校有 3 人。新华职校的魏校长在位时间最长，长达 12 年之久。

一位老教师说：

> 新华学院实际掌权的人是魏校长，向征书记在两年后就退休了。魏校长是本土上来的高职院校校长，在岗位的时间比较长，决策比较果断，特别是学校在转型发展期，需要这样独断型的领导。[①]

（二）两校合并后管理体制的调整。在对新华职校的访谈中了解到：2009 年的领导体制调整主要有三方面的改变：第一，正式整合了两校的人员和资源，让组织按照高职院校的发展模式开展各项业务，提升了组织的等级和规模。第二，通过领导体制改革，形成了上下级负责的领导体制，领导的行政绩效考核和业务评价更趋向于教育主管部门。第三，组织内部

[①] 访谈资料：M20171220；根据科研伦理匿名的需要，本书已对人名进行了技术化处理；资料来源于魏校长在中层干部学习班上的讲话，2011 年。

权力关系的调整，通过这次管理体制改革和人事关系变动，新华职校的人员占据主要领导职位，让学校成为一所具有制造业特色的综合类高职院校，资源主要偏向制造类专业。在学校领导班子中，虽然，两所学校各占一半的位置，但是，成人学校领导更多处在顶层领导和中层领导的副职，逐渐丧失话语权。

一位成人学校的教师说：

> 在学院合并之初，经常出现两所学校摩擦的事件，如在合并之前，成人学校中层干部要求增加领导岗位，学校领导为了安抚成人学校的人员，就从教师和行政人员中提拔了一批中层干部，担任新华学院副处长的职位，岗位覆盖人事处、培训处、财务处等职位，但是合并之后，这也带来很多问题，比如每个处室的正处长和副处长之间会产生一些矛盾，不利于学校的转型和发展。所以，在2011年之后的制度改革和人事调整阶段，通过全员竞聘校长相继把一些重要处室的中层领导撤换了。

在学校领导体制和人事制度改革之后，学校建立了校领导班子，逐渐整合两校资源，将学校各项业务统筹在校长负责的领导班子之下。

三 人事权力关系的变化：教育科层制

在学校管理体制改革后，学校在组织层面建立了教育科层制的领导和管理体系，一些教师说：那时校长采用"鞭打快牛"的领导风格对学校各项事务进行统筹规划。经过领导体制大调整和中层领导竞聘制度的改革，新华职校为首的校领导班子占据学院的主导地位，通过民主集中制进行组织各项决策。在学院各个组织决策会议上，成人学校的中层领导基本没有发言权，只有执行权。管理体制改革之后，学校的组织人事权力结构发生变化。2009年两校进行了管理体制改革的融合，学校按照上级领导的要求通过重组整合深化体制机制的改革。这些改革分为两个阶段：

第一阶段是2009—2011年，主要侧重于领导体制改革，重点是调整领导班子和中层领导的权责关系。在这段时间主要是校长负责制，推进学校整合工作，分为表层融合、深度融合和核心融合三个阶段，从组织稳定、发展到改革初具成效。校史馆资料显示：2009年12月，受到市委组织部和市政府的委托，学校制定了组建学校和领导干部任免的决定，确定了党委书记和党委副书记及院长的职务人选。第一，学校用了一个月的时间进行了学校重组整合，完成领导集体分工、机构设置、中层任命、全员任用和教学办公资源的调整。第二，学校用了四个月的时间完成了人事分配制度的融合，建立了学术委员会、教职工代表大会、共青团、学生会，出台了学校章程等基本制度，以及教育教学为核心的管理制度，实现了同岗同酬。第三，学校用了六月的时间建立了外部的人力资源市场制度，实施人力资源为重点的人才管理制度、财务资产审计管理制度、信息公开、民主管理制度的建设。这次改革让学校在制度和组织层面深入融合，建立了一所真正意义上的高职院校。学校将各个方面进行融合。这次改革更多地侧重于领导体制和中层领导成员权责关系的调整，还没有触及到教学层面，如二级学院制度的建立和教育系、部的扩充。①

第二阶段是2011年到2014年，学校在业务上归属教委的管辖，所以，市委组织部空降一位领导，将一所工程技术类本科院校的副校长任命到学校。2011年，市政府下发领导任用通知文件，决定将原魏校长任命为学院党委书记，又从教育主管部门派出了一位领导担任副校长，随后又将其升任为校长。2012年学校启动了一次人事改革，调整领导班子和内部人事权力，建立了中层人员任用改革制度，制定了《深化管理体制运行机制改革的总体方案》和相关配套文件。学校进入了制度建设期，在此基础上，组织结构和组织功能也开始调整改革，2012年开始，学校组建了大教学系统构架，撤销部分教学系的行政建制，以原有的专业和专业组群建构二级学院制度。学院仿照大学组织建制，在组织内部进行科层制的两级管理制度，对职能相近的机构进行合并和重组，将专业性的职责分离原机构组建了组织部、宣传部等新部门，以适应组织内部人事更换、主管部门的上下级考核的要求。学校将原有的19个党政管理部门核检为14个，健全了组织教学、科研和行政的功能系统，并明确各个部门的权责关系。此阶段，就是将领导体制改革深化到组织机制改革上，按照大学组织的功能建立组织体系，并触及到了教学单元。2012年学校建立了创新创业学院和职业教

---

① 资料来源于魏校长在2011年中层干部学习班上的讲话。

育研究所。2015年学校具有8个二级学院，40多个高职专业。

在学校领导体制改革下，学校组织权力和资源分配方式发生改变，这契合了组织在高职院校建立和发展阶段规模化和组织扩张的发展模式。组织结构和功能扩张按照大学组织建制，早期领导体制改革是确立了校长负责制，受到传统组织发展轨迹的影响，学校形成了校长集权和专制的领导风格。组织结构上形成了科层制的结构，领导对组织成员的压力传导控制机制，就如"鞭打快牛"，以此形成新华职校高效的规模化发展模式。但是，随着领导体制改革深化和其他配套制度建设，外部的领导进入学校管理层，学校还需要处理本土的领导和外来领导的利益关系。一些教师说：

> 魏校长就是鞭打快牛的管理逻辑，就是让你不能停下来，一直干活。合并之后加班成了家常便饭，作为教师还要做很多行政工作，要是对学校发展没有贡献，就干不下去了。

高职院校转型之后，学校随着招生规模的扩大面临师资的严重不足，一方面通过增加教师的工作量应对学校的迅速扩张，如提高教师的课时量，缩小教师寒暑假的放假时间；一方面，建立外部的劳动力市场制度，改变在企业和研究所招聘有经验技术人员，直接从大学应届生中招聘硕士及以上学历的专业人员。在计划体制下，学校学员不多，基本都是按照学徒制的方式进行教学，一个老师带几个学生进行理论和实操。以往成人学校每学期的教师的课时量才150学时，但是，高职院校转型之后，学生人数增多，教师人员缺乏，课时量上升到500学时。同时，专业教师要承担行政、班主任、辅导员等各类工作，如为了示范校建设学校制定了教师坐班制度、课时量调整、寒暑假加班制度等，通过上下级领导控制的方式加强了学校对教师和行政人员的控制和广泛的激励动员。一位参与示范校建设工作的教师说：

> 示范校验收时，学校很多专业教师都住在宾馆里，不让回家，各个院系一天到晚的干，按照政策文件和标准模板做材料、堆数据、写本子。示范校是国家级的项目，我们就像小马拉大车，整理各种材料，有些力不从心，但是为了学校的转型发展大家都很积极干。

所以，学校的内部治理结构和管理体制改革主要遵循教育科层制的组织体系，在学校组织转型升级的关键时期，需要一个这样集中力量办大事的领导风格，动员全校的人力、物力、财力进行学校的规模的扩张和升级发展。2011年，学校合并之后，政府给学校在职业教育园区新址，学校开始整体搬迁工作，学校一年完成了搬迁工作、新校区的基建工作、机器设备的购买和分配、实训室建设、校企合作、获取建设资金、新校区整体布局等。在这种特殊历史时期，学校需要一位铁杆的领导者，通过权力的集中和行政化干预落实各项工作，平衡协调各种利益关系。一些老教师见证了学校的转型发展：

>   学校获得了职业教育园100亩的建设用地，从原来的40亩到100亩，学校各项工作都要同步进行。我是看着学校从多么小发展壮大的过程，这些建设包括筹备教学设备、建教学楼、土地开荒、置办家具、购买设备和桌椅板凳，我见证了学校的变化和崛起。
>
>   搬迁时期，学校要同时办很多件大事，除了提高教学质量外，还要加强内部管理机制的改革，新校区建设要基建、建教学和学生宿舍大楼、引进先进的设备，实训室的建设，这些工作都要同步进行，对于学校来说，同步推进这么一系列的工作确实是很难的，学校领导还要不断落实学校的经费问题，布局新校区的建设。[①]

第三节　教育项目制下的组织升级：科层制与项目制

20世纪90年代末期，随着分税制改革的推进，带来了中央与地方、政府与社会关系的调整，特别是中央和地方条块关系的博弈下，国家通过财政和政治激励加强了各个层级的教育体系化建设步伐。国家在项目治理的框架下向上收紧权力，在组织层面通过科层制的管理模式逻辑项目细节，将政府和学校的关系从传统的行政隶属关系转变为资源依赖关系，学校的经费来源更多来自财政性经费，而非事业收入。项目治理涉及众多利

---

① 访谈资料：D20171217。

益主体，如教育部、人社部、行业部委、地方政府、教育主管和行业主管部门、企业、高职院校、家长等。它们在政策理念认知、解读和执行层面，具有不同的利益取向。中央政府通过资源自上而下的专项打包分配，加强中央集权和维护中央权威。地方政府根据地方经济和社会发展实际，对高职教育采取了不同的发展策略，在不同的工业化区域，地方政府建构出不同的区域产业发展、高职院校产教融合、劳工社会保护的模式。多元利益主体的博弈格局成为本区域高职教育治理模式的特点，即使在同一层级的地方政府，也存在劳动主管部门、行业主管部门和教育主管部门的利益纠葛，并对高职教育的管辖权形成权力的博弈。

在上下级的"委托—代理"关系中，地方政府扮演代理型政权经营者的角色，它是发包的执行者，获得项目发包的权力，掌握对各个职业学校资源分配的决定权与考核权。而地方政府对高职教育的投入和该区域公共服务政策和产业发展政策相关，在产教融合和校企合作相对脱节的地区，地方政府从高职教育发展中的获利有限，其发展高职教育的动力缺乏市场和产业发展的内在激励，更多是来源于上级主管部门的绩效考评，特别是一些高职院校在区域和国家排名制度中，规模化和快速提升的方式就是"指标建设"，而非长时间的历史积淀和组织内涵建设，与产业的结合越来越虚。在省域范围内，地方政府也根据本区域产业发展和职业教育获取资源的能力，采取不同的公共财政投入和政策导向，对本区域高职院校采取"规模升级式"的发展模式。

西乡市地方政府作为新华学院的主管单位，投资职业教育的意愿更多是区域教育改革的政绩需求，西乡市教委一位领导表示：

> 整体来看，西乡市地方政府对于职业教育的投入占比相对于南方还是较高的，在总体经济水平不如南方的情况下。新来的市长如果倾向于投入基础设施建设，那么，职业教育的投入占比就会降低。所以，西乡市区域经济发展水平低于南方，市场取向的职业教育的投入意愿是不足的，更多是依靠国家政策。相对来说，国家政策和财政资源的回报率更高，学校的升级和改革要按照国家的步伐，比如通过技能大赛、影响国家一带一路政策、职业教育援助项目等方式发展职业教育，也能带动本区域的经济和社会民生发展。地方政府的财政能力

也不如南方地区，所以需要职业教育获得教育部、人社部、财政部等部委的重视，给予一定的政策支持和项目经费。

政府间的人事、财政和权力配置关系影响基层政府行为模式。在教育项目制下，项目制的生成动因、内涵定义、运作逻辑、组织基础和效用限度等方面都受到了传统科层制的影响。项目治理实质是在中央和地方政府多层"委托—代理"关系下，处理政策集中化和区域差异化的内在张力。在西乡市的高职教育治理结构中，新华职校正名和升级的动力机制还来源于科层制下的领导晋升体制和评价考核制度。一方面，组织策略和走向与学校管理体制中的领导班子相关，校长的角色很重要，按照科层制的晋升和绩效考评原则，领导的个人晋升和组织发展方向目标相关，高职院校在行政层级中的等级决定了校领导的行政地位和资源获取能力。组织升级不但可以提高组织声望，还可以提升学校在教育科层体系中的行政地位。另一方面，组织的策略还取决于领导班子的决策逻辑：在新华职校的核心领导关系和中层领导的支持决定了领导班子决策的方向。一位校领导说：

> 高职院校的组织转型和发展除了外部力量推动，更主要的是组织自身的发展动力，需要处理内部两层关系，第一，校长和书记的关系；第二，领导班子和中层干部之间的关系。第三，行政主管领导和教学主管领导的关系。

他认为：

> 新华职校以前的领导大多是行业系统的，校长和书记为一个人的时候，权力比较集中，决策也比较容易制定和落实。后来，学校转型成为高职院校后，学校内部领导关系比较多元化了，有时候校长和书记来自不同的系统，会对一些学校发展的问题产生分歧。

由此可见，新华职校的管辖权从行业系统到教育管辖的过程，也体现在领导班子权力关系的变化，从本科院校空降来的校长，需要不断逐渐占据领导权，教育系统正统的领导和职业教育本土化的领导在一些问题上尚需要协调。其实，在西乡市随着行业主管权力的衰落，教育系统的校长更利于学校建立和教育主管单位的联系，在后期职业技术大学建设阶段，学校的校长和书记都出自教育系统，行业系统和本土化的校领导逐渐丧失了话语权，不能很好地影响组织决策和发展方向了。

一　国家主义发展模式：科层制下的资源依赖

在高职院校示范校建设阶段，国家采用项目治理的方式对其进行管理，通过组织管理体制的改革，学校完全按照国家高职院校的建设要求进行变迁。政府和学校的关系从行业系统转变到教育主管，在科层制的框架下，学校形成了一种国家主义的资源依赖模式，如积极"向上看"，通过规模化发展和组织升级，不断获取国家教育政策支持和财政资源。从中职学校转型为高职院校，学校面临生存发展危机，校领导渐渐认识到获得国家合法性的身份认同和教育科层的等级地位的重要性。学校建构的一种认知：只有进入教育主管系统的国家示范校建设项目，才能获得生存发展的机遇。一方面，在国家高等教育序列中，学校面临在高等教育体系获得声望等级的"正名"的动力，并以此获得国家通过政策倾斜对学校的财政资金投入；另一方面，学校组织外部的制度和技术环境的变化，如高等教育的大众化带来了学历贬值的社会后果，以及产业结构的变化和劳动力市场的建立，市场机制给学校带来更多的不确定性和风险，在区域经济发展不景气的条件下，学校只能依靠国家力量，接受教育主管部门的体系建设和绩效考核要求，走规模化和升级的道路。

从工厂学徒制到职业院校制，中国技能形成制度从内部到外部转型，这背后体现了职业教育国家主义的发展模式。职业学校制度演变和国家职业教育体系建设密切相关，通过大规模的技能人才培养满足国家工业化发展的需求。在高职教育体系建设上契合国家高等教育大众化的战略，提高学校规模，发展学历教育。组织目标从非学历教育的职工技能培训到国家公共职业学校的学历性教育发展。国家对于高职院校示范建设具有一系列的指标评价体系，包括专业建设、课程建设、职业能力与素质教育等，在评比阶段国家更看重的是学校具备的成果基础。新华职校按照国家的政策导向和示范校建设要求，对标国家高职院校发展指标，不断推进学校各项重点工作。一位中层领导说：

新华职校那时面临生存发展的危机，现在成功转型，这里面有几个关键的步骤：第一，拿到国家示范校建设项目。当时新华职校的办学基础和人才培养实力拿到项目的机会很渺茫，因为南方地区的产业发展好，地方政府财政经费充实，学校自身对接市场需求转型发展，也获得了当地政府的大力支持，但是，西乡市产业已经衰落、不景气，地方政府财政乏力，学校在夹缝中求生存发展。南方地区的深圳职院、苏州职院、温州职院等都办得很好，其实比新华职校强，所以，在这种外部形势下，校领导（本土的）决定采取差异化竞争，别的兄弟院校有的新华职校就不搞了，我们就重点学习国家职业教育的各项政策，按照国家评价标准对标，重点专攻一项，比如做国家级精品课建设。当时5年的时间，学校集中全校老师的力量在做国家精品课，一共做了15门。这样很多同类高职院校都落后了，在评示范校的时候具有巨大的优势。①

当时，在双元制院校建设阶段，学校和南方职业学院相比，可以说是不分伯仲，没有太多竞争对手。但是，在90年代末，中德合作结束之后，新华职校丧失了高端的地位，在走下坡路。国家教育部门的领导和新华学院的领导都认同南方职业教育做得更好。但是，在申请国家示范校期间，新华学院的领导通过集中力量做国家级精品课，同时，扩充专业、强化专业建设，获得了超越南方一些高职院校的发展机遇。校史馆资料中写道：新华职校的专业建设从2001年的9个专业发展至2009年26个专业方向。2004年到2009年，国家级精品课建设了14门。学院把国家级精品课建设融入到"高职机电类专业核心技术一体化建设模式的研究与实践"和"职业教育区域综合性实训基地建设的研究与实践"项目中。学院通过国家级精品课建设的成果获得了国家级教学成果特等奖。

学校在获取和建设国家级示范校建设项目过程中，从两个方面开展工作：第一，瞄准国家职业教育的大政方针，把学校一切组织活动都围绕这些政策方向进行，并且通过自上而下的组织学习机制进行组织场域的集体动员；第二，建立与上级领导的非正式关系，通过社会关系网获取上级的

---

① 访谈资料：D20180130。

认同与支持，争取在教育体系的身份认同和声望地位。学校领导通过国家示范校建设项目的资金和政策支持来为组织"正名"，拓展组织发展规模与空间。

一位在发展规划处的领导说：

> 西乡市在2007年只有两所示范校的名额，竞争还是很激烈的，首先需要进入地方政府评选的优秀校，才能去申请国家示范校。21世纪初期，职业教育领域的国家示范校建设不但可以正名，几千万的建设经费也相当可观，示范校之后，地方政府也越来越重视学校的发展，比如建设新校区、扩大招生规模、给一定的财政配套经费，新华学院发展关键的第一步是学校抓住了示范校给自己正名了，并且搭上了国家重点发展的这班车。①

组织通过示范校建设项目进行了管理体制改革和组织结构的扩张，组织通过进入高等教育体系成功地"正名"，获得了生存发展机遇。国家示范校建设不但给组织带来的学院建设经费，更重要的是在国家职业高等教育序列中争得了一席之地，受到国家层面政策的持续扶持和社会声望的提升。组织对合法性身份的追求，一方面，带来了经费和政策支持的实惠；另一方面，提升了组织在高等职业教育等级制度中的排名等级。梅耶（Meyer，1977）认为正式制度的神秘、神圣力量是一种中心制度，组织越接近这种中心观念制度，越具有高的声誉地位。组织可以获得合法性（legitimacy）和合理性（appropriateness），提高社会承认和声誉地位。高等职业教育体系是与原来国企技工培训教育完全不同的声望体系，具有不同声望等级制度和相关评估标准。在从计划向市场体制转型的背景下，市场机制给高职院校的建设带来了很多不确定性，组织不能适应市场机制的变革，理性地选择符合国家高等职业教育体系建设的要求，获得在教育课程等级制度中的核心位置。在科层制下的资源依赖关系成为政府和高职院校主要的制度形态，组织转型为公办高职院校后，在制度约束、评价体系和资源依赖关系上，不得不继续"向上看"，遵循国家主义的组织发展模式，

---

① 访谈资料：D20180130。

制定组织相应的目标和行为。所以，我们在考察高职院校组织发展逻辑的时候，需要关注中央与地方政府的关系，以及项目治理下的科层管理体制对组织发展的影响。职业教育政策制定的重心上移，形成了国家主义的教育财政和评价体制：一方面，通过中央层面的政策动员形成压力传导机制，建构了规范化的职业学校教育体系；而另一方面，一定程度上忽略了职业教育区域性的特点和差异，职业学校不能按照当地产业要求调整办学方向，而是紧跟国家体系规模化发展。

新华学院在示范校建设期间的专项投入，往往以行政压力和财政诱导保障实施，虽然提升了学校的办学条件和设备，但是这依然是一种行政化的资源分配方式，不仅难以调动地方政府真正投入职业教育的积极性，在投入和产出关系上，职业教育逐渐丧失了技能人才培养的效率，不能满足社会各个利益群体的需求。由此，高职院校很多走上了升学型职业学校之路，不能真正地融入区域产业发展。

二 追求教育体系排名：工作聚焦与行政化动员

新华职校高职院校的组织转型体现了学校面对国家宏观制度环境的变化，审时度势，果断采取了国家主义的规模化发展模式。在新华双元制项目合作结束和市场化机制改革的时候，学校组织的合法性和有效性都逐渐丧失，学校和国家的关系从原有的行政隶属庇护关系为主，变为一种资源依赖的关系为主。在示范校建设期间，中央政府通过项目治理的方式的专项投入，往往以行政压力和财政诱导保障实施，是一种行政化的资源分配方式。同时也体现了中央集权体制和地方有效治理的矛盾，在此背景下，职业教育的央地治理权力格局改变，职业学校和地方政府利益逐渐脱钩，国家主义的发展模式是中央政府职业教育体系建设的标准，未必是本地化产业利益导向的标准。在一些地区，职业教育的投入和产出不成比例，逐渐丧失了技能人才培养的效率。

面对西乡市产业发展的变化，新华职校自身实力欠缺，不能按照产业格局的变化及时调整组织策略，在生存危机时刻，及时调整组织目标，通过组织向上看的方式，获取政府资源。学校领导班子基本判断是国家的政策和财政支持对学校发展至关重要。在项目制下，学校拿到国家职业教育示范校的项目是最重要的发展契机。对国家政策和主管单位意图的把握，学校可以看准国家职业教育政策目标，敏锐观察同行学校，通过差异化发展策略牢牢把握机遇，果断的组织决策动员和调动全校的人财物进行重要工作的攻克。这些都体现在组织领导体制的集权化和行政化动员的工作聚焦。学校在规模化发展阶段，组织目标不断聚焦在满足制度环境的仪式性工作上，为了契合上级领导部门的要求，逐渐改变组织目标、架构、内部资源分配格局、组织动员与激励机制，扩张组织规模，提升学校在高等教育排名体系中的位置。组织扩张具体体现在院校合并、人员扩充、招生规模扩大、专业建设、校企合作、国际合作等方面的组织变迁。

（一）借助示范校建设项目，进行组织结构扩张。示范校建设期间，学校组织架构变得更综合性和功能多元化，在教学方面，学校建立了全面的工科和管理科的专业体系，在职能部门方面，学校健全了行政管理体制，增加了相关行政机构设置。通过领导体制改革，校长全面管理学校的各项业务；在教学机构和行政机构改革和调整中，学校开始建立二级学院制度，通过完善二级学院制度提高管理效率。学院在示范校建设项目下的专业扩充直接影响组织架构，在综合专业组群建设与资源分配方面，两院合并之后，学院渐渐形成了综合性的专业组群，体现在制造业和服务业专业建设方面。制造业主要就是新华职校原来的三个重点专业延伸出的专业，包括自动化系机电一体化、机械系磨具设计与制造、信息系计算机辅助与制造专业，服务管理专业主要是原成人学校的管理类和外语类专业，包括国际贸易、连锁经营管理、会计电算化、商务外部等专业。学校以此为基础建立一系列专业组群，借助示范校建设 3 年期间，以中央财政支持的 2 个重点专业建设带动 18 个专业建设工作。到 2009 年，新华学院从 2001 年的九个专业发展到 26 个专业。

对于组织内部院系的资源分配，学校按照综合类公办高职学院的组织架构要求，建立全面的学科体系，确立了经贸管理系、应用外语系、艺术设计系基础课系等文科、管理科和外语科系部设置，同时建立更全面的工科学科体系，包括机械工程系、电气工程系、汽车航空系、信息工程系、艺术设计系的工科体系。同时，配合领导管理体制的改革和公办高职院校的对接上级政府，学院成立了新的职能部门，如党委宣传部、组织部等。另一方面，学院建立二级学院制度，并赋予二级学院相应的财政、人事和行政权力。2012 年 6 月，学校启动管理体制和运行机制改革，制定了《深化管理体制运行机制改革的总体方案》及配套文件,组建大教学系统,撤销部分教学系的行政建制,以原有专业或专业群为基础,建立二级学院制度,实施两级管理。制度建立是为了更好实行响应国家职业教育政策导向的改革发展,并配合建立精简高效的党政管理机构,分离出专业性的职责。

(二)从企业到学校的人事招聘制度的改革,大量招聘应届毕业生。在示范校建设阶段,学院招生规模不断提升,2011年学院学生从100多人增加到4000人,并且确定了在校生规模为1万人的目标,积极扩大招生。在大量招生的基础上,学校需要扩充教师队伍,进行人事招聘制度改革,建立外部的劳动力市场制度。自从两校合并和示范校建设项目开展后,学校人员编制适当增加,学院就开始招聘一些"211""985"院校毕业的应届硕士,而且减少从工业企业和研究机构招聘具有工作经验的技术人员。招聘提高了对教师学历水平的要求,从重视企业一线技术经验到看重教师的学历和毕业学校名气,改善了教师和管理退伍老化的问题,为组织注入新鲜的活力。但是,后续应届毕业生对技术教育工作经验缺乏的问题也反映在教学实训过程中。

人力资源处的负责人说:

> 2009年到2011年,我们就开始招聘211、985毕业的硕士当老师或者在企业获得高级工程师技术职称的人员。我记得之前学校教师人员的结构都是比较老的,很多教师快退休了,知识结构老化问题严重,教师不思进取,总按照原来计划经济体制的模式教学,跟不上时代。

但是,在实际招聘工作中,具有硕士学历的企业高级技术人员很难到学校工作,能来的一般是本科学历的技术人员,并且他们一般在企业的技术地位不高。在2004年学校教师主要还是来自企业一线技术人员和研究机构的科研人员,遵循德国双元制的教育理念,倡导小班教学模式。2004年学校专任教师分布情况为机械系专任教师38人、自动化系专任教师35人、信息系专任教师18人、基础课部专任教师21人、工业中心专任教师17人。其中,双师型素质教师为62人,分别是机械系20人、自动化系23

人、信息系 8 人、基础课部 6 人、工业中心 5 人。在 2006 年学校 3 月到 8 月招聘的人员名单统计中，学校逐渐倾向于硕士学历和本科学历。其中，招聘的 18 人中，有 4 人具有硕士学位，有 7 人是大学应届毕业生。而在 2006 年全年，学校制订了招聘研究生 16 人的计划，并相继给予了一些优惠政策，对应届硕士研究生，第一学年享受院津贴每月 800 元，绩效奖励每学期 3200 元。从第二年开始执行同等条件的老职工标准。2006 年，学校专任教师岗位硕士比例已达到 38.5%，并逐年增加，到 2011 年的招聘 80% 都是应届毕业生了。[①]

（三）国家级技能大赛的联动作用。在学院技能大赛、校企合作和国际合作方面，借助示范校建设的优势举办全国技能大赛，学院在 2007—2008 年和一些大企业签署了一系列战略合作框架，举办全国技能大赛，并把技能大赛打造成一种联系上级政府官员和大型制造业企业的重要桥梁，更重要的是通过技能大赛给学校正名，提高组织声望等级。校史馆的资料可见，2008 年借助示范校和技能大赛平台，学院建立与大型科技类企业的战略合作关系，并获得公司赠送学校的 20 台价值 260 万元的机电一体化教学装备。学校举办的全国职业院校技能大赛，国家领导人、教育部领导、市委市政府领导、市人大市政协的领导都参加了。这奠定了学校举办国家级技能大赛的基础实力。技能大赛给新华学院带来了很多实惠，不但获得了上级领导对学校的重视，还获得了企业的资金支持，借此机会和一些大企业建立了战略性的校企合作框架。

技能大赛的评价指标是国家职业教育体系建设的重要指标之一，国家领导人指示职业教育要重视技能大赛，特别是在国际技能大赛中要打响中国制造的名声。这是扩大中国职业教育国际影响力的重要指标。所以，在学校在协办、承办和主办国家技能大赛过程获得了上级领导的关注，通过学院级、国家级、国际级技能大赛，学校获得更多的影响力，在职业教育圈子奠定了高大上的地位。但是，在技能大赛举办期间，学院所有的工作都围绕技能大赛，并且把职业教育所有东西都转到技能大赛上面，全部的教师和行政人员都要为了技能大赛成功举办工作，在一定程度上忽视了教学过程。技能大赛动员学生专注于某个特殊技能训练，也异化了学生职业

---

① 根据新华学院人事制度文件整理。

教育培养过程。通过大赛获奖的学生仅仅占据很少的名额，但是为了准备大赛动员了全校的学生，在一定程度上中断了学生培养的正常过程。大赛获奖的学生可以获得升本的机会，在学历教育的提升诱惑下，更多学生积极参与，最终影响了其技能形成的过程。根据一些参与技能大赛的指导教师反映：

> 技能大赛有利有弊吧，因为职业教育一直没有受到国家的重视，通过这几年大赛的拉动，国家对职业教育越来越重视了，开始投入经费了。

三 技能人才培养目标的游离

市场化转型之后，在国家高等教育大众化的政策导向下，高职院校的规模急剧扩张。一些职业学校通过组织合并、重组的方式进入了高等教育体系，成为培养技能劳动力的重要教育组织。2005年以来，国家教育政策大力推动高职院校的发展，在政策上给予财政资金的支持，通过项目制的方式，如示范校、骨干校、双高计划、本科职业院校建设等建立职业教育类型教育体系。国家通过中央财政专项基金、国家精品课程建设项目等方式推动职业教育体系建立和高职院校的发展。由此可见，国家培育的外部技能形成制度成为技能劳动力教育的重要渠道，并通过职业教育评价体系，建立了一套对职业学校办学质量的评价指标，主要包括科层制下的行政压力传导机制、上下级互动的考核检查制度、教育系统的激励评估体系等，展现了国家力量对职业教育制度和职业学校组织演变的形塑力。

从计划体制转向市场体制，在经济产业发展领域激发了企业的活动，让其自由参与市场竞争，获得组织生产经营的自主权。但是，中国工业化进程中，技工荒的问题却一直存在。国家《高技能人才队伍建设中长期规划（2010—2020）》中数据显示，2009年中国高技能人才达到2631万人，占劳动者总量的24.7%，但是，技能劳动力缺口很大，技能与岗位不匹配造成就业结构性矛盾。香港《大公报》2008年记载技工荒问题，指出内地极度缺乏合格工程师、信息技术熟练工人和熟练劳动力。中高端技工的短缺造成工业生产质量的下降和产业转型升级的限制，中国制造业丧失创新，一直处于全球产业链条的低端，发展劳动密集型产业，借助人口红利获得竞争优势。因此，导致在劳动过程中出现劳资矛盾和群体性事件，影响社会稳定。这种技能形成不匹配的现象和产业革新和技术进步、社会结构性因素和社会文化观念相关。在中国国企改革之后，中小企业迅速发展，但是，中小企业技工严重短缺，外部挖人现象让企业没有动力对技能培养投入成本积累。技能劳动力在自由的劳动力市场的高流动率，让其不能关注与人力资本专一性技能的投资，并且阻碍了企业对技能人才培养的持续性投入，导致整体产业技能水平的降低。其实，这些宏观结构的变化和问题是中国技能形成制度转型遇到的问题，职业教育组织是技能形成制度中的重要环节，无论是个体化的人力资本视角，还是社会分层的阶层再生产理论，都把职业学校作为国家与劳动力之间被动的中介环节，无视职业学校的在技能人才培养中的能动作用。从国有企业时期到当下制造业转型的大趋势下，学界缺乏对于技能形成制度中职业学校为主体的组织学的研究。特别是在制度转型的大背景下，对职业学校组织微观运行和体制机制的建构，如管理体制、绩效体制、激励机制以及组织变化趋势等方面做全面观察。新华职校的组织转型过程是其培养技能型人才的重要结构性因素。新华职校组织目标调整过程对技能人才培养会产生什么影响呢？

（一）组织整体目标的变化。从中职学校转变成为公办高职院校，新华职校组织转型涉及组织目标、办学方向、办学层次、培养对象、培养方案、教学大纲、教学方法、专业设置、课程设置等方面的调整。转型过程体现了国家职业教育政策导向对学校组织层面各个方向的影响。新华职校按照国家教育部和西乡市教委规定进行高职院校的专业设置、招生规模、校园建设、课程设置等方面的变革。

学校组织进入了规模化的发展阶段，具体表现在学校招生规模迅速扩大，从原来500多人变为2000多人的规模。扩大规模招生后，学校的师资、硬件软件受到限制。2006年之后，学校大量招聘教师和行政人员，招不到行业企业的技术精英，学校就积极招聘大学应届毕业生，并逐步提高了学历要求。2013年在编人员达到了447人，包括各类型岗位人员，其中专人任教师为308人。其实，在组织基础设施和师资方面，学院没有做好扩大招生规模的准备，学历教育导向造成技能培养教学质量的下降，学校从中高端技能培养组织变为一般技能劳动力的培养组织。

（二）办学方向和办学层次的改变。新华学院成立后，招生来源主要变为高考和中职学校毕业的学生，接受学校三年制的高职教育，获得大专学历。学院整体办学层次改变，从培养企业高端技术人才转变为一般性的大专学生，满足劳动力市场对大量的一般性技能人才的需求。从招生人数可以看到，1985年学校在校学员规模为400人，大专班2年，高级技工班1年。1988年培训学员达到830人。1999年是技工短训班教育最辉煌的时期，技工班培训人数达到500人左右，全校生有900多人。到2000年学校的在校生达到了1546人。地方教委规定的学校招生规模为3000人，学院继续为增加招生规模努力。

从学院统计数据看，2001—2009年学校在校生保持了一个比较稳定增长，从1000多增长到将近2000人。从2009年的机械专业的新生学籍统计信息来看，学校高职学生有329人，三二分段学生只有43人。2011年学校搬迁后，学校新增新生2728，累计在校学生6009人。从学生就业方向看，早期技工班主要为大型工业、企业提供中高级技术人员，满足企业特殊生产和管理的需要。培训学员就业率和质量都非常高，学生毕业后就属于蓝领精英阶层，工资水平较高。但是，学校在高职院校的组织转型后，培养的学生大多数要从事生产一线技术工人或工商业企业的一线操作人员，就业质量严重下降。并且，学校开始用就业率衡量职业教育的质量和结构，但是，就业率的测算看不到岗位的层次、技能匹配度、学生未来职业晋升情况。（见图5-2）

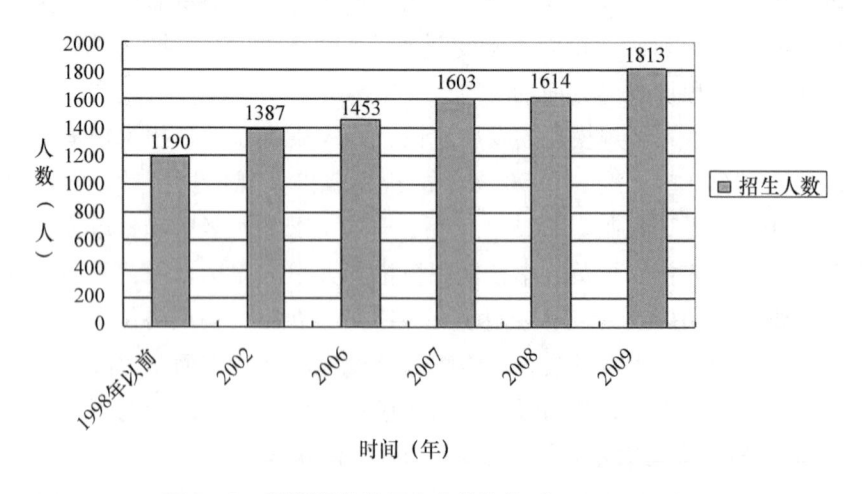

图5-2 新华职校的招生人数变化（2002—2009）

(三)组织架构与专业设置的变化。在高职院校建设之前，学校的组织架构相对简单、单一，组织形态属于一种简单职能结构。在转型为高职院校之后，组织架构发生变化，根据国家教委的要求新设立了一系列高职专业。两校合并之后，学院具备制造业和经济管理学两类专业体系，向综合类高职院校模式发展。新华职校按照教委的专业建设要求，以机械类专业为基础，开始拓展专业建设，并通过申请西乡市高职新专业建设试点项目，打造核心专业群。2006年，机械模具设计与制造、机电一体化、计算机辅助与制造专业被市教委定为教学改革试点专业。2001—2009年，学校组织架构分为教学部门和行政职能部门，其中，有8个教学系部和16个行政职能部门，学院在专业设置上经历了逐步增加的过程，学院成立之初，设置9个专业，1995年为10个专业，2005年就增加到了29个专业，到2010年学院设置了38个专业。2001—2009年，学校组织规模迅速扩张，开展了高职院校专业组群建设，形成了综合性的学校发展方向，覆盖机械、电子、信息、语言、管理等多元的人才培养方向。在专业设置方面，原来学校主要按照工业企业的技术工种进行设置，如1989年学校按照德国双元制办学模式，首开技工班，学制三年，设置工业机械工、工业电工、工具机械工、切削机械工、动力电工、机械电子工等职业工种，两年学校学习，一年工厂培训，经德国和中方专业考核，获得IHK技术工等级资格证书。学校转型为高职院校后，专业设置按照国家教委的要求，更加重视对学生基础性知识的教育，不太考虑企业技工工种的特殊性，更倾向培养一般性、普适性的技能知识和能力。(见图5-3)

(四)人才培养方案(教学大纲)和教学方法的改革。学校成立之初，按照德国双元制的培养模式，进行2年学校理论知识学习和1年企业岗位实践，积累企业岗位特殊技能的学习方式。培养方案上严格按照企业岗位技能要求，进行专业技能训练。在课程体系上分为公共基础课程、职业能力课程、职业拓展课程、职业技能实训模块，每个系统课程都包含专业课程学习和实训时间。学生小班授课，在教学过程不断地在教学实训岛进行技能训练，之后按照工作流程设计去相关企业进行实操。高职院校转型和建设阶段，学校采用学历教育的方式，学生主要接受两年学校学习，最后一年进入企业顶岗实习，学生去企业实践过程，学校不做课程教学的安排。实习的时间相应减少，对接的企业可以由学生自己到劳动力市场中应

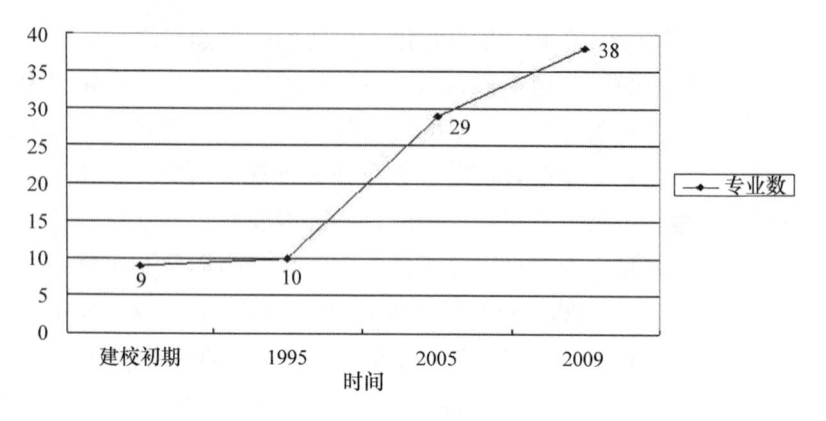

图5-3 新华职校的专业数量的变化（1982—2009）

聘。这种对接学生实训的校企合作方式越来越不规范，顶岗实习的企业教育逐渐功能减弱，一些不规范的企业甚至需要学生工作为廉价劳动力使用。一些负责校企合作和顶岗实习的教师说：

> 为学生顶岗实习的校企合作基本都是教师自己联系的，各二级学院的教师自己联系企业很费力气，没有一定的企业人际关系根本找不到企业，一些可以提供岗位的企业的心思是让我们提供一些廉价劳动力，实习的教育性达不到。另外，市场化之后企业都是中小民营企业多，西乡市中小企业大多不解放思想，不想投入职业教育。学校层面和大中型企业的战略性的校企合作给学生实习的岗位不多，企业都有自己的科研和培训部门，不需要从学校这获得什么，好的顶岗实习的机会实在太少。

所以，由于外部市场环境的变化，学校内部的人才培养模式和教学方式也相应的改变。学校老师们和学生都不想出去联系企业，专业课的学习主要进行基础理论课的知识积累，不是单一的岗位技能，加大了公共基础课的课时量，同时，对于工学结合的体现更多是把课程分为基础课和实训课程，都是在学校课堂以教学形式完成，实训课程在学校建立的实训室进行，而不采取去企业岗位操作学习的教学方法了。

新华学院对技能人才的培养方式经历了从企业岗位技术工种类的知识

学习，到重视理论和基础课程的知识学习，再到工作流程式的知识学习过程。从完全采用德国双元制的课程大纲进行技术培训，到按照国家教育部门要求的高职教育的专业设置、课程标准、综合性理论学习、技能培养方式。在组织转型之后，学校人才培养方案采取了学分制，分为基础课、职业能力课、职业拓展课和技能实训课程。，2009—2011年课程培养方案计划，基础课学时为400，专业课程中职业能力课程896学时、职业拓展课程144学时、职业技能实训课程800学时。一些一线老师描述说：

> 学生顶岗实习是占用学分的，学生可以去学校给联系的企业进行实习，或者自己找的企业实习，但是很多学生为了赚钱，都去外面自己找实习，一般在大三去企业实习，可以实习一年，所以学生在学校学习的时间其实很短，就是两年时间，主要学习公共基础和专业基础课程。
>
> 专业课程包含课内实训和技能实训课，从课程学分设置看，实训课程量应该很多，但是在老师们讲授过程，一些实训课程要不就讲成理论知识，要不就是老师放羊了，学习不到工作的核心技能。很多实训课老师没有从事过具体的技能实操，应届硕士来学校没有企业基层经验，很难在实训课中教授学生企业核心技术技能的操作。[①]

在教学方法上，学院基本偏离了德国双元制的培养方式，即学校理论课程学习和企业工作岗位实践的结合，而是采用专业课与实训课的分类方法，实训课程主要是在学校内进行，分为两种方式，一种是在专业课内展开实训操作训练，一种围绕专业方向是直接开展的实训课程。实训课程的课时量很多，但是在具体教学过程中仅是进行一些简单的操作训练，学生并不能形成企业特殊的核心技能训练。从高校招聘的应届毕业生不具备相关的企业实践经历，学校行政化事务的重压下，教师很难专注于教学能力和企业经验的积累。在学生顶岗实习过程，教师只能给予一些理论和方法上的指导，学生自己联系企业，或者是实习或者兼职。顶岗实习逐渐成为一种形式化工作，成为学校完成校企合作和提高学生就业率的一种考核指标要求。

综上所述，在新华职校高职示范校建设阶段，国家教育治理的模式经

---

① 访谈资料：W20160701。

历了从总体支配到技术治理的改革，项目治理下的科层管理体制让新华职校走上了国家主义的发展道路。作为20世纪80年代初期成立的双元制学校，在市场化转型过程中，其组织的理念、形态、目标、管理体制和人才培养模式发生了变化。制度和组织的演变机制让技能人才培养从关注技术技能培养到重视专业理论知识的传授。如此，学校从一所行业管辖下的中职学校进入到高等教育体系，并在国家教育体系中不断成长。在高等教育从精英化到大众化以来，现代大学治理体制中的国家主义理念形塑了央省财政集权体制、科层制的行政管理体制和绩效评价制度，在制度转型下，学校沿着科层制的路径发展进行规模发展和大学化的组织升级。在国家职业教育政策和管理体制的演变下，学校经历了双元制精英教育到大众化升学教育的转变，不断地具有市场理性的组织策略，向上看追求国家的"名"，以获取身份认同、教育财政和政策资源。这导致了组织内部的认知重构、权力博弈、多元目标、组织同形。新华职校在转型期借用行业和教育体制资源从行业系统进入高等教育系统，获取组织身份认同；扩张期通过示范校建设提升组织声望等级和排名。

学校在组织转型过程中，组织规模的扩大体现在招生规模、人员编制、组织架构、培训业务等方面。教育主管部门逐渐通过行政科层制改革和项目制的资源依赖关系控制学校发展方向，学校在制度和评价机制的约束下，只有契合国家发展战略才能获得发展机遇，提高组织在高职教育体系中的声望等级。学院在示范校建设项目下的一系列工作都是围绕如何获取国家上级领导的认可和支持的逻辑。我们发现，在组织内部治理关系和领导风格上，渐渐形成一种集权和专断的管理模式，魏校长采用一种铁杆式的管理方式，加强对学校中层领导和教师职工的管理控制，对学校各项活动进行行政化的强干预。组织在生存发展危机下，形成了工作聚焦和行政化动员的效果，调动全校人力、物力、财力围绕示范校建设项目，形成了学院规模化快速发展模式。在组织合法性的追求过程，组织很多工作都具备仪式性的意义，更多是按照国家要求满足政策导向。在制度和组织转型下，学院的技能人才培养逐渐偏离双元制的目标和模式，在组织规模化发展阶段，学校的组织结构、专业设置、校企合作模式、学生顶岗实习、师资队伍、培养方案和教学方法等方面改变，这些因素直接影响了学校技能人才培养的目标和效果。

第六章　职业技术大学建设：高职院校的大学化

第一节　多重制度环境张力

从与行业紧密联系的职业学校到国家教育体系的公办高职院校，与行业传统的分离和学历教育的导向让新华学院形成了一种规模化、学校化和集群式的技能培养制度。而学校教育在技能教育方面效率不佳主要是因为知识赋能不足、组织转型乏力、评价制度体系缺乏。在院校化的培养阶段，制度的合法性在于制度背后的理性策略，是学术贤能主义的理念，当技能教育成为一种课程，追求教师规模化教授知识和证书等级，学校背后的学历导向就垄断了技能学习的市场，职业教育建立在以知识形态的间接经验传递的基础上，呈现出课程和项目制度。而在组织转型的过程中，高职院校的建设并没有奠定一个坚实的组织基础，在与行业组织疏远的过程中，没有选择通过组织创新去弥补校企合作的乏力，继续"向企业看"，而是通过大学组织同形的建构进入高等教育体系的梯队。在评价激励制度缺乏的情况下，职业教育的质量信号不明确，缺乏办学质量、社会需求和评价的考量，职业学校资源获取更倾向于规模化、升级导向发展。

一　后示范校建设：身份获致与赋能不足

在示范校建设前后，新华学院领导集中力量把握国家职业教育政策的方向，学校发展的步骤紧跟国家职业教育政策点，学校工作积极满足中央和地方政府对职业教育改革的要求。其实，新华职校在示范校建设阶段赶上了国家大力发展高职教育的快车，虽然学校自身对接市场需求、产教融合技能培养的实力不足，但学校通过牢牢把握国家职业教育的战略发展方向，获得快速发展的机遇。学校的领导学习能力非常强，他带动领导班子成员和学校中层干部天天加班加点，通过自上而下组织学习的方式学习国家职业教育相关的政策方针，利用示范校建设的契机，获得地方政府的支持。

一些校领导表示，新华学院在示范校建设验收过程其实是占了很大的便宜的，一方面，上级领导对学校的发展很关心，给予很多帮助，一些专家学者给学校转型发展咨询很多有益的建议。另一方面，组织内部采取行政化动员和工作聚焦，把学校所有的人力物力财力都集中到示范校建设和验收工作中。同时，学校还从一些优秀的高职院校招聘有经验的人，比如经历过第一批示范校验收工作的专家和教授，他们在职业教育圈子比较有影响力，可以帮助学校顺利通过验收。

一些老师认为，学校在组织转型过程中，很多项目对技能人才培养的提高并没有太大作用，示范校建设材料呈现和组织宣传话语的名目大于实际效果。示范校建设前后学校很多工作是为了获得国家政策支持的合法性，并不是集中于教育教学过程的改革和提升。比如一些老师说：

> 当时（示范校之前），国家精品课建设主要为了形势的需要，在短时间建设更多数量的国家级精品课，用于示范校的申请和验收工作。但是，现在这些课程标准就放在那儿，束之高阁，很多课程也不会真正用到教学实践过程。

在学校国家示范校教育部验收的答辩中，校长明确提出新华品牌建设，强调德国双元制的本土化，强调建设服务于制造业和制造服务类专业组群，学校积极响应国家职业教育改革战略。在对学校历史溯源中，校领导主要强调新华学院历史上办学方向的高端性和工学结合的职业教育模式。校长对于国家示范性高职院校建设目标的汇报，标题是建设全国制造业技能型人才培养基地，打造中国高职教育品牌。在组织目标陈述中要以制造业技能型人才培养为主要目标，开展社会技能培训、师资培训、企业技术咨询服务、技能标准设定、技能认定、中外合作办学等，学校的组织活动都是为了实现高端技能人才培养的目标[①]。

---

① 资料来源：2007 年 7 月魏校长在国家示范性高职院校建设项目中的汇报答辩材料。

但是，一些老师认为学校的实际运作中，人才培养目标是一种宣传口号，德国双元制的强调更多体现一种象征意义，是为了获取国家和社会的认可，提升组织在教育系统的声望等级和社会影响力。所以，在目标陈述上要完全按照国家的人才培养政策进行，有时候，组织宣称目标与真实目标并不一致，在组织规模扩张和示范校建设前后，学校更多的工作都是围绕国家政策导向和区域领导政绩要求，人才培养的教学目标是学校后续要考虑的问题。西乡市一些高职院校的老师认为90年代末期之后，西乡的职业教育就走了下坡路，他们说：

现在西乡的职业教育教学质量下滑是因为大家都不关注教学。老师们不关心怎么把课上好，而关心要发多少论文来评职称，拿来多少国家级和省部级的项目，在市场上接了多少横向课题，有多少创收。

在申报课题项目的时候，教师们都把课程标准弄得特别好，但是上课还是按照自己的方法上，并不按照申请书写的标准，也许是制度激励问题，老师们都没有积极性和主动性把精力完全放在技能人才培养上。

二　上下级关系：多头管理体制的约束

在示范校建设后期，学校通过"小马拉大车"的方式，将示范校要求的各项指标完成，顺利通过了验收和后期评估。成为国家示范校之后，学校的发展定位有所提高，地方政府开始越来越重视学校的发展。在国家相关领导人、教育部和西乡市政府的支持下，西乡职业教育园区开始建设，新华职校成为园区职业学校的领头羊。西乡教育园区的建设为新华职校组织扩张奠定了基础。历史上，新华职校属于德国双元制学校，行政隶属关系在行业主管部门，后来被划分到地方行业部门，教育主管部门对新华职校没有管辖权，所以不太关注，但是，学校转型之后，2005年以后，随着国家职业教育体系建设步伐的加快，职业学校发展需要获得国家教育部和教育主管部门的支持。在教育科层管理体制下，学校的上级主管部门包括教育部、地方政府和西乡市教委，教育主管系统逐渐从职业教育的业务指导职能拓展到人事调配和财政统筹，但是，行业主管部门还存留一些人事管理、经费预算、行业业务统筹的职能。

原来新华职校校长和书记的岗位都是从行业系统上来，比如经委的中层领导，或者学校自己培养的干部。但是，新华学院成为教育管辖的公办高职院校后，在组织制度环境上出现了多头管理情况，新华职校行政归口在经委，在业务管理和政策导向上却归属教委管辖。特别是在职业教育政策和具体业务项目上，西乡市教委拥有教育系统的项目和财政资源。教委职成处是西乡市所有职业学校的指挥部，具体落实国家职业教育改革的大政方针，制定区域职业教育制度和政策，负责示范校建设、技能大赛、教育园区规划等工作，具体考核职业学校的业绩，它是新华学院的直接业务主管机构。另一方面，西乡市政府将学校作为国家职业教育改革的示范案例，西乡市重要的教育改革政绩，越来越重视学校的发展，给予很多政策资源，积极帮助学校升级为职业技术大学。对于西乡市的区域经济发展情况，地方政府的经济绩效不是政绩的亮点，地方政府就把注意力放在职业教育改革上。

学校之前在行业管辖下，并不受到教委的重视，教委很多资源和项目都没有给学校，但现在学校通过示范校建设、技能大赛、实训基地建设、职业本科教学等工作越来越受到地方政府和教育部等上级领导的重视。所以，教委更加重视学校的发展和规划，同时在人事、经费和一些其他相关业务上，地方行业主管部门也具有一定的管辖权，这样学校就面临着这种多头管理制度的限制。新华学校领导称：之前新华职校面临发展的限制，特别是地方教育主管对学校的不重视，行业系统资源减弱，教育体系建设的项目资源比较丰富，但是学校却因为管辖问题无法获得，所以，学院把目标投向了教育部和西乡市政府，正值教育部进行职业教育改革，新华学院就利用示范校和双一流建设契机拓展在教育主管系统的联系，积极做出职业教育改革业绩。这样，学校越来越受到国家教育部和地方政府的重视，在职业教育的政策出台、学校管理、领导任命等方面给予学校更多的帮助，这对学校未来的职业技术大学发展之路至关重要。

三　新华学院内部治理结构的变化

高职院校转型之后，2009年的管理体制改革奠定了校长负责制的组织治理和决策模式，但是，随着示范校建设和验收工作的推进，学校不断发展壮大，越来越受到教育系统的重视，2011年之后，学校领导班子进行结构调整，市委组织部从教育系统派遣到学校多位领导，其中，组织部从大学调任一位副校长进入学校党委，先任职党委副书记，后接任校长职位，而魏校长被任命为书记。原有的领导班子的结构和组织决策模式被打破，本土上来的副校长和中层领导却没有被提拔。高职的书记和校长分别来自不同的系统，行业系统和教育系统的领导风格和社会资源不同，这也决定了学校未来不同的发展方向。

一些中层领导表示：

> 在学校的领导班子调整之后，一些中层核心岗位也来了很多教育系统的干部，比如财政审计处、教务处、人事处等处级干部是从教委和本科院校调任来的处级领导。

在学校外部多头管理体制的约束下，学校内部治理结构也发生变化，在应对不同上级领导和内部成员决策协调上具有一定的张力。一方面，学校要满足上级不同主管部门的需求，比如党政工作和教学工作的矛盾；另一方面，学校组织决策机制的利益关系多元，造成政策出台多，但是可持续性和稳定性不够。中层领导面对校长和书记的不同取向的政策，往往遇到执行的两难，并且在二级学院的管理过程中，中层领导的压力比较大，在内部资源分配、教学与行政工作的平衡、责任分担等方面尚需要统筹协调。这些问题都是2012年之后学校内部治理结构和管理体制的核心问题。

支配同盟理论解释了谁为组织设定目标，即和组织利益相关的各种群体力量博弈的结果，它让我们更关注组织内部的各个利益团体的互动关系，关注组织决策的过程。支配同盟理论认为组织目标形成于支配同盟成员之间的谈判过程，追逐相同利益的人形成的利益团体成为同盟，利益团体具有不同的利益目标。但是，大学是属于高度差异化和松散连结的系统，利益集团之间的斗争并不直接反映在设定和更改系统目标的行动中，而是体现在争取更多组织内资源的过程。新黄金定律理论认为制定组织规则的是那些拥有黄金的人，而强势科系对于分配资源的标准的制定具有更大的影响力。内部资源分配的情况，稀缺资源在不同项目之间的分配体现了组织真实目标的清晰标志。①

同时,组织利益团体并不限于组织内部,外部的行动者会对组织的决策施加不同程度的影响,会限制组织的目标设定。② 组织拥有权势的人并不限于正式边界以内的人,组织外部条件与内部权力分布是存在联系的。③ 扎尔德的政治经济学研究就是要考察组织内部和外部权势的来源。在学校发展的历程中,新华职校的组织目标实际是由国家力量决定的,国家职业教育政策导向让组织围绕政策和改革要求进行组织转型和发展,形成高职院校大学化的组织同形。④ 新华职校实际运行的组织目标是获取国家的合法性和教育体系的身份认同,组织策略符合市场理性人的假设,行动逻辑是仪式工作的技术化和技术工作的仪式化。

四 市场理性的抉择:组织同形与变革

在面对制度环境的多头管理、学校内部治理结构的变革和教育科层制的评价体系,学校目标更偏向教育系统,争取进入高等教育科层管理体系。在2005年以后,教育部加大了对职业教育的政策支持和财政投入力度,2006—2010年的示范校和骨干校建设之后,2015年制定《高等职业教育创新发展行动计划》规划了2015—2018年的高职发展规划,提出完善高职教育结构,构建专业、本科、专业学位研究生培养体系,缩减本科高校举办专科高等教育规模,推动地方普通本科和独立学院进行应用技术类型高校转型,重点举办本科层次的职业教育。新华学校领导认识到了国家职业教育的各项改革方案,开始探索举办本科层次的职业教育。

后示范校建设阶段,学校越来越受到教育部和西乡市地方政府的重视,学校自身也积极进行组织升级的准备工作。2012年,学校开始研究举办本科职业教育,依托西乡市职业技术师范大学,联合举办了四年本科教

---

① [美]斯科特、戴维斯:《组织理论:理性、自然与开放系统的视角》,高俊山译,中国人民大学出版社2011年版。
② Powell W. and DiMaggio P. J., *The New Institutionalism in Organizational Analysis*, University of Chicago Press, 2012.
③ Meyer J. W., "The Effects of Education As an Institution", *American Journal of Sociology*, 1977. pp. 55 – 77.
④ Meyer J. W. and Rowan G., "Institutionalized Organizations: Formal Structure As Myth and Ceremony", *The American Journal of Sociology*, 1977.

育合作项目，开设自动化专业软件工程的职教本科专业。之后，学校通过课题研究，借助专家的力量加入应用技术大学联盟。在组织变革上，学校按照大学组织模式进行建设，出现组织同形。2012年建立创新创业学院，之后建立职业教育研究所，将二级学院扩展为8个，分配43个高职专业。2015年，二级学院扩展到13个，设置三个教学辅助机构、27个党政团管理机构，并通过外部劳动力市场招聘60多个应届博士。一位学校规划处的领导说：

> 学校这些举措都是为了升格职业技术大学做准备，学校的发展规模太快了，上级主管单位希望学校再上一层楼。

西乡市教委的领导说：

> 学校升级的方案是为了整合职业教育园区的教育资源，由几所优质的高职院校合并建设职业技术大学，但是后期很多事情地方政府无法左右。因为学校发展太快了。

梅耶和斯科特（Meyer and Scott，1992）认为一个组织如何整合组织行为与目标，取决于两个因素：组织的技术环境（technical environment）和制度环境（institutional environment），教育组织处于一种强制度、弱技术的组织环境中，组织更多为满足合法性，以获得生存发展的制度保障。相比而言，教育组织的目标具有模糊性，不像企业组织具有明确清晰的目标，如获取经济利润。由于目标不清晰，教育组织很难为争取资源找到直接的依据，而需要借用合法性的机制，采取更多象征性的活动。组织行为规范要符合社会共享观念和认知结构，来获得社会认同，并且建构组织外部共享观念，弥合组织内部分歧和矛盾，提高组织内部凝聚力。① 因此，教育组织更容易出现"组织同形"（organizdational isomorphism）现象。在新华职校的组织演变中，在多重制度环境的压力下，组织在处理制度与技

---

① Meyer, J. W. and Scott W. R., *Organizational Environments: Ritual and Rationality*, Sage Publications, 1992.

术环境张力过程，通过组织脱耦进行调试，正式结构与组织实际组织行动的脱离，让组织活动满足制度环境的要求。在示范校建设阶段，新华职校面临的组织环境改变，包括制度环境和技术环境的改变，组织无法延续早期高端专业的技能人才培养的组织地位和办学方向。而组织高职院校的转型，以及对德国双元制的培养模式的疏离，让学校成为大众化的学历教育组织。学校在国家职业教育体系下发展，为了获得国家示范校建设的支持，组织只有按照制度同形的要求，依赖政府资源改变组织目标和方向，获取组织发展的合法性。学院主要按照国家正式和非正式的政策导向要求，改变组织目标、组织架构、人员管理、资源配置和权力结构关系，具体体现在学院的专业设置和课程增添按照国家标准要求，组织主要目标和活动瞄准示范校建设项目的要求。这些组织变化很大程度上是一种象征性和仪式性的。但是，它却改变了组织目标、组织结构、组织动员方式等。

组织陈述目标和组织实际运行的目标并不一致，组织宣称目标往往是带有口号性质和模糊性的，主要为了贴合国家政策、获取组织发展合法性和声望等级（正名）。组织目标的研究理论把组织目标分为五类：认知的、聚情的、象征的、辩解的和评价的。[①] 理性系统强调目标的认知功能，目标是提供制定与选择行动方案的准则，是组织决策与行动方向和约束。自然系统强调组织目标的激励功能，它认为组织的目标是获得参与者认同和激励的源泉。目标可以作为攻击竞争对手，从环境中获取资源的意识形态武器。同时，目标可以很笼统含糊，并不适用于认知用途。制度学派认为目标的象征作用更重要。认知性目标和激励性目标指向组织的参与者。象征性目标主要影响组织的主要受众，为组织获得合法性、资源和盟友。

新华职校对外宣称的目标主要是制度学派所说的具有象征意义的目标，延续德国双元制的职业教育理念的话语是让国家和社会认可学校的历史和发展逻辑。但是，组织实际目标是组织运行的方向性，是获得合法性背后的逻辑，是组织追逐合法性下的组织市场理性的过程。市场体制的建立，让学校的培养对象和办学层次都有所改变，渐渐学校放弃了原有双元制的教育方式，渐渐按照国家高等职业教育体系，进行组织扩张和专业建

---

① ［美］斯科特、戴维斯：《组织理论：理性、自然与开放系统的视角》，高俊山译，中国人民大学出版社2011年版。

设，教学方式上更偏重于学历教育。后续学校借助国家示范校建设、技能大赛和高职指标建设的优势，开始受到教育部和地方政府的重视，管理体制的改革之后，学校调整了组织目标和发展轨迹，对标工程技术类大学指标建设学校，希望进一步进入国家职业技术大学体系。此时，在制度环境变化背景下，学校更具有市场理性，及时调整自己的行动策略和组织目标，获得财政资源和发展空间。

第二节 进入职业技术大学序列的尝试

党的十九大报告和2019年《职业教育改革实施方案》的政策导向主要为职业教育体系建设和校企合作制度建设，国家在职业教育体系建设的设想是建设一个由中职教育、高职教育和职教本科教育组成的职业教育体系，从分等走向分类，加强职业教育的类型属性[①]。在国家理念上，职业教育本科区别于学术本科，它是现代职业教育体系的重要组成部分。

20世纪初高职教育开始发展，国家通过多种途径发展高职院校。20世纪末期，高职院校进入规模化发展阶段，称为高职高专系列。后来，从新中国成立到改革开放，国家创办的高等专业学校大部分升级为本科院校，如师范类和医科类学院。20世纪90年代才开始诞生一大批职业技术学院，1994年深圳高等职业技术学院成立，是中国新建的第一所"高等职业技术学院"。在1999年高等教育大众化政策的大学扩招之后，高职教育也随之大规模发展，国家通过"三改一补"政策改革、改组和改制建立高职院校，把招生计划、考试和文凭发放权责交给地方政府和学校。1999年很多中职学校开始升级为高职院校，80%的高职院校是由中职升级而来，2000年高职学校有442所，2014年高职院校达到了1047所。以往的高专院校虽然属于大专层次，培养应用型人才，但是学校自身定位高，实际上是本科教育的压缩。随着一些高专院校的升本，以及国家通过对二本院校和独立学院的应用型大学转型建设，重点举办本科职业教育。在专业性和应用型本科院校的发展下，高职院校面临办学竞争的增强和空间的挤压，高职院校举办本科职业教育的倾向性更强。在应用型大学组织转型之际，

---

① 徐国庆：《从分等到分类——职业教育改革发展之路》，华东师范大学出版社2018年版。

教育部又推出了职教本科院校建设，通过高职升本、独立学院合并转设等方式建设职教本科院校序列。

职教本科的政策出台也经历了理念上的酝酿。第一，在加快职业教育体系建设的政策中，职业教育在学校体系建设和学制上也不断完善，在职业教育和普通教育的衔接制度中一直有本科职业教育的模式，如高职和普通本科的分段培养和联合培养机制，但是对于高职院校而言是没有权力授予本科学位的。在2015年的高职创新行动计划中，指出完善高等职业教育结构，推进高等学校分类管理，系统构建专科、本科、专业学位研究生培养体系，探索本科层次职业教育的实现形式和培养模式，但是，此时对于职业本科学校的建设还是没有明确的。针对高等教育大众化以来的中职和高职升级的热潮，2012年，教育部"十二五"高等学校设置原则中就指出中等职业学校原则上不升格为高职院校，与不与高职院校合并，高职学校原则上不升格为本科学校，不与本科学校合并，不更名为高等专科学校。2014年国务院《关于加快发展现代职业教育的决定》提出专科高职院校不升格或并入本科高等学校。2015年教育部部长就明确表示原则上中职不升级为高职，高职不升级为本科。2012—2015年新增本科学校，其中升本的学校主要是高专院校，如铁道警官高等专科学校、河南商业高等专科学校、河南牧业工程高等专科学校等，然后是成人高校，主要是一些省级的教育学院和管理干部学院，已经承担普通高等学校的职能，如河南教育学院、中国环境管理干部学院、广播电影电视管理干部学院等，最后是地方专科大学和独立学院。但是，2017年在教育部"十三五"的高等学校设置工作意见指出了一些民办高职院校可以设置民办本科学校，2017年16所民办高职院校升本，如山东现代职业学院、银川科技职业学院、厦门华夏职业学院等。2019年，南京工业职业技术学院作为唯一一所公办高职升格为职教本科，开展本科层次职业教育。在教育部的职教本科政策的导向下，各个省也开始探索职教本科院校建设，如江苏省政府2018年68号文中指出要简称10所应用型本科或者职教本科。双高计划中规划的2035年建设一批国际先进水平的高职院校和专业群，双高建设和职教本科建设结合，未来建立职业教育的本硕学历学位体系。

第六章　职业技术大学建设：高职院校的大学化　◆◆◆

一　新华大学的建设与实践：理念与行动

新华职校按照国家教育部、西乡市政府、教委等上级部门的要求，成为职业教育园区的示范引领学校。在国家现代职业教育体系建设、应用型大学转型、职业技术本科教育发展的背景下，学校捕捉到了国家教育部政策的导向，在组织理念、制度建设、专业设置、资源分配等方面不断向职业技术大学靠拢，开始尝试进入职业技术大学的等级体系。德国的双元制是职业教育与普通教育的分类，并不是等级关系。但在中国，高职院校和本科院校虽然都属于高等教育体系，但在高等教育结构中却具有不同的地位等级，在学历层次上是大专和本科、硕士、博士的区别，由此，带来不同的政策支持力度、生源质量、财政经费和科研项目。

高职院校在20世纪末期才大规模发展起来，在高等教育体系分类中分为研究型、应用型和职业技能型三大高校类型，职业技能型高校在高等教育体系中的位置最低，主要培养从事生产管理服务一线的专科层次技能型人才，开展或参与技术服务和技能应用型改革与创新。生源主要是高考招生淘汰下来的学生，师资情况和本科差距很大。对于高等职业教育学校来说，从领导、教师到学生，都具有提升学校等级和授予学历层次等级的动力。而高职院校升本成为其进入大学序列的一次难得的机遇。教育部的"十二五"教育规划以来，从制度和政策上严格限制高职升本，而采取新建本科院校和独立学院的应用型转型的取向，但是，高职院校一般都联合举办职教本科教育。学校在组织升级的准备阶段，一方面，学校在组织建设上投入大量的精力，扩大校园规模；一方面，在专业设置和人才培养方面积极和工程类本科院校合作，进行专业建设和职业本科人才培养。新华学院的转型、升级和发展壮大受到教育部领导的认可和赞许。

学校经历了高职院校的设立、示范校建设和验收、行政管理体制改革、新校区的扩张等阶段，组织积累了各方面的实力，并获得了国家和地方政府的政策支持。在示范校建设和验收期间，增加了组织声望、财政资金和企业设备等。在学校3年平稳期之后，学校迎来了一个新的发展机遇：国家应用型大学的转型和职业技术大学的建设。学校本土的副校长很敏锐地把握了国家职业教育本科发展的政策方向。在政策出台前，就对学校比较强的特色专业进行改造，开始建立本科职业教育的专业设置和课程体系标准，如通过机械制造、自动化、软件工程专业的联合培养本科项目积累经验和材料，虽然学校没有本科学历发证权，但是学校按照联合培养的方式招生，在新华职校上课，用学校的师资和设备资源办学，颁发西乡职业大学的本科学历证书。校史馆资料显示：学校联合技术师范大学和职业大学举办了联合培养四年制本科，包含机械设计制造自动化，软件工程、自动化三个专业，截至2015年共招生265名本科学生。另一方面，学校承接教育部的相关研究课题，开展职业技术大学相关课题的研究工作，之后，学校代表西乡职业教育园区被教育部纳入职业技术大学改革试点和战略研究课题，对职业技术大学的建设可行性、技术人才需求、专业设置标准、人才培养目标、课程体系方案等进行研究。而这些工作经历和研究材料都成为了职业技术大学的申报材料。

同时，西乡市政府和教委发现新华职校受到教育部领导的重视，作为职业教育改革的政绩工程，地方政府也希望在本地建立职业技术大学，成为地方领导的政绩亮点，进而获得国家各项政策的倾斜。学校的领导也表示，学校干得好受到地方政府的重视，可以成为地方的政绩工程，进而获得国家的财政经费，有利于领导的工作考核。在职业技术大学的准备阶段，学校通过科研项目对接教育部，进一步了解国家建设职业技术大学的政策理念和方法。通过组织学习，学校掌握职业技术大学的内涵，包含职业技术大学的组织建构、专业设置和转型、人才需求情况、培养方案的改革等内容。从认知结构、政策理念、执行操作等方面全面学习实践职业技术大学理论与实践，并加入国家职业技术大学联盟的专家团队和组织序列。学校从理念、理论和办学基础方面完成了组织转型过程，并且得到了教育部和地方政府主管领导的认可与支持。

地方政府对新华学院大学建设的支持体现在三个步骤：第一步，西乡市委市政府推出十大举措，进一步明确西乡职业教育园区服务西乡开发区的功能定位，将西乡职业教育园区建设与开发区优势产业对接，建设职业技术大学。第二步，西乡市教委发布年度西乡市高等职业教育工作要点，将依托园区优质教育资源，推进职业技术大学建设，加强国家职业教育师资培训中心等示范基地内涵建设，纳入西乡教育年度工作重点。第三步，西乡人民政府向教育部提交西乡人民政府关于申请设立西乡职业技术大学的函，正式申请设立一所职业技术大学。之后，全国高等学校设置评议委员会专家组一行六人进入学校进行实地考察。

其实,在职业教育改革的问题上,西乡市地方政府比较保守,以前,地方政府在整体统筹教育和经济发展工作中投入职业教育意愿不高,仅仅重视西乡市高等教育的发展。在此背景下,西乡职业教育发展的落后,不仅仅是西乡区域产业的不景气,更多的是教育主管部门的不作为。在教育项目制下,从教育部自上而下的改革需要西乡地方政府的改革配套体系建设,项目治理模式改变了地方政府原有的利益格局。学校的转型动力和改革创新让地方政府看到了打破既得利益格局的好处和投入职业教育的利益回报,西乡市政府也开始转变的观念,利用学校职业技术大学建设资源,进行区域创新和改革。

新华职校的成功转型和升本体现了国家力量在形塑大学制度的中的主导性作用。同时,学校作为具有市场理性的组织,体现了学校积极进入大学科层管理体系,提高组织的行政等级和在高等教育结构中的地位的努力。中央政府在顶层设计上引领学校建设职业技术大学体系,地方政府在职业教育创新特色上,利用学校引领西乡职业学校的改革,在政绩上保障上级政府考核的通过。西乡的经济发展较落后,赶不上中国南方的城市,而职业教育又成为西乡的特色,以职业教育为引领,以此来促进其产业升级,成为西乡市政府整体城市发展的战略。所以,职业教育成为西乡发展的重要引领标志和象征性符号。那么,对于新华大学来说,面对中央和地方政府的政策逻辑,学校只有牢牢抓住组织发展的机遇,逐步契合国家职业教育的战略发展要求,完成相应的行政科层任务。同时,进入本科大学教育体系,学校可以获得更多的政策支持与财政拨款,以此实现提高组织声望和市场竞争力的目标。

资源依赖理论认为组织和环境的互动关系决定组织策略,组织的策略可以更清晰体现组织对环境识别的能力,通过甄别依赖关系的环境,寻找替代性的依赖资源组织的策略,是改变组织,还是选择环境和适应环境。[①] 在从传统的行政隶属到资源依赖关系的变化下,项目治理是在科层体制下运作的,是"科层为体,项目为用"。在新华职校发展的轨迹中,国家力量占据了主导地位,而学校组织也发挥主观能动性,积极顺应这种政策,

---

① 马迎贤:《组织间关系:资源依赖理论的历史演进》,《社会》2004 年第 7 期。

做好充分准备。一位校领导也说这是一次难得的机遇，不能错过，进入职业技术大学序列学校会有更多的经费和资源，后期可以慢慢进行能力提升，理顺组织关系、改善教学条件、提高师资水平等。

一些教师认为，学校虽然意识到职业技术大学建设过程，他们不具备这样的实力，但是由于政策的力量过于强大，他们也只能牢牢把握住这次进入本科大学序列的机会。同时，学校升本科可以提高领导的行政级别，特别是改善了学校在西乡市政府和教育部科层体系中的地位，获得上级领导的青睐。最主要的是升本之后给学校带来很多实惠，如财政拨款和学校声望的提高，学校获得一流校建设项目、央财项目、共建项目，以及大企业的合作项目。学校升本之后，组织规模迅速扩张，国家规定的学生规模从6000人涨到了12000人，学校的生均拨款（固定收入）迅速提升。随着学校规模的提升，学校整体的财政经费也有了较大的增加。一位教委领导说：

> 新华学院在西乡的高职中确实很有钱，今年西乡市的高校建设资助新华学院一个亿，同时，学校的生均还是有钱的，学校规模12000人，日常保基本的全保了，额外政府再给一个亿。再加上中央共建项目、央财项目、省部级项目、企业横向课题，行业主管单位的经费等。

新华职校升本的好处除了生源质量、财政经费、组织声望、师资力量等方面的提升外，最重要的变化是从高职教育体系进入了职业技术大学教育体系，按照大学的标准进行建设和评价。

之前，新华学院作为公办高职是在教委高职高专处管理的。西乡教委并不把它作为高职升本的案例，而是一种教育创新的案例，即在高职实践应用基础上建立职业技术大学，探索一种普职贯通制职业教育模式。在刚建立职业技术大学的时候，新华大学只有三个本科专业。但是随着本科专业的增多，以及将要申报硕士点，新华大学在组织扩张和专业建设方面努力成为一所本科院校，随后的几年，学校撤并了一些高职专业，积极向教育部和省教育厅申报本科专业，到2019年学校已经有20多个本科专业，高职和本科专业基本持平了。因为学校招生规模是一定的，招生指标都是教委给批，只有减少高职专业才能给本科专业让出名额。而本科专业的设立和人才培养方案都是按照工程教育的模式，如飞行器制造工程、机械电子工程、自动化专业等，都是更偏重对工程技术型人才的培养的。

二 进入大学排名体系：教育评价与声望等级

当新华学院升本之后，已经开始走上了大学化的路径。职业教育理念、财政体制、教育行政管理体制、教育评价制度等都成为学校改革的制度性限制，决定了学校大学化的发展方向。按照国家教育部和西乡市地方政府的职业技术大学建设的理念，要保持传统和特色高职专业，只是探索本科职业教育专业。但是，学校进入大学排名体系之后，随着管辖权从职业教育向高等教育转移，学校的组织发展和教育理念更倾向于职业教育的精英化和学术性，追求学校在知识体系和教育系统中的等级地位，这逐渐形塑了学校大学化的发展路径，具体体现在学校的大学排名和教育评价机制上。

大学排名制度源于美国，是高等教育大众化和市场化的体现，基于自由市场的基础，公众催生的大学排名制度是市场的制度杠杆，对过度关注知识生产而忽视市场需求的大学制度格局进行制衡。[①] 而中国大学排名制度虽借鉴美国，但中国大学发展模式非基于自治而是国家主导的，中国高等教育市场化程度很低，主要是为了契合国家科教战略发展，参与国际竞争。公立大学经费和管理依赖国家和地方政府或者部门政策，质量信号弱，市场指引制度缺失。大学排名和知识生产相关，最早以 SCI、SSCI 标准建立大学学术生产等级体系，而忽视公众的需求和利益，并且排名系统内部缺乏一定的分化。所以，在大学排名体系中的教育知识话语，根据知识的等级确立不同大学的等级。大学学术知识高于技能教育，这背后是一套权力策略，如知识的垄断和稀缺性，序列的构建和不断提升的教育序列层次，最终形成学术贤能主义的大学排名制度。职业教育体系中的高职院校一直处在知识赋能不足的境地，在等级序列中，中国的职业学校一直都具有进入大学排名体系的激励和冲动。新华学院升本之后，教师和学生很

[①] 罗燕：《大学排名：一种高等教育市场指引制度的构建——新制度主义社会学的分析》，《江苏高教》2006 年第 2 期。

高兴，因为教师可进入大学教师系列，提高了在知识体系中的社会地位。对于职称评定来说，他们可以按照大学系列评定教授、副教授，并且将来学校申请到硕士点的时候，还可以带硕士生。教师水平的提升，他们可以申请到更多的课题，偏重于科研。升本之后，学校学生提升了学历档次，更有利于其在劳动力市场中的竞争力。

作为全球化的高等教育评价模式，大学排行榜成为一种建立外部基准，以获取可比性的需要。基于技术治理的模式，国家和大学都被置于评价指标测量的量化和比较之下。[①] 中国大学排名制度主要是借鉴美国而产生的，但是大学排名体系和高等教育市场化并没有关系。国外大学排名更多的是基于其技术合法性，而中国大学排名更多取决于国家的政策与资源依赖关系。学校进入了大学管理体系和排名系统，招生就业工作已经进入本科院校系列。在大学排名中，已经有了新华大学的排名情况。学校领导和教师都比较骄傲学校不在高职院校中排名，但是一位校领导指出：

> 虽然新华大学招生和就业按照本科的路径走，但是学校刚刚进入大学系列，排名比较落后，大学排名的考评体系是大学学术生产力为主的评价，新华大学一些重要的影响力因子没有放进去，比如社会和国际影响力，国家应该有一个职教本科大学的排名。

在大学排名制度形成的背后是一套评价指标体系，而这套指标评价体系主要是基于国家对公办高等教育机构的认知和期待，具有国家主义色彩，是一种综合性、学术精英取向的。从国家科技战略和人才培养参与国际竞争的角度，20世纪90年代开始的高水平大学建设理念就是在高等教育大众化的同时发展精英化大学，以国家目标为导向，服从国家政治、经济和文化建设需要，建设高水平综合性的大学，参与国际竞争，这是自上而下由教育行政管理体制改革和政策实现的。而大学排名体系的指标体系也体现了国家理念对大学等级秩序的制度安排。在大学领域目标是要建立国际水平的大学，在职业教育领域建设职业技术大学，满足创新发展和产业结构升级转型的需要。

---

① 王连森、王秀成：《排名、声誉及大学应有的反应》，《教育科学文摘》2015年第3期。

大学排名制度作为一种社会等级制度，它建立在社会观念制度上，成为一种稳定的、共享的价值观念，成为人们共享知识和社会价值判断的基础，就像梅耶的正式制度的神秘、神圣力量，组织越接近这种中心观念制度，越具有高的声誉地位。中国优质高等教育资源稀缺，公办大学的经费和管理很大程度上都依赖于国家和地方政府的政策。公办大学一般都是按照国家的学科设计框架、大学组织的发展模式，以及其背后的评价机制，形成自己的组织目标和发展路径。所以，高等教育市场力量对大学组织的影响是缺失的，高等教育机构的评价机制是非市场化的。我们可以看到，高职院校作为培养专业技能人才的高等技术学校，在整个高等教育体系是一种被排斥的状态。学校都希望升级，进入到大学排名序列，放弃原先自己的市场定位。新华学院通过进入国家重点建设职业技术大学序列的排名，提高组织等级声望。

三　新华大学的组织结构与资源分配

新华职校成为职业技术大学的建设过程，在组织结构上逐渐按照工程大学的模式发展，组织结构更加复杂化，但是教学机构主要按照工程大学化的模式调整了二级学院的配置，形成了13个二级学院。学校按照职能结构区分了教学机构、教学辅助机构、党政群团管理机构、培训中心和分校。在组织架构的调整和扩张中，我们发现，学校按照职业技术大学建设要求，细分了专业类别，对接国家和西乡市重点发展的专业，通过新建学院的方式发展国家重点专业的职教本科，如智能制造学院、航空航天学院和电子工程学院。智能制造学院整合了学校应用本科专业和其他具有本科培养潜力的专业进行建设。按照本科大学对社会科学科研能力提升的要求，成立了新华职业教育研究所，按照职业技术大学实训的要求成立技术实验实训中心。按照国家创新创业政策导向的创新创业发展中心。进入职业技术大学建设序列之后，学校要按照教育部考核评估指标的要求，组建自己的工程训练中心，培养创新型人才。同时，按照国家思想政治教育要求成立社会科学部，主要负责思想政治理论课的教育。学校档案资料显示：职业教育研究所主要负责开展职业教育理论与实践研究，应用技术研究和相关学术交流，探索职业教育中职业技术大学建设模式，并负责学术期刊编辑。

现阶段，学校按照专业类别划分的九个教学系部和一个基础课部，以及技术实验实训中心和社会科学部，还有统筹全校创新教育的创新创业发展中心。基础课部是综合性大学中的基础性学科的教育，主要有数学、物理和体育三个教研室。技术实验实训中心主要是面向全校学生实训实验、技术应用能力、综合应用能力和创新活动的基地，进行社会培训师资培训、继续教育培训、以及技能大赛。学校成立航空航天学院，以及满足国家对于航空航天技能培养的要求。航空学院主要开设飞机电子设备维修、无人机应用技术和空中乘务、飞行器制造工程本科专业和飞行器制造技术专科。学院的发展壮大是和其学历教育是相辅相成的，几个具有本科专业的学部发展比较快，如航空航天专业的快速发展，主要是依托于德国航空企业校企合作，聘用了德国飞行器制造技术特聘专家，指导专业建设，并开展相关的国际化技能大赛，以及国际联合办学项目。① 新成立的智能制造学院按照国家中国制造2025的战略，加快培养智能制造领域的应用型人才，提高学校主动服务产业转型升级的能力的要求，整合了新华大学整个学校工科类优势专业，成为学校在职业技术大学建设时期重点打造的学院。智能制造学院在专业上整合了原来的电气与能源学院、信息与通信学院、经贸管理学院其中和智能制造相关的强势学科，并且该学院的院长也聘请的是相关企业的高管、高级工程师。智能制造学院在组织结构上设置智能控制系、物流管理系、电气系三个系七个专业。其中两个本科专业，物流管理和自动化，并设置了本科、高职3+2、中高贯通衔接、中职四个办学层次，学院在校生有1619人。学院重点在于人才培养、科研创新和产业服务。我们发现，学校主要参照国家职业技术大学建制要求设置教学系部，把与职业技术大学相关的本科专业整合为一个学院，重点建设本科类制造业专业学院。一位教师说：

> 现在学校重点发展智能制造学院，这符合职业技术大学的要求，院长是学校重金聘请了工程技术公司的高管经理魏工程师主持工作，他们经常代表学校对外宣传职业技术大学建设的东西，还参加学术活动。

---

① 资料来源：新华学院校史馆资料。

在教学、科研与行政的关系上，为了更好服务上级领导的工作，学校增加了行政职能机构，按照和上级主管部门的对接关系，一一设立相关职能管理机构。同时，学校也增设了一些科研机构，提高科技研发水平。党政群团管理机构的设置，结构更加复杂，基于科层制的上下级关系开始建立平行化组织职能部门。职业技术大学建设阶段，学校一共有22个行政部门。从原有的14个增加了8个部门。新增添的部门说按照国家制度要求设置，如统战部、宣传部、组织部、纪委办公室、发展战略研究室、科技处、信息化办公室、基建处。行政机构的扩张是行政职能权扩大的过程，并根据制度的要求，更有针对性的服务上级领导机关以及分配组织内部资源。学校招生的本科专业相比原来的3个扩展到13个，有电气工程与智能控制、质量管理工程、财务管理、车辆工程、金属材料工程、自动化、物流管理、通信工程、软件工程、能源与动力工程、机械电子工程、工艺美术、飞行器制造工程、材料成型及控制工程。招生规模达到了1万多人。

第三节　职业技术大学的困境：
　　　　组织升级与内涵建设

在新华大学从高职院校升级为职业技术大学的过程中，组织按照工程大学的结构进行重组，开展规模化的技术教育。在职业技术大学建设过程中，新华大学经历了组织环境的巨变，国家自上而下的职业教育改革压力，让教育系统、地方政府、职业学校和产业企业发展汇集到一起。在制度环境的制约下，学校为了完成教育主管部门对区域职业教育改革的要求，成为教育部和西乡市政府重点改革的单位。在组织制度和技术环境变革下，学校的管辖权从行业逐渐转移到教育系统，行业管辖变淡；在管理体制的央地关系上，学校经历了从中央到地方，又重新回到中央教育项目制治理框架，进入教育科层管理体制。总体上，学校从职业教育进入到大学教育管理体制，受到教育行政科层制的组织建设和绩效评估制度的约束，不断承担国家职业教育改革和上级政府的考核压力。新华大学的制度环境比较复杂，包含了不同"条块"关系的变化，涉及到中央政府中不同部委的关系、西乡市地方行业主管部门和教育部门的关系，以及新华大学与其他大学和高职院校的关系。在学校外部的制度环境的压力下,学校内部治理模式也开始变革,逐渐形成一种行政化的动员方式和紧密控制的领导风格,出现了组织规模扩张和内涵建设的张力。学校在"正名"和"做事"的张力中,组织目标逐渐强化行政目标,弱化教学目标。新华学院的大学化其组织结构从原有松散联结变为紧密控制,形成组织行政化的强干预。

梅耶和斯科特(M. and S., 1992)认为组织如何整合组织行为与目标,取决于两个因素:组织的技术环境(technical environment)和制度环境(institutional environment),并提出社会部门(societal sector)概念来确定组织边界。社会部门是影响构成组织单位结构和绩效的一种重要环境,区分为技术性和制度性的社会部门。技术性部门存在一种生产或服务的市场交换,通过组织有效行动和对工作过程的有效控制而获得回报,即有效性;制度性部门则是强调规则和资格,个体组织要获得支持和合法性,就要遵守规则和信仰要求,即合法性原则[1]。一方面组织活动和目标的具体技术要求,以及组织权力的有效运作;另一方面则是组织所处的法律制度、文化期待、社会规范、观念制度等社会事实。

梅耶和斯科特(Meyer and Scott, 1987)认为,教育组织是一种强制度、弱技术的组织目标具有模糊性,不像企业组织具有明确清晰的目标,如获取经济利润。大学的目标更多元化,为满足合法性要求,更容易出现"组织同形"(organizational isomorphism)现象。[2] 国家力量形塑了教育组织发展的路径,大学的组织变化轨迹体现了国家战略和社会文化的变化。第一,教育组织目标不清晰,组织很难为争取资源找到直接的依据,所以需要借用合法性的机制,采取更多象征性和仪式性的活动。组织行为规范要符合社会共享观念和认知结构,来获得社会认同,并且建构组织外部共享观念,弥合组织内部分歧和矛盾,提高组织内部凝聚力[3]。第二,随着

---

[1] Meyer, J. W. and Scott W. R., *Organizational Environments: Ritual and Rationality*, Sage Publications, 1992.

[2] Meyer J. W., The Effects of Education As an Institution, *American Journal of Sociology*, 1977, pp. 55–77.

[3] Powell W. and DiMaggio P. J., *The New Institutionalism in Organizational Analysis*, University of Chicago Press, 2012.

市场化改革的深入，教育组织也面临技术环境的压力，20世纪八九十年代，市场力量拓展了组织效率目标和多样化组织类型，国家和学校认识到高等教育市场化和产业性，教育组织的办学主体多样化、组织内部联结的紧密化、教育组织和社会系统连接的深入化。[1]

对于教育组织而言，技术环境的理性视角对其影响不大，组织变革遵循制度路径依赖的逻辑，制度的建构内化为组织成员的认知结构[2]。在改革变迁过程，制度第一调整的是外围的保护带，内核的变化相对滞后，因此制度变迁是一个渐进的缓慢过程[3]。在制度变迁过程中，作为一种新采纳的实践和程序，技术变化通常会对正式的制度结构造成冲击，但后者往往是高度稳定的，不易改变，从而导致两者产生内在张力。但是，在组织层面职业教育改革的落实和执行在理念认知、组织策略、资源分配、人才培养方面会产生什么影响呢？在大多数情况下，制度环境内部本身，充满了各种冲突和不一致，各种要求之间往往自相矛盾、莫衷一是。制度环境的多元性、多样性和不一致性，迫使组织不得不接受和容纳相互矛盾的结构要素。[4] 在以制度环境为获取资源和支持的主要手段的情况下，组织会投入大量精力去遵守规则、满足制度的各种要求，以获得合法性回报。职业教育组织在强制度、弱技术环境中，制度性程序常常模仿或伪装成技术性程序。组织追求合法性的仪式性活动会给组织带来效率回报。

一　多重制度环境的压力：管理体制的科层化

国家职业教育理念、项目制的资源依赖关系、外部大学评价机制改变了组织内部治理结构，组织通过内部的管理体制改革、科层制的绩效考评、组织学习等，建构了组织的职业教育理念和行动。新华大学的制度环境主要包括：国家职业教育政策制度、西乡市职业教育的政策与法规、以及职业教育技能人才培养的文化认知体系。其中，职业教育政策主要由国

---

[1] Bromley P. and Meyer J. W., *Hyper-organization*: *Global Organizational Expansion*, Oxford University Press, 2015.
[2] 柯政：《学校变革困难的新制度主义解释》，《北京大学教育评论》2007年第1期。
[3] 李汉林、渠敬东、夏传玲：《组织和制度变迁的社会过程》，《中国社会科学》2005年第1期。
[4] Meyer, J. W. and Scott W. R., *Organizational Environments*: *Ritual and Rationality*, Sage Publications, 1992.

家国务院相关领导人、教育部和西乡市政府、市教委、市人力社保局、经委、发改局和制造业主管部门出台；职业教育规范，则由行业协会和大型国有企业提供不同行业的技术标准和技能认证；技能人才培养的文化认知体系是新华大学通过组织学习机制，建构出一种高职教育的文化认知体系（cultural cognition），形成一种普遍的符号体系（collective symbolic system）和共同意义（common meaning）。市教委领导表示：

> 作为职业教育改革先驱，西乡市要贯彻国家大国工匠培养的政策和改革逻辑，就要通过新华职校的人才培养模式改革做试点，新华大学就是要探索高端技术人才培养之路。

为实现改革建设目标，一系列考核指标就成了新华大学组织发展的制度约束，学校要满足上级领导的期待（包括中央政府和地方政府），并积极探索大学化组织发展之路。一位校领导表示：

> 学生人数从3000人迅速发展到10000人，教师从200人迅速到800人，组织扩张太快了，基建、后勤、人员招聘、培训、组织架构、人员管理、制度机制建设都需要跟上。现在学校的两难在于，组织发展更多是在完成教育部和上级政府的政治任务，教育部希望我们可以将中国特色的职业教育模式进行总结，拓展到全国和国际，迅速中国职业教育制度模型的输出，提高中国职业教育的影响力。地方政府希望学校迅速出改革成果和业绩。但是，组织的扩展速度太快了，基本上没有任何内涵建设，学校怎么能走得长远。

在西乡市政府对学校的改革的制度文件中，组织改革包括探索混合所有制改革、集团化办学、校企合作创新性制度建设、举办国家级技能大赛、创新创业教育和现代学徒制试点等，组织目标已经不仅是单一的技能人才培养了，而是要满足多级政府和部门的绩效考核要求。这种制度环境的压力通过科层制的行政传导机制到组织层面，组织则通过自上而下的组织学校，理解和贯彻国家和地方政府的职业教育改革政策。具体而言，学校通过专家咨询、开大会、政策理论学习培训班、中层领导讨论、撰写制度文件、技能大赛等形式，学习贯彻教育部、西乡市政府和教委的技能人才培养创新理念和制度。一些教师表示：

> 以前学校会应付很多形式化的上级工作，就是做做材料，不会有现在这么累。现在学校中心工作完全在改革模式的建立上，领导希望我们做出很多花哨的东西出来，满足上级领导的期待，所以学校对上面就是各种听话，对下面就是各种虐老师。①

其实，国家职业技术大学的评价体系还不成熟，国家和地方政府就按照工程本科大学的标准进行评价，并且偏重各种指标的量化数据。一位教师说：

> 职业教育培养学生质量的高低不易直接量化衡量，学生作为教育的产品是否符合市场需求，主要体现在职校的校企合作中服务企业技术实力和学生就业匹配率，但是职业技术大学建设从组织扩张到内涵建设需要很长时间，短期内指标的追求也只有数量比拼。
> 2011年的教育部教学评估，虽然很多量化的指标，但是通过做材料和堆数据是可以应付的，现在的评估可没有那么容易，组织内部需要真的变革才行。

对于组织的变与不变，在改革之前，新华学院遵循制度环境的要求，通过组织脱耦策略可以实现组织正常的运转。而国家自上而下的职业教育改革，是在高等教育大众化和职业技术大学体系建设的模式下进行的，为了满足量化的大学评价指标，组织只能继续走上规模化扩张的道路，这与职业教育的内涵建设存在张力。特别在教育管理体制上，中央和地方政府、行业和教育主管部门的利益诉求往往不一致。中央政府期待地方政府和学校实现国家职业教育改革、社会稳定治理、国际交流的大政方针，契合国家"一带一路"的政策，进行职业教育的模式输出。西乡市政府和教委希望新华学院的改革创新获得国家教育部和重要领导的认

---

① 访谈资料：G20200723。

可，让新华大学做出更多区域创新和改革政绩。行业主管部门和国有企业则期待新华成为校企合作的重点人才培养基地。新华大学自己也希望可以提高组织自主权，提高人才培养质量与企业服务能力，获得企业和市场的认可。但是，学校组织目标要符合多元化的行政主体要求，在现有的制度环境下，组织很难实现真正的内涵建设。学校的领导和教师开始认识到学校不能再不停地规模扩张了，要开始抓教学，制定激励制度，提高教师的待遇，因为教师才是教育改革的真正执行者，只有教师水平提高才能真正提高技能人才培养和服务企业的能力。但是这些工作又是不能短期见效的。

二 自上而下的绩效评价：行政问责与规制

在国家主义的职业教育治理模式下，绩效考评制度是一种数量化的指标体系，检查验收新华大学执行、落实改革政策的质量。目标管理责任制和考核检查的制度逻辑，是通过考核的指标化、数量化、标准化来解决信息模糊性。但是，数字化指标管理的有效性要建立在信息真实、全面和准确的基础上，制度设计要符合有效信息原则。[①] 由于其教育质量的难以衡量，教育组织的绩效考评往往为抽象象征性、而非具体的技术目标。绩效评估和监督被仪式化，评估不强调对学生成绩和培养过程的评估。上级领导对教育组织具有一种信心和忠诚逻辑，即回避监督。教育组织评价的特点是组织把理性化的监督和评估纳入仪式化的制度环境中，避免评估对组织合法性的影响。组织外部支持者回避对组织的监督和控制，以及组织正式结构与活动的脱耦，让组织能更好地生存。[②] 但是，新华学院大学化之后，最重要的改变是评价体系，在多重制度压力下，教育管理体制科层化，在面对不同的条线和条块的管辖权的关系时，新华大学的制度环境逐渐复杂化。高等教育治理下，学校的管辖权不断上移，从行业到教育，从中央到地方，再到中央，条块关系不断调整，在国家教育管理体制下，自上而下的绩效评价是一种行政问责式的，评估和监督变成对过程的严密控

[①] Bromley P. and Meyer J. W., *Hyper-organization: Global Organizational Expansion*, Oxford University Press, 2015.

[②] Meyer J. W. and Rowan G., "Institutionalized Organizations: Formal Structure As Myth and Ceremony", *The American Journal of Sociology*, 1977.

制，通过行政化的手段对教学各个环节进行控制。

上级政府对组织的绩效评价逐渐变成：第一，指标测量的数量化，用明确的数字评估改革任务的完成情况，特别是采用过程控制评价领导政绩，对改革过程的重视超越了结果。第二，中央和地方政府各个主体利益诉求不同，对学校的要求形成不同程度的张力。第三，行政问责式的评价体系的强压，地方政府要迅速拿出成绩和改革效果，以获取国家政策的重点支持和财政资源，并形成对外职业教育模式进行对外输出。

区域创新改革之前，在学校行政绩效评估中，西乡市虽出台考核的指标体系，但在预算软越算约束下，西乡市政府、教委和行业主管部门并不了解新华学院的实际情况，都是根据上报的材料和领导的汇报，对其绩效进行考评。考核验收主要是根据材料、数字、口头汇报（面试）等方式。所以，在示范校等教育专项验收时，学校都是"拆东墙补西墙"、"堆砌不相关成果"，这些形式化的工作充斥在学校的各个部门。但是，新华大学建设阶段，在管辖权上学校从行业到教育系统管辖，在教育系统学校的管辖权经历了从职成处到高教处的变化，后来，除了教育系统的部门，西乡市政府成为学校重要的上级领导，整体学校的评价体系是国家主义的，包括不同条块关系下的政府规制，学校的相关工作不但需要形式化的政绩工程，也需要组织实质的改革目标的实现。从校长和书记的人员变动看，学校从魏校长内部退休之后，西乡市政府组织部委派调任的领导大多是高教系统的人员。在职业教育改革的风口浪尖上，学校往往成为众矢之的，中央和地方政府，以及竞争对手都在关注学校的发展，政府加大了对学校过程的管理和监控，不但要求结果数量的任务完成，更是加大了对过程评估。

> 学校现在三天两头就有各个行政主体下来检查和参观，学校各个部门都要积极应对，教育部专家团队、教委领导、行业主管领导、市政府教育专员、行业协会等，学校很多工作是在应对上级领导和专家的检查。

学校很多中层领导认识到职业技术大学建设过程上级压力的增大，要应付不同的政府主管部门的要求，完成政治任务。上下级之间的问责制度，让学校必须满足不同上级领导的改革要求，以获得上级领导的政策、财政等方面的支持。学校以往的仪式化的工作变得越来越技术化，逐渐成为学校的核心工作，需要投入大量的人力、物力和财力。一位领导感叹：

> 原来校长和书记的问责来自不同的部门，现在情况更复杂，是既得利益集团会阻碍改革，有一些新集团支持改革，内部的权力关系很难平衡。

一位财务负责人说：

> 别看学校现在项目经费多了，国家和西乡市给很多钱，但是很多项目都不好花，领导有很大的压力，上面的审计经常来检查，我们不断地整理材料，上面管的很紧。

但是，要真正提高学校的内涵建设，需要学校具有更多的自主权和长期对教学改革的投入，而不是一味扩张组织规模和契合国家政治任务，需要在教师和教学方面投入大量的精力，实现技能人才培养模式的改革。学校既要保持双元制的职业教育传统又要根据职业技术大学建设的目标进行创新。其实学校也想教育创新，一方面，学校自身基础能力不足，规模化发展太快，没有沉淀和反思的过程；另一方面，在制度环境中，学校的改革往往受到西乡市政府和教育主管部门的制度约束，组织自主权受到限制。

国家的改革的政治期待、地方政府不同的政绩取向，学校对获得身份认同和提升组织声望的渴望，共同形成了学校的职业技术大学建设上的困境。在教育科层管理下，学校的组织演变已经超越了自身的设计，学校职业教育精准扶贫项目中，除了对边远地区的一些中职和高职的分校建设项目之外，还要满足国家对第三世界国家的援助计划，学校层面已经成立了对南亚等国家的职业教育模式输出项目，在组织层面成立项目办，配置专职人员处理相关模式输出和国际交流工作。一位教师表示：

> 高端技能人才培养的职业教育模式输出，就是让地方高职借用学

校的名义招生，我们自己都还在探索模式，怎么可能有精力和实力去输出模式，这些工作对学校职业教育提升的内涵建设意义不大，但有助于名气和品牌推广吧。

这种满足制度环境中的评价和考评要求带来的行政化工作和任务也是很繁重的，并占据了组织大部分的精力。那么，这种组织变革对职业教育的专业建设、师资培养、课程体系和技能人才培养会产生什么社会后果呢？

第四节　组织回应策略：仪式化与制度化

新华学院在升级期遵循"国家主义"的教育理念和发展模式，在话语体系和仪式工作中赋予职业教育多元政策功能，在制度环境中绩效考评体系的强压下，组织内部出现领导体制的权力互动和激励机制的变形。简单的组织脱耦（loose coupling）策略实现组织持续稳定的生存与发展已经行不通，学校只有通过正式工作的仪式化和仪式工作的制度化来完成考核要求，这建构了组织积极的扩张升级行动和内部行政化的干预策略，在不断满足上级领导要求和职业技术大学建设的过程中，学校按照工程职业技术大学的要求进行专业建设、契合国家"一带一路"职业教育输出工作、合班教学、加强理论减少实训，增加本科专业减少高职专业，新建工程学院、将企业实训改为实验室训练等。其中，既有仪式性的工作，也有正式性的教学改革的工作，都按照行政化的方式进行。

一　新华学院的大学化：组织扩张和模式输出

新华学院通过调整组织结构转型升级建立本科职业教育和职业技术大学，二级学院扩展到13个，并具有3个教学辅助机构，27个党政团管理机构。通过外部劳动力市场招聘60多个博士。为了满足国家技能人才培养模式改革的要求，学校通过各种会议学习文件精神、通过培训和报告撰写等方式让中层领导和广大教师了解国家的改革精神和政策，在组织场域建构一套"向上看"的学习机制。虽然改革的意图是职业教育的创新模式，但是教育系统、西乡市政府和行业系统的领导都积极希望该校采取迅速的组织扩张模式。一位教委领导称：

> 国家改革的意图就是一种职业教育的创新，不是组织的升级与扩张，但是现在从对其管理的体制上来说，还没有定论，更多是把他变成普通高校管理，但是这种概念是不对的，因为学校有大量的高职专业，只有三个本科专业，但是没办法，组织扩张势在必行，现在学校又申请9个本科专业。既然（学校组织扩张）开始了，不管从地方领导还是学校层面都很难停住。

校领导表示：

> 学校近几年发展太快了，应该停下脚步，集中精力进行内涵建设，一味地组织扩张最后还是要走向死胡同。

一位教师称：

> 该校在10多年前，还仅仅是一所很普通职业学校，并不是西乡市很多学生的首选，西乡市还有更多比他强的职业学校，那时，学生来了就后悔。但是，近年来居然发展成为一所名校，分数线在西乡市职业学校中几乎最高，生源越来越好。

新华学院大学化的组织规模和结构调整主要体现在三个方面：组织行政机构的庞大、以项目制下的科层化管理协调组织行动、优势二级学院自主权的提升，具有一定的财权和行政权。新制度主义理论认为，在强制度、强技术环境组织面临双重压力下，会形成庞大和复杂的行政管理结构，把复杂技术要求和强公共产品要求结合，如航空公司、银行、基础设施。[①] 改革前后，学校的组织机构进行了大调整，从原来的8个二级学院和10个行政机构，在2—3年内调整到2015年13个二级学院，22个行政管理

---

① Meyer, J. W. and Scott W. R., *Organizational Environments: Ritual and Rationality*, Sage Publications, 1992.

机构，以及新成立的若干个项目办，专门负责示范校、骨干校和"一带一路"模式扩展项目的工作，人员比例大大增加。在人事招聘工作上，自从建立了外部劳动力市场制度，学校主要从劳动力市场招聘应届毕业生。

一方面，新华大学借助改革试点的政策优势，开始提升优势二级学院的自主权。财政权上，扩大二级学院使用经费范围，从300元提升到5000元；人事权上，招聘晋升员工主要是系主任决定；行政权上，二级学院院长具有一定的决策自主权，不用向校长汇报、签字批准。校领导表示：

> 各个二级学院根据自身实力，可以承接各种技能证书考核认证、社会技能培训、国家师资培训、企业高新技术认定和人员内训、企业技术咨询服务等，学校既可以创收，又能提高业界影响力。

另一方面，在组织迅速扩张下，学校还要进行职业教育的模式输出。它也是组织对外扩张的一部分。对于组织扩张（模式输出）和学校以教育质量提升为目标的内涵建设的关系，新华大学一直处在努力的平衡之中。学校一直以来的速成式发展模式，为了获得进入大学等级序列的策略性的行为，让学校一直都把真正的内涵建设放在最后的考虑中。一位教师说：

> 从组织发展阶段看，现在中国的高职院校都在积极升级，获得国家和社会认可，是要进入国家高等教育等级体系，并逐步提高的位置。从领导、教师、学生和家长都希望学校能升级，现在有很多人讨论后示范校建设的问题，但是我认为新华大学还远远没有到达那个阶段，因为原本学校就不是大学，实力太弱了。

校领导表示大学的升级只是第一步，后面新华大学要进行的是硕士点的申报工作。只有具有了硕士点，才能算是真正意义的大学。按照本科大学的制度设计学校组织发展的路径。但是，一些评审专家认为：

> 现在国家政策给了新华大学很多政治任务和行政期待，但是学校在办学基础上不具备这样的能力。学校发展轨迹是一个速成式的逻辑，双元制传统没有发挥好。学校现任领导还需要理解职业技术大学

建设的内涵是什么。

其实，从评审委员建议中，学校需要思考回答的是职教本科和本科工科大学的培养的差异在哪里？在职业技术大学建设过程中如何传承德国双元制职业教育的优秀传统？这些问题才是学校改革的核心问题。

双元制时期，学校的技能人才培养模式是工学结合、校企深度合作，订单班培养模式，学校组织的升级后，学历从专科变成了本科之后，在教育理念、管理体制、评价机制的改变下，高职院校大学化的背后是职业教育的学术化。在职教本科专业试点上，学校本来有三个本科专业——飞行器制造工程、机械电子工程和自动化本科专业。这是学校在职业教育阶段的优势专业，升本之后，学校开始健全教学制度体系，进行教学改革，关注教学工作任务。校史馆资料显示：学校重新组合之后，按照国家职业教育改革的要求，开始主动适应区域发展，产业升级需要建立专业组群，适合区域发展，合理规划专业布局，建立了以制造业类专业为核心、以制造服务业为组群支撑的总体专业布局，形成了以职业能力培养为中心、以专业核心技术为重点的模块技能综合训练项目，成为先进制造技术，自动化技术，航空航天能源与新材料，汽车交通、通信、经管、语言、文化创意、艺术、公共服务等十大专业组群建设。但是，对于如何改革，以及职教本科、与一般工科院校本科教育有什么差别，学校需要在理念上明确。学校一直强调组织扩张之后要加强学校内涵建设，但是如何进行，存在哪些困难呢？在回归内涵阶段，组织改革体现了大学化的路径依赖和制度困境。

在专业建设上，新华大学的本科专业培养方案主要参考的是工程大学文本研制的，原来的职教本科专业有三个，现在学校开始申请更多的本科专业，很多传统高职专业都取消了。原来传统高职专业的很多教师转岗到行政和思政教师的岗位，而新建的本科专业主要招聘应届博士生来教授。组织转型的大学化在教育层面的后果是职业教育的工程化和学术化导向。在教学模式上，一些教师表示原有的双元制的教学模式不得不改了。

> 现在很多课程都合班教学了，因为学生太多，教师主要来自应届生，没有技能工作实践，所以偏重理论授课，学生也不去企业实训了，就在学校实验室里上课。

二　项目治理下的科层化：教学的行政化

在新华大学组织模式扩张下，如何才能更好贯彻改革要求，这需要具有庞大的行政机构执行各种政府主体的任务，以及进行教学改革。在项目治理的模式下，学校内部治理更偏重科层化，通过建立庞大的科层组织系统规范教育、科研、行政工作，一些行政部门的设立是专门对上级领导联系、考核负责，在组织结构调整中，庞大的行政机构并不是在为教学服务，而是服务于上级领导和学校行政系统的干部。一些部门对内进行行政化的管理，特别是采用行政化的手段对专业教师管理，通过行政化工作施加压力。专业教师要承担学校各项工作，很多时候，教学工作要给行政化工作让位。比如作为该校的老师，可能被随时征用，比如学校要求在示范校建设验收、教委评估、应对上级检查的过程中，所有中层领导加班做材料，相关院系的老师要求 24 小时开机，随时候命。恰恰相反，在教师的职称评定上，学校不管老师的教学与科研任务，如果教师不能为满足学校的组织发展做贡献，不管教学科研能力如何，在其评定职称上领导都可以一票否决。在行政、科研和教学工作中，专业教师几乎没有学术权威和教学的自主权，要承担大量的行政工作。

同时，学校还经常为了满足信息化教学改革，在学校层面开展教师培训和技能大赛，表面上是响应国家教育改革，但是在操作过程中，用一种行政化手段制定评价指标、增加教师的非教学工作量，并且这些要求更多体现一种"改革精神"，要形成职业教育模板，需要花费大量的精力消除不一致和"不好看"的地方，严格按照上级政府的文件要求制定。但是，这些举措却不考虑是否符合教育规律与学生的使用情况，更多体现改革的行政化的要求。待组织政治任务完成之后，这些所谓的教学改革，也会被束之高阁，因为在制作过程急于求成、高度形式主义和机械化制作要求，造成行政化的教学改革不能提高教育质量，而且完全影响教师的教学过程的精力分配。一位领导称：

> 改革就是要出花样，就算你没有实质的行动，也要花大力气做出材料，现在的情况是我们行政机构庞大，要花费大量的人力、物力、财力做材料和数据，经常上级领导会下来检查，要满足不同的要求。

为了适应差异化组织改革要求，新一轮的职称评价指标改革出台，要求教师工作体现学校特色，就是服务企业能力的提升，鼓励教师承担企业横向课题，并且横向课题成为教师评定职称的核心要素。为了实现组织扩张的要求，学校招了60个博士。教师群体是改革的重要执行人，现在该校教师主要有两个去向，去读在职博士和承接更多的横向课题。一位老师说：

> 我们老师现在的主要任务除了学校的行政工作外，就是读博士，做横向课题，谁还管教学生。

另一位创新创业学院的教师称：

> 都说学生产学研，我们学校的学生根本没有这个水平，教师都不能完成企业产学研要求，学生更是没有这个能力，宣传的创业项目没有几个成功的，教师也没有办法带学生做企业横向课题，所以，这些活动和学生教学没有什么关系。

现在学校的人才培养改革要求形成一种与本科学校差异化的职教本科教育，但是，一些老师也称，这种差异化很难实现：

> 专业建设和课程改革，就是专业课和实训课的比例问题，如果学校按照本科的专业目录培养，就会逐渐就脱离职业教育的轨道。

学校管理制度的科层化对教学过程的行政化的干预，让其教育过程逐渐偏离职业教育的改革方向，强化了对教育过程的行政化干预，降低了学校教师的教育自主性和教学权威。教育组织的科层结构并没有实现人才培养模式的创新，而是走向了偏离技能人才培养的组织目标的道路：行政目标的强化、教学目标的弱化。

三　执行阻力：激励机制的变形

在改革过程中，作为组织决策人，除了面对来自正名和做事的矛盾之外，校长在执行层面会面临更多的阻力。改革具体政策执行是通过组织中层领导、教师以及行政人员，中层领导在执行上级领导决策的时候该如何选择成为中层领导决策的困扰。如果做不好，不但改革工作推行不了，也会得罪上级领导。对于该校中层领导，包含所有二级学院的院长，面临巨大的执行压力，责任重大，而且做得越多越容易"犯错误"。对于中层领导，学校还是采取一种强控制的手段，让其没有权力空间，完全就是执行上级的命令。对于中层领导来说，往往很矛盾。政策下来如何执行？要是组织决策不一致，就会在执行层面发生矛盾，或者只能形式化的应付，做材料，做得很漂亮。或者变成说的比做的好，因为领导也没有办法检查你到底是怎么做的。在这个上下级互动中，其实对学校人才培养模式改革没有实质的影响。

激励制度的设计要遵循有效信息原则和激励强度原则，[①] 新华大学的上级领导对于改革目标和具体工作经常会产生分歧，不能给中层领导一个明确有效的信息去执行。因为测量不准确和激励的高强度，反而会让中层领导产生巨大压力，无所适从甚至逃避责任，并导致组织目标被替代。同时，在工资待遇上并没有什么奖励机制，学校经常加班加点，靠的就是学校开大会给他们灌输学校远大的发展前途和理想。这种对组织内人员的激励违反了组织激励强度的原则，激励强度的巨大压力和严重后果迫使中层领导的改革不作为和形式主义，不可能实现组织真正人才培养模式变革的目标。这种只有责任没有激励的制度，提供了强大的责任惩罚压力，仅仅依靠组织学习机制来获取共同理解和认知，并不能激励中层领导落实执行改革任务。一位中层领导表示：

> 现在学校每年竞聘，很多中层领导都选择不干了，回去（学院）当教师，中层领导就是执行层，但是面临压力太大，每天早出晚归，加班加点，最后却落不到一点好。

改革政策的具体执行人主要是教师，改革的激励更多体现在教师职称评定制度上。国家改革要求学校提高应用型科研水平和服务企业的能力，

[①] 周雪光、艾云：《多重逻辑下的制度变迁：一个分析框架》，《中国社会科学》2010年第4期。

如校企合作的数量、教师承接企业横向课题的到账金额和技术专利。学校新的教师职称制度中,确定了横向课题成为教师职称评定的要素。高职的学校科研能力较弱,没有能力承接更多的国家纵向课题,所以,学校在制定职称制度和对外宣称中,以承接企业横向课题体现学校服务企业的特色。

但是,在执行层面出现很多问题:第一,学校的科研技术能力有限,不能承接到企业大型的横向课题,需要政府关系建立和学校之间的合作项目。例如学校最近宣传的200万的企业横向课题就是依靠地方政府获得的。第二,职业学校的教师个人能力有限,应用型科研能力不高,横向课题水平也不能满足企业需要。第三,教师精力分配有限,横向课题和教学基本没有关系,偏离教育目标。在激励机制的异化中,该校教师考虑的最多的就是如何去读博士和做横向课题,渐渐地不关心教学改革和学生发展情况了。

四 高职院校大学化与技能人才培养的变革

从中职学校到职业技术大学,新华职校的大学化成长之路历尽艰辛。组织的转型和升级让学校又重新获得了"高端"的行政地位,但是,这种组织变革能实现真正的职业教育改革目标吗?它对技能人才培养产生什么社会后果呢?

组织的大学化在理念上是职业教育学术化的导向,在专业建设上,第一批新设立的三个本科专业一直需要回答什么是职教本科的问题,以及在职业技术大学上如何建立职教本科?在学校双元制职业教育传统中,有一些专业具有技术性和产业化优势,如自动化、智能制造、物流管理等,具有可以产学研的科技取向的特点,在技术创新性上可以和一些工科或工程大学形成联系,这也是一些高职院校可以进行职教本科专业建设和人才培养的原因。在职教本科或者职业技术大学的教育创新上,我们应该细分专业类别,设置职教本科院校和专业的标准和门槛,对职业技术大学下的职教本科培养模式进行探索才是改革之路。高职层次的技术类专业主要培养的是具有动手能力、在技术生产一线的可以解决技术难题的技术人员,工科大学培养的人才更多具有创新能力,可以进行产品研发。在培养的人才类别和层次上,职教本科应该和工程教育有所区分。现在的新华大学在职教本科专业设计上，其实更偏向设计科技产业化和知识的技术取向。

学校2019年的机械电子工程专业的人才培养方案中显示：人才培养方案的确定需要专业负责人、教学副院长、学院院长、教务处的盖章。机械工程学院的机械电子工程专业是本科专业，属于工学机械类，招生对象是高级中等教育学校毕业，具有同等学力的学生，目标是掌握机械电子控制计算机等方面的基础理论知识，具备从事机电设备设计开发装调测试运行维修和管理数控工艺技术的能力。专业学制为四年，最高修业年限为六年，毕业之后授予工学学士学位。从对知识的要求上看，专业建设和人才培养方案的描述基本上按照工程教育的模式，要求学生掌握工程技术知识和一定的人文社会科学知识。从岗位匹配上看，依次是电工、产品设计师、编程与应用工程师等。主干学科对应的是机械工程学科和控制工程学科，具有九门核心课程，专业课程为工程力学、工程图学、机械设计、基础电工、基础电子技术、工程材料等。在培养方案中必修理论性课程分别占到了45%、27%和23%，选修课程占到了4.3%。实践教学平台课程比例较低，占到了25.3%，而且大多是在实验室里完成，更多的课程体系分布在公共平台课、专业基础课和专业技术课，而在专业技术课中才有实践和实训的环节，工程实训主要是在学校的实训车间里进行。[①] 所以，从专业设置中可见，学校职教本科的课程体系和培养方案的改革更偏重工程教育，培养的是工程技术类的人才。

一些教师认为这种专业方向和教学模式是职业教育改革方向是一种探索，但是，后期学校从三个本科专业拓展到二十个，与此同时，删减了高职专业，专业体系的调整背后是职业教育理念、教师人员岗位和技能人才教学方法的变化。在人才培养模式上，学校在培养理念上出现了职业教育学术化的倾向，学校的大学化转型受到了学术贤能主义的影响，努力提升技能教育在知识体系中的地位。一些领导和教师认为：

> 教育市场上高职院校的学生都看不上技术工人，我们传统的制造业的动手能力的工科，现在都被人工智能取代了，大家生活条件好了，现在的孩子都不想做流水线上的技术工人，我们的培养对象是一

---

① 资料来源于新华大学2020年职教本科专业人才培养方案。

种教育市场力量,他们逼着学校去转型。现在订单班都招不到学生,同时,随着产业转型升级和人工智能的应用,产业从劳动密集型产业变为技术密集型,就不需大量的技能劳动力了。

第七章　结语

第一节　中职学校到职业技术大学：职业学校的大学化

本书以一个 20 世纪 80 年代初成立的双元制职业学校为个案，分析其在市场化转型背景下，从一所行业管辖的中职学校发展到高职院校，再转型为职业技术大学的组织变迁过程。这种职业学校大学化的发展路径是社会建构的结果，不同于西方大学组织发展的历史性、自主性、利益政治博弈和公众参与的逻辑，中国的职业技术大学的发育与生产是国家力量主导的，国家主义的发展模式形塑了"央省"集权的财政体系、项目治理下科层化的管理体系、学术导向的大学排名评价制度。在制度转型的背景下，新华职校的组织成长路径是从行业到教育，从中央到地方再到中央的变化，是在国家教育体系中不断升级和获取身份认同的道路。在高等教育大众化的背景下，职业教育的大众化培养和学历教育导向，让学校更追求在教育科层体制和大学排名中的等级地位，在知识系统中追求学术化和技术化的位置。在大学化的社会建构过程中，组织"正名"的观念作为一种激励机制，推动了公办职业学校沿着科层制的路径发展，建构了国家主义的教育治理模式。

制度变迁决定了人类社会的演化方式，在制度变迁过程中，嵌入认知体系中的观念史和社会史形塑了制度的发育和演变的路径。从计划体制到市场体制，中国技能形成制度经历了从工厂学徒制到学校制的转型，此时国家的技能教育理念也随之改变，与行业传统的分离确立学校制度的培养模式，适应工业化和多种所有制经济发展对大量技能人才的需求。技能教育的理念受到现代工业化发展的影响，学徒制和手工作坊模式的培养方式不能满足规模化需求，学校化、集群式、一对多的培养模式的制度才能符合产业发展逻辑。第二，国家高等教育大众化的战略，社会更注重学历的获取和提升，文凭社会建构了社会分层机制，学校教育的功能成为分层、分流的工具，高等教育序列的建立让任何学校想要获得较高的声望，都必须在本科学位之上确立自己的地位，研究生项目成为通往高声望的路径。对于专业学校而言，开始将本科学位设定为进入项目的前提，从而将自己与大学捆绑在一起。第三，庞大、包容的教育系统建立的等级文凭系统背后是一套无限延展的教育科层系统，它成为一种推动力，让人们去追求更高的学历和组织等级地位。

新华职校的组织变迁的不同阶段，体现了不同的职业教育理念对组织机制演进的作用，而这种理念的形成是嵌入社会历史结构中的。现代教育体系的形成过程并不是一个封闭的系统，而是一种自然、开放的系统，教育组织的变迁始终与外界的组织环境进行互动，并受到社会性的因素的影响。中国职业学校组织变迁的特点是从"与行业紧密联系"向"与行业分离"、校企结合方式从"学校—企业"向"学校—市场—企业"模式转变，推动了职业学校的信念体系、制度环境、组织目标和组织内部机理的变迁。在市场体制转型中，职业学校制度成为一种正式的院校化、规模化、集群式的培养模式，更倾向精英化和学术性，重视传授系统化的专业知识，建立以知识为形态的间接经验传递的系统课程。

国家职业教育理念的转变促使了职业教育对技能培养职业性的淡化、组织目标的多元化和职业教育的普通化。关注职业教育在知识体系和教育系统中的等级地位，组织追求"正名"的身份认同，职业教育从强调工学结合、动手能力转变为学历导向、重视文凭地位、追求组织声望，其社会后果是导致了教育功能日益远离技能人才培养目标。案例学校的职业教育理念经历了双元制精英教育、到大众化升学教育、再到文凭社会的学历教育过程，它形塑了新华职校市场理性的组织策略。

从中职学校到职业技术大学，技能型教育组织的演变逻辑是沿着科层制的路径发展，组织目标不断"向上看"，即聚焦中央和省级教育政策和财政资源，升级导向和规模化发展模式。这导致了组织内部的认知重构、权力博弈、多元目标、组织同形和人才培养的失准。新华职校在转型期借用行业和教育体制资源从行业系统进入高等教育系统，获取组织身份认同；扩张期通过示范校建设提升组织声望等级和排名；升级期遵循"国家主义"的教育理念和发展模式，在话语体系和仪式工作中赋予职业教育多元政策功能；内涵建设阶段体现了路径依赖和职业教育改革的制度困境。

对职业教育组织演变机制的研究是技能形成制度研究中的重要组成部分。作为具有市场理性的教育组织，新华职校在市场化转型下，经历了中职学校、公办高职院校、职业技术大学的组织升级过程。学校经历了组织建立、危机、转型、扩张、升级和回归的不同阶段，在20世纪80—90年代，组织的演变成为德国双元制职业教育理念和模式在中国的本土化尝试。在不同历史发展阶段中，学校在德国双元制建校阶段，具有高端的行政地位和专业性的技能教育效率，从对双元制的学习、模仿、改造到创新成为一所行业部门管辖下的侧重国企技能培训和资格认证的学校。在德国合作结束之际，内外环境的变化使学校面临生存发展的危机，学校借用行业和教育主管部门的资源，转型进入国民教育体系，成为一所教育系统业务管辖的国家公办高职院校。之后，学校通过示范校建设组织规模迅速扩张，成为区域重点高职院校。学校在示范校建设期间与教育部、地方政府的互动中，组织获得了大学化发展的机遇。学校通过组织社会网资源获取上级领导的重视和支持，并在话语体系和仪式性工作中赋予职业教育多样化政策功能，体现"国家主义"的职业教育理念和发展模式，在回归内涵阶段，组织改革体现了路径依赖和制度困境，导致职业教育内涵建设的失准。

技能型高校制度的社会建构是在国家主导下完成的，在市场化转型和高等教育大众化发展政策导向下，学校组织具有市场理性，学校领导班子在认清组织制度环境的危机与机遇后，一方面，追求国家的"名"，以获取身份认同、教育财政和政策资源，另一方面，追求市场的"利"，争取优质生源、大学排名和组织声望。从中职学校到职业技术大学，技能型教育组织的演变逻辑是沿着科层制的路径发展，组织目标不断"向上看"，即聚焦中央和省级教育政策和财政资源，升级导向和规模化发展模式。而这个过程也导致组织内部的结构和管理体制的巨大变化，呈现出认知重构、组织同形、权力博弈、目标多元和失准的特点。

第二节　国家、市场和社会：技能型高校转型的制度逻辑

　　技能型高校组织制度化的过程体现了国家、市场、学校和社会的互动关系。推动技能型高校制度转型发展的动力机制是职业教育信念体系下的制度建构过程。组织的升级动力主要来自国家力量的主导，国家包括中央政府和地方政府，中央政府分为教育部、劳动部和行业主管部门，地方政府分为行业和教育主管部门。在从计划到市场体制转型下，中国技能形成制度从学徒制到学校制发展，随着高等教育大众化政策的实施，国家开始大力发展高职教育和建立职业技术大学教育体系，在职业教育重塑阶段，国家一系列的财政政策改变了职业教育办学、升学和产教融合的格局。示范校、骨干校、生均拨款制度、双高计划、本科职业院校的建设等国家战略，改变了职业教育的投入、动员和激励方式，促进职业院校沉浸在体系建设的改革大潮中。

　　在国家教育管理体制改革之后，特别是在财政领域的分税制改革之后，教育治理的模式发生变化。项目治理模式下的职业学校发展遵循的是"科层为体，项目为用"的模式，中央政府通过集中的政策体系调整地方政府对本区域职业教育的财政和政策投入，改变了原有区域职业学校发展和产教融合的格局。同时，通过建立强大的财政转移支付体系均衡区域和等级的差异，实现教育公平的目标。但是，项目化的财政机制也带来了一些意外后果，如忽视地方治理差异和资源聚集的马太效应等。中国的职业教育的财政体制经历了多级政府合作金字塔结构、到单一教育体制的金字塔、再到区域化发展的多级政府主管金字塔结构。治理模式也从多部门政府合作的中央集权模式，到区域化多级政府治理模式、再到单一教育体制项目集权模式。在中央和地方政府的关系不断调整中，推动了教育行政管理和学校内部治理结构的变迁。组织规模发展和学历导向是国家主导的，是积极进入国家高等教育体系的组织扩张和升级过程。在管理体制上，学校按照国家科层制的教育管理体制进行组织内部建设，建立科层制的管理制度，在科层体制的约束和评价机制下，组织不断适应上级领导的要求，通过自上而下的组织学习机制，学习领悟职业教育体系建设的理念和内

涵，建构"身份认同、体系建设和功能多元化"的职业教育理念，进而形塑了职业学校的大学化发展路径。

市场机制的影响是多方面的，第一，国企改革和劳动市场的建立让学校逐渐脱离行业企业，成为一个市场自主性和理性的行动主体，在外部市场信号不明确的前提下，跟随国家政策是西乡地区职业教育发展最快捷的道路。相比南方职业学校，在产业条件下，西乡地区工业化虽然起步早，但是面临转型升级的困境，缺乏产业涵养职业教育的经济基础，在观念上，西乡地区的行政科层管理模式，在教育官员行政问责和绩效考核上更看重忠诚而非效率，地方政府需要一定的政绩工程才能获得中央政府的重视和支持。整体上，西乡地区的职业教育的效率比较低下，不具备根据市场信号调整办学质量的实力。学校应该根据市场机制的改变不断调整办学方向、专业设置和课程体系，同时对组织内部人事管理制度、薪酬制度、权力关系进行改革。

另外，教育市场需求的变化体现了社会对职业教育的认知和期待，学校垄断了技能学习的市场，高等教育大众化的发展造成对学历的无限追求。国企改革和工人下岗，降低了职业教育居民选择意愿，高校扩招带来了普高热和升学热，与市场紧密联系需要学校不断调整办学策略，在地区治理的格局上，在人事制度、管理制度、薪酬体系、专业设置、课程体系等方面全面调整，适应市场环境和社会大众需求的变化。

在案例学校制度社会建构的过程中，中央到省级财政体制集权和收紧，通过项目制的方式落实到职业学校组织，如示范校和骨干校建设项目，包含专业建设、课程资源库建设、信息化教学、技能大赛、实训基建等方面，学校纳入国家高等教育拨款体制中，限制了其实现教育供求关系的市场动机。在财政制度的软预算约束下，新华职校的组织发展决策不是一个市场行为，它可以不计成本、不承担市场风险，这导致学校丧失了市场动机和对企业需求的关注，只考虑政治环境和关注如何进入国家教育体系。

大学排名的社会评价机制体现中国大学发展国际化取向。但是，这套评价和排名制度并不是市场指引的，缺乏公众对大学教育功能的评价。它是国家主导下的国际化导向的评价理念和指标体系设计。中国高等教育市场化程度很低，主要是契合国家科教战略发展，参与国际竞争。公立大学经费和管理依赖国家和地方政府或者部门政策，质量信号弱，市场指引制度缺失。大学排名和知识生产相关，最早以SCI标准的大学学术生产建立，理念上重视科研学术成果数量，而忽视公众的需求和利益。排名系统内部缺乏一定的分化。在评价主体上，体现行政化管理者意图，这导致无法触及评价目标和理性意义系统。在指标上，重视测量和描述，而不是过程质量监控、社会情境综合性。数量化体现为实训设备的数量、国家精品课数量、技能大赛获奖数和等级、信息化教学手段的使用频率、学生就业率、组织重大举措（政策导向）等方面。

在校企结合关系上，学校和企业变成一种"学校—市场—企业"模式，关系不断变化调整。在与行业紧密联系发展中，职业教育可以建立很好的产教融合关系，但是也容易受到行业企业市场化转型中变动的影响，办学不稳定性增加，与行业疏远而整合综合性的教学体系，进入教育管辖系统，学校在职业教育教学业务上可以规避行业企业带来的风险。市场化转型以来，工学结合模式发生了实质性的转变。传统的工学结合教育模式主要主要根据企业技能和学历培训需求设计培养方案和课程。在组织升级过程中，学校决策者意识到企业在对劳动力需求缩减的趋势，校企合作的关键点从职业教育功能到获取组织合法性的转变。企业需求从传统的人才培养和技能服务转变为利用学校的声望等级和产业教学设备。工学结合、校企合作流于形式，成为一种获得声望和实际市场利益的仪式性的战略合作关系，丧失了以技能教学为核心的双元制合作模式的教育功能。

职业教育的模式输出和国际合作制度，体现国家教育发展国际化的政策取向，"中国制造2025""大国工匠""一带一路""精准扶贫"等国家政策介入职业教育和学校发展战略，赋予职业教育多元化的社会功能，职业学校逐渐承担了人才培养、科学研究、社会服务、实现社会公平等功能。社会政策性功能形成了中国职业教育模式输出的政策目标，形塑了现阶段职业教育的多元环境下的多重压力和内涵发展的困境。新华职校的组织升级和大学化制度是国家力量建构的，信念体系、制度约束、组织互动共同形成了组织规模化发展模式。学术化的职业教育理念嵌入的制度化建构过程促使了中国职业技术大学制度发育与生产。

第三节　组织"正名"与职业教育的学术化

涂尔干《教育思想的演进》中教育理念制度化的理论框架，体现了教育理念对制度变迁的结构化的作用。嵌入社会结构中的教育思想形塑了教育制度和组织形态，这个过程是动态的、情境性和过程性的。一方面，结构性的力量给予教育理念的制度的约束和动态的激励，在教育理念进入教育社会实践过程中，其随着时代和历史情境的要求不断调整、变化、重构、再造，并体现了国家教育理念与组织决策者理念的协商互动过程。另一方面，信念对制度形成和组织变迁的作用体现了组织决策者的能动性和主体性，教育信念内化到组织决策者认识结构中，形成一种内化和行为导向的信念体系，它通过组织内部的互动和权力博弈实现了个人与集体历史性的、动态的共享教育信念体系，这是职业教育理念和职业技术大学制度建构的根本力量，这种力量是由国家主导的，国家职业教育理念是职业教育体系建设和职业技术大学的技能人才培养逻辑，但内部在分类评价标准和边界还很模糊，本科职业学校的办学方向和人才培养模式尚需探索，如果一味地走向职业学校大学化的路径，容易导致职业教育对技能培养职业性的淡化、组织目标的多元化和职业教育的普通化。

本书沿着历史性脉络考察了中国技能型高校制度和组织演变机制，第一，职业技术大学制度的形成是结构化的过程。教育思想嵌入社会结构和行动者信念体系，并通过社会性的教育实践，形塑了教育制度的形态和功能。第二，社会结构力量形塑了职业教育理念。教育理念进入社会实践后的演变受到社会环境、制度规则和组织结构的约束。第三，中国职业教育理念和大学制度实现的相互建构。教育理念和大学制度形成是一个社会"互构"过程，这种结构化体现了制度的二重性。

结构性的力量成为教育理念的制度的约束和激励结构，教育理念的实践是随着时代和历史情境的要求不断的调整变化的。新华职校建立之初，职业教育理念受到德国双元制的影响，经历了模仿学习、改造创新阶段，双元制学校改造了德国双元制的职业教育层次、课程体系和专业设置，偏重于理论学习与学历教育。新华职校转型阶段，体现了国家教育理念和组织决策者理念的协商互动过程，逐渐国家理念替代了学校理念，成为主导职业学校发展的理念激励和制度约束。在国家统筹建立高等职业教育体系，培养综合性的高层技能人才的背景下，学校技能培养核心理念在制度化过程中不断改变，通过组织转型走向了成为高职精英校的发展路径。在职业技术大学建设阶段，国家倡导职业教育的改革升级，建立本科和硕士学历层次贯通制的职业教育模式，探索职教本科院校建设路径。这种搭建立交桥和职教本科建设的职业学校发展理念和制度成为职业学校发展的动力，但也出现了学校内涵建设与模式输出发展的张力。在不同历史阶段，我们可以看到职业学校转型升级的具体历史性和社会情境性的场域。

信念对制度形成和组织变迁的作用体现了组织决策者的能动性和主体性，教育信念内化到组织决策者认识结构中，形成一种行为导向的信念。新华职校在市场化转型下，成为具有市场理想的教育组织。它认识到职业学校发展的困境和劣势地位，形成了正名获取身份认同和提高在高等教育体系中等级地位的理念，推动了学校大学化的发展模式的形成。在大学化的组织转型下，学校对内部治理和管理体制进行变革，形成了科层制的行政管理体制和校长集权制度，领导人的绩效考评体系和行政问责制是一种行政化的上下级负责关系，在国家官僚体制的控制下，它是有路径依赖的。组织在教育体系中的地位升级和领导行政级别的提升是相关的。组织决策者的个人动机和偏好也影响了学校组织的整体决策方向。在组织转型、扩张、升级和回归内涵的阶段，体现了市场理性下新华职校的能动性和自主性。组织策略主要体现为"向上看"，即聚焦中央和省级教育政策和财政资源，获得发展财政经费和组织等级声望，这导致组织内部的认知重构、权力博弈、多元目标、组织同形和培养失准。

在组织升级背后的动力机制主要体现为教育理念和制度的相互建构过程。在教育理念方面，职业教育理念包含了对组织发展模式和人才培养方面的认知结构，它体现了学校组织决策者如何看待职业教育和组织发展的信念。中国职业教育理念的演变体现了技能培养的职业性淡化、教育目标的多元化、进入"正统"教育体系的思想逻辑，形成技能知识从专用性到通识性，组织不断升级的"正名"和技能人才培养目标的失准的后果。

在计划体制时期，学校理念是一种职工教育的理念，它体现为企业专用性技能知识的培养和强技能等级化的教育思想。工厂学徒制的技能教育理念是掌握企业特定岗位所需的技能，而师徒制度是技能传承积累、劳动管理和建立社会关系的重要制度保障，它形成了国有企业内部和外部统一的技术等级序列。

在双元制时代，学校理念是一种精英化双元教育理念，技能培训中心更多受到德国双元制理念和模式的影响，沿用中国早期"半工半读"职业教育的模式，它表现为加强基础性理论知识学习和服务国企职工需要的人才培养理念。教育理念中的技能知识的类型已经发生的变化，专用性技能形成渐渐转变为配合基础课程学习和专业技能训练结合的模式，教育对象的身份也从工厂学徒转变为职业培训中心的学员，技能形成已经具有外部性的特征。在这个阶段，企业仍然具有重要的参与力，体现在课程设计和技能考试标准的设定上。学校的教育理念受到德国双元制、国家工业化技能需求、国有企业职工需求、通识教育理念等方面的影响。学校渐渐具有了主导教育的自主性。

在高等教育扩招时期，学校理念是一种大众化的剩余教育理念，它体现为技能培养的低端化和教育大众化的学历贬值后果。职业学校的重组合并、转型和升级是国家建立等级化教育体系的过程。职业教育的培养理念更多体现了剩余教育和社会控制的功能。"保升学、保就业"的教育理念让职业学校成为培养底层劳动力的组织，在国民教育序列中被排斥、拉低。在示范校建设阶段，国家教育部的理念渐渐主导学校教育理念，这是一种组织"正名"升级的升学教育理念，体现教育扩招和综合性学科教育的思想。组织教育理念需要体现专业和学科设计的综合性，综合性大学建设理念成为学校课程设计、招生就业、校企合作、中外合作办学的理念。此时，大学的教育功能也开始多元化，人才培养功能已经不是主要的功能，大学开始承担更多的社会政策目标，职业教育发展理念体现了继续教育、社区教育、终身学习、教育扶贫等方面的政策意涵。而受到财政制度和排名制度的影响，大学决策者的理念渐渐被国家教育部门的理念替代，丧失教育的自主性和自治性。

在职业技术大学建设阶段，国家职业教育理念完全替代学校理念，是一种文凭社会和学历教育的理念，形成技能培养的"高端化"和组织同形。行业中职学校升级高职院校的转型，以及职业技术大学的转型和建设过程，都体现了技能培养的过度拔高理念，组织决策者的教育理念体现为组织的升级和发展，进入国家"正统"教育体系，获得国家财政和政策资源，通过组织学习机制建构的"先名后利"的认知逻辑，这个过程也促使了职业技术大学与本科大学的"组织同形"的现象。

在组织发展的不同历史阶段，中国职业学校理念演变的实质是从工学结合、强调动手能力和人才培养为先的理念转变为学历导向、重视文凭地位和追求组织声望等级的理念。职业学校的发展是组织合法化地位追求的过程，大学组织者的教育理念转型体现了组织的教育自治性逐渐被国家主义教育理念替代的过程。这种理念在进入大学治理和组织变革的实践中，嵌入各种社会机制的互动，建构了大学的升级制度。

第四节　对中国职业教育组织发展的启示

在制度转型背景下，本书对20世纪80年代成立的一所双元制职业学校组织演变机制的考察，对中国职业教育体系和职业技术大学制度建设，以及在市场机制下职业学校组织发展和校企合作模式的探索具有重要的借鉴和启示作用。

作为一所中外合作办学的双元制职业学校，它的组织演变机制体现了在宏观制度转型下，中国技能型高校制度和职业学校组织形态的演变机制。在新中国成立后，中国在技能教育和培训领域形成了工厂学徒制和技术教育学校制度并行的格局。职业学校在建立之初也和行业有着千丝万缕的关系，有行业管辖的技工学校、中等专业学校、职业高中等组织形态。在20世纪80年代之前，中国职业教育主要以中等职业教育为主，在80年代中后期，中国开始建立高职教育体系，主要通过"三改一补"的组织转型和新建高职院校的方式大力发展高职院校。从一些职业大学，到高职院校体系的建立，高职院校的管辖权呈现出多部门、多层次配合的格局。中国的职业学校在办学和管理体制上，有行业部门和企业办学，有教育主管部门联合举办。技工学校和技师学院属于劳动部门或行业、企业办学和主管，技师学院等同于高职层次，职业中学为地方教育行政部门办学为主。1998年，随着国家政策的调整，中等专业学校和技工学校办学困难，职业学校以城市和农村的职业中学为主。但是，职业中学是办学基础非常弱的普通高中改办而来。在20世纪90年代中后期，行业主管部门和企业逐渐退出职业学校的管辖权，很多职业学校归属教育行政部门管理，开始了政府强力推动职业教育发展，建立现代职业教育体系的道路。在国家体系建设阶段，项目治理模式下的科层管理体制，让职业学校组织的发展沿着科层制度的路径，呈现出一种国家主义的发展模式。

  国家主导对职业学校的外力推动实现了中国职业教育的跨越式的发展，但是由于历史原因和现实因素，职业学校本身积贫积弱的现象严重。学校制度和学科制度是从西方的舶来品，西方的职业教育和学校制度发展是具有历史积淀性的，学校的组织自主性较强，是产业发展与行会学徒制涵养下的职业学校模式，它是根据社会不同利益集团的博弈形成的技能制度。而中国职业教育制度和组织一直都是政府主导的，遵命国家主义发展模式。从职业教育学制演变的历史看，早期，实业教育建立了一批新式学校，这是早期职业教育的学校制度。1949 年后，中国参考苏联模式建立了中专和技校制度，80 年代开始引入了德国双元制的职业教育模式，并开始建立高职院校体系。在学习引进国外职业教育制度模式的时候，我们应该反思职业学校制度形成的宏观社会制度背景的差异。国外成熟的职业学校制度发展于行会学徒制，具有深厚的产业基础。而中国职业学校制度是国家主导建立的，当时洋务运动之后实业和民族工商业虽然有一定程度的发展，但产业基础还比较薄弱，学徒制和职业学校制度没有相应的产业、制度和组织的历史传承性。中国职业教育和组织的发展经历了政府主导，市场化改革的放松和政府统筹式的发展阶段，其要处理的核心问题是历史传统、制度土壤、治理和管理模式、产教关系的问题。

  在不同历史阶段，中国职业学校在管理体制、组织形态、人才培养方面有不同的模式，而 1998 年是改革开放以来中国职业教育发展的一个分水岭，2002 年开始国家开始重视职业教育的发展，2004 年将职业教育放入战略地位，2006 年开始示范校建设项目，逐渐形成了国家现代职业教育体系的框架，在学校体系上形成中职学校、高职学校和职业技术大学学校的结构。政策目标将聚焦在体系建设和产教融合上。对案例学校的组织演变的研究，可以完整呈现出中国职业教育 30 多年的历史变迁过程，包含理念、政策、制度、组织、人才等层面的改变。中国职业教育理念和组织发展模式是相互关联的，学校组织理念受到国家、市场、学术、社会和个人的影响，它体现了学校组织决策者如何看待职业教育、组织发展模式和人才培养方案等方面的信念。职业教育组织学的研究揭示的是在技能形成制度转型下，学校组织如何承担技能人才培养的历史使命。作为技术技能人才培养的主体，在市场化转型下，职业学校的组织变迁过程正可以印证中国职业技术大学制度是如何形成和实现的，以及剖析这种职业技术大学制度发育和生产对技术技能型人才培养的社会后果。

该研究对理解当下中国职业教育和技能人才培养过程具有现实意义。文章考察了技能型教育组织历史转型的三个阶段：中职学校、高职院校、职业技术大学。在国家技能形成制度转型阶段，职业教育是国家制造业转型升级、产业技术技能传承的重要人才培养机制，它连接了经济技术发展、劳动力再生产和社会保护等社会性要素。产业升级发展要求技能劳动力培养方式的转型，对中国技能形成制度、技能培养组织目标、知识类型、知识更新速度、技能人才的劳动过程形成新的要求。它需要技能教育组织适应市场需求，不断调整组织目标，适应灵活多变的市场化需要和产业结构变动。对国家职业教育理念的历史性梳理可以为教育主管部门制定职业教育政策提供依据，有助于国家产业和教育主管部门改善教育治理模式，优化中央与地方教育行政组织间关系，改善职业教育组织内部治理结构，推动人才培养模式改革，设计满足国家产业发展战略的人才培养制度。

在国家职业技术大学制度建立的阶段，我们应该反思中国职业学校组织的发展路径。如果在职业学校大学化的过程中，职业教育理念、制度和实践在组织升级过程不断淡化职业性色彩，远离了对教育中"人"的关注，那么，职教本科院校或者职业技术大学的建立和发展对技能型人才的培养的意义又在哪里呢？如果职业学校教育淡化了职业性和技能型，仅仅成为一种根据文凭等级的社会分层机制，那么学校教育给技能型劳动力带来什么呢？教育真的能够进行人力资本增值吗？职业教育真的可以改善人的生活吗？国家而对社会不同阶层的控制和流动重要的手段，就是建立庞大的学校系统，学校在垂直系统方面不断延伸，分为不同的等级。随着系统的复杂化加强，学习什么已经不再重要，而是属于哪种类型和等级的教育。特定的等级学位和正式文凭是进入下一个阶段必备的要素，这种文化通货越来越具有自主性。高等教育大众化给教育组织带来的变革是巨型的教育系统的产生，大学组织的发展是为了获得学位的认证，这反而降低了学位的价值，它建立了专业领域和技术飞地，实现了科层制的官僚职位的分工。随着学校规模的扩大，学校学生和管理人员数量变大，出现了官僚制的组织形式，学校组织定位转型为升学教育。初等教育渐渐脱离职业关联，成为升学教育，为高等教育扩张奠定基础。如果学校唯一的武器是发放文凭的权力，大学的成功变成在地位上的信誉力，而不是因为其在培训能力上的效率，那么，职业学校真的会成为一种文凭社会中不合理的社会分层机制。

该研究还有进一步拓展的空间，可以继续开启对中国技能形成制度下的职业学校组织演变的区域化研究，以及组织的演变机制对技能人才培养的社会后果的研究。

（一）社会学的理论框架对职业教育的研究一直具有二元格局的取向，在宏观制度层面关注宏观制度环境转型和技能形成体制匹配性的问题，在微观个体层面关注劳动者的人力资本投资和群体亚文化。学界对职业学校组织的研究没有体现其主体性和能动性的角色。本书以历史性视角对中国职业学校组织变迁的研究或许能够为技能形成和职业教育研究提供一定的启示：组织教育信念的建构和制度实现是中国职业技术大学制度形成和演变的关键。在技能形成制度下对职业教育组织学的研究，以组织历史演变的视角，关注技能型高校制度的社会建构过程，分析组织历史变迁中的信念对制度和组织演变的机制，关注在职业教育的社会机制形成政府、市场和社会力量对职业学校制度的影响。对职业学校组织学的研究应该放置在更广阔的制度和组织的研究视域，关注各种利益相关人对其的作用机制。

（二）遵循着职业教育组织学的研究路径，进一步可以研究这种组织的转型和升级对教学过程的影响。学生和家长作为职业学校重要的内部群体和外部环境，成为促进组织发展的重要力量和组织内涵建设的落脚点。组织的升级和规律发展背后的动力机制是职业教育学术化的理念，那么，它通过影响组织的演变后，最终对中国技能型人才的培养产生什么后果呢？对学校的学生群体和教学培养过程的研究可以揭示学校组织升级过程对校园内学生的亚文化、劳动伦理、技能训练、职业生涯规划等方面的作用。

（三）对职业教育组织的研究还需要关注校企结合关系的变化，如中国校企结合关系的研究视角。校企合作和产教融合关系是区域职业教育发展的重要研究方向。职业学校组织的发展模式在一定程度上取决于区域产教融合的制度安排。区域的产业发展形态、地方政府治理模式、地方政商关系，公共服务资源的分担机制等，这些因素往往形塑了职业学校的发展模式。作为区域技能形成制度和产业升级创新的重要教育组织，在区域发展视域下才能更好地理解整体中国职业教育的发展态势。进一步可以研究不同区域的职业学校发展类型，通过类型比较研究归纳出区域职业教育模式特点。在职业学校市场化的发展路径下，其所处区域的经济、政治和社会文化具有不同特征，市场模式和国家主义模式具有不同的类型特点。这种分类特征包含产教融合关系、组织形态演变机制、央地关系和职业教育治理格局、区域政商关系与产教关系等。

参考文献

中文部分

车如山、邢曙：《中国建设一流大学的历程及展望——基于国家历次高等教育重大战略举措的分析》，《兰州大学学报》（社会科学版）2017年第4期。

陈宝华：《挑战与机遇：中国高职院校发展路径的选择》，《继续教育》2017年第10期。

陈刚、马扬、李俊：《中国高等教育大众化发展现状与对策研究》，《科技进步与对策》2003年第13期。

陈家建、张琼文、胡俞：《项目制与政府间权责关系演变：机制及其影响》，《社会》2015年第5期。

陈良雨：《高等教育治理主体间非对称性依赖关系研究——基于高等教育治理现代化的视角》，《内蒙古社会科学（汉文版）》2017年第1期。

陈学飞：《理想导向型的政策制定——"985工程"政策过程分析》，《北京大学教育评论》2006年第5期。

陈学军：《新制度主义组织社会学视野下的教育组织研究》，《比较教育研究》2008年第7期。

陈学恂、田正平：《中国教育史研究·近代分卷》，华东师范大学出版社2009年版。

储朝晖：《中国大学精神的历史与省思》，山西教育出版社2010年版。

崔铁刚：《中国中高等职业教育衔接的回顾与展望》，《教育与职业》2012年第15期。

费孝通：《江村经济：中国农民的生活》，商务印书馆2001年版。

费孝通：《乡土中国·生育制度·乡土重建》，商务印书馆 2015 年版。

傅春晖、渠敬东：《单位制与师徒制——总体体制下企业组织的微观治理机制》，《社会发展研究》2015 年第 2 期。

高柏：《中国经济发展模式转型与经济社会学制度学派》，《社会学研究》2018 南第 4 期。

关晶、石伟平：《现代学徒制之"现代性"辨析》，《职教论坛》2015 年第 10 期。

郭建如：《从大学与校办企业关系的演变看大学的社会型塑：体系再生产的视角》，《北京大学教育评论》2003 年第 4 期。

郭建如：《地方本科高校转型发展中的核心问题探析》，《黄河科技大学学报》2017 年第 1 期。

郭建如：《一流应用型本科高校建设刍议》，《北京教育（高教）》2018 年第 10 期。

郭建如、吴红斌：《地方本科院校转型与人才培养模式变革》，《中国高教研究》2017 南第 11 期。

郭建如、周志光：《高职示范校的组织学习、组织防卫与纠错能力——基于高职示范校 C 校的案例研究》，《高校教育管理》2018 年第 2 期。

国家教育委员会职业技术教育司：《中国职业技术教育简史》，北京师范大学出版社 1994 年版。

国务院：《国家教育事业发展"十三五"规划》，2017 年 1 月，教育部网站（http：//www. moe. gov. cn/jyb_ xxgk/moe_ 1777/moe_ 1778/201701/t20170119_ 295319. html）。

国务院：《国务院关于大力发展职业技术教育的决定》，2008 年 3 月，中国政府网（http：//www. gov. cn/zhengce/content/2008 - 03/28/content_ 5549. htm）。

国务院：《国务院关于大力推进职业教育改革与发展的决定》，2002 年 8 月，中国政府网（http：//www. gov. cn/gongbao/content/2002/content_ 61755. htm）。

国务院：《国务院关于加快发展现代职业教育的决定》，2014 年 6 月，国务院新闻办公室网（http：//www. scio. gov. cn/ztk/xwfb/2014/gxbjhzyjyg-gyfzqkxwfbh/xgbd31088/Document/1373573/1373573_ 1. htm）。

韩耀东:《学徒制改革的现状与对策分析》,《职业教育研究》1997 年第 7 期。

和震:《中国职业教育政策三十年回顾》,《教育发展研究》2009 年第 3 期。

胡永:《论中国高等职业教育政策的得与失》,《黑龙江教育》(高教研究与评估)2006 年第 5 期。

黄宗智、龚为纲、高原:《"项目制"的运作机制和效果是"合理化"吗?》,《开放时代》2014 年第 5 期。

姜大源:《成功的故事、孕育成功的思想——写给南京高职校"双元制的中国道路》,《江苏教育》(职业教育版)2012 年第 9 期。

姜大源:《德国"双元制"职业教育再解读》,《中国职业技术教育》2013 年第 33 期。

姜大源:《职业教育学位设置:文本分析与模式识别——基于比较视野的职教法律法规相关条款的释解》,《中国职业技术教育》2020 年第 16 期。

姜大源:《中德职业教育合作 30 年大事记》,《中国职业技术教育》2009 年第 35 期。

姜蕙:《顺德现代职业教育发展研究》,华南理工大学出版社 2012 年版。

教育部:《2003—2007 年教育振兴行动计划》,2004 年 2 月,教育部网站(http://old.moe.gov.cn/publicfiles/business/htmlfiles/moe/moe_177/200407/2488.html)。

教育部:《2005 年全国高校经费收入情况统计》,2016 年 11 月(http://www.moe.gov.cn/jyb_xxgk/xxgk/neirong/tongji/xinxi/jytj_jftjgg/)。

教育部:《2015 年全国教育事业发展统计公报》,2016 年 7 月,教育部网站(http://www.moe.gov.cn/srcsite/A03/s180/moe_633/201607/t20160706_270976.html)。

教育部:《高等职业教育创新发展行动计划(2015—2018 年)》,2015 年 10 月,教育部网站(http://www.moe.gov.cn/srcsite/A07/moe_737/s3876_cxfz/201511/t20151102_216985.html)。

教育部:《高等职业学校、高等专科学校和成人高等学校教学管理要点》,2002 年。

教育部：《高等职业学校设置标准（暂行）》，2000年3月，教育部网（http://www.moe.gov.cn/s78/A07/zcs_left/moe_737/tnull_736.html）。

教育部：《关于大力推进职业教育改革与发展的决定》，2002年8月，中国政府网（http://www.gov.cn/gongbao/content/2002/content_61755.htm）。

教育部：《关于以就业为导向，深化高等职业教育改革的若干意见》，2004年4月，教育部网站（http://old.moe.gov.cn//publicfiles/business/htmlfiles/moe/moe_737/201001/xxgk_79654.html）。

教育部：《教育部关于全面提高高等职业教育教学质量的若干意见》，2006年11月，教育部网站（http://old.moe.gov.cn//publicfiles/business/htmlfiles/moe/moe_737/201001/xxgk_79649.html）。

教育部：《面向21世纪教育振兴行动计划》，1998年12月（http://www.moe.gov.cn/jyb_sjzl/moe_177/tnull_2487.html）。

教育部：《面向21世纪教育振兴行动计划》，1998年。

教育部：《中共中央国务院关于深化教育改革，全面推进素质教育的决定》，1999年6月（http://www.moe.gov.cn/jyb_sjzl/moe_177/tnull_2478.html）。

教育部：《中国教育统计年鉴》（1998、2006、2015），2016年7月（http://www.moe.gov.cn/jyb_sjzl/sjzl_fztjgb/）。

教育部、财政部：《关于实施国家示范性高等职业院校建设计划加快高等职业教育改革与发展的意见》，2006年11月，教育部网站（http://old.moe.gov.cn//publicfiles/business/htmlfiles/moe/s3876/201010/109734.html）。

教育部、国家劳动总局：《关于中等教育结构改革的报告》，1980年10月。

教育部等六部门：《现代职业教育体系建设规划（2014—2020）》，2014年6月，教育部网站（http://old.moe.gov.cn//publicfiles/business/htmlfiles/moe/s8159/201406/170737.html）。

教育部等七部门：《关于进一步加强职业教育工作的若干意见》，2004年9月，教育部网站（http://www.moe.gov.cn/srcsite/A07/moe_737/s3876_qt/200409/t20040914_181883.html）。

柯政:《学校变革困难的新制度主义解释》,《北京大学教育评论》2007 年第 1 期。

李超:《德国职业教育历史源起与勃兴——以 19 世纪为考察对象》,《黑龙江高教研究》2016 年第 12 期。

李福华:《从单位制到项目制:中国高等教育重点建设的战略转型》,《高等教育研究》2014 年第 2 期。

李汉林、渠敬东、夏传玲:《组织和制度变迁的社会过程》,《中国社会科学》2005 年第 1 期。

李俊:《利益协调与权力均衡——论多元主体参与下的职业教育治理》,《教育理论与实践》2014 年第 27 期。

李俊:《论职业教育中的利益与权利均衡——浅析职业教育现代化的社会维度》,《清华大学教育研究》2013 年第 2 期。

李连江、张静、刘守英等:《中国社会治理变革及前沿——中国基层社会治理的变迁与脉络——李连江、张静、刘守英、应星对话录》,《中国社会科学评价》2018 年第 3 期。

李守信:《中国高等学校扩招启示录》,《中国高等教育》2001 年第 18 期。

李为民:《文凭的花环与文化的荆棘——柯林斯〈文凭社会:教育与阶层化的历史社会学〉评价》,《内蒙古教育》2010 年第 21 期。

李玉珠:《中国产教融合发展的制度环境及优化研究》,《职教论坛》2018 年第 8 期。

廖承琳、吴洪成:《近代中国学制演变与职业教育发展》,《西南大学学报》(社会科学版)2004 年第 2 期。

林丹:《教育政策失真的假象与真相》,《教学与管理(中学版)》2004 年第 6 期。

刘明兴:《中国农村财政体制改革与基层治理结构变迁》,人民日报出版社 2013 年版。

刘明兴、田志磊、王蓉:《中职教育,如何突破现实之困》,《基础教育论坛》2014 年第 10 期。

刘争先:《国家建构视域下的教育失败与教育治理》,《四川师范大学学报》(社会科学版)2017 年第 2 期。

卢晖临、李雪:《如何走出个案——从个案研究到扩展个案研究》,《中国社会科学》2007 年第 1 期。

吕玉曼、徐国庆：《改革开放以来中国职业教育政策的演变——基于宏观社会经济政策的视角》，《职教论坛》2016 年第 34 期。

罗燕：《大学排名：一种高等教育市场指引制度的构建——新制度主义社会学的分析》，《江苏高教》2006 年第 2 期。

孟景舟：《职业教育关键问题的十大反思》，《职教论坛》2020 年第 1 期。

祁海芹：《冷静看待中等职业教育升学问题》，《职业技术教育研究》2006 年第 3 期。

邱均平、赵蓉英、马瑞敏：《世界大学科研竞争力评价的意义、理念与实践》，《科技进步与对策》2006 年第 5 期。

渠敬东：《项目制：一种新的国家治理体制》，《中国社会科学》2012 年第 5 期。

渠敬东、傅春晖、闻翔：《组织变革和体制治理：企业中的劳动关系》，中国社会科学出版社 2015 年版。

渠敬东、周飞舟、应星：《总体支配到技术治理——基于中国 30 年改革经验的社会学分析》，《中国社会科学》2009 年第 6 期。

任君庆、王琪：《发展本科层次职业教育：历史考察，现状分析和路径选择》，《职教论坛》2013 年第 4 期。

任中元：《克尔的大学理想：多元化巨型大学观——研读〈大学的功用〉》，《高校教育管理》2010 年第 1 期。

上海市教育科学研究院、麦可思研究院：《中国高等职业教育质量年度报告》，高等教育出版社 2019 年版。

沈文钦：《自由教育与美好生活——施特劳斯学派自由教育观述评》，《北京大学教育评论》2016 年第 1 期。

沈亚平、陈良雨：《现代化视域下中国教育治理体系的重构》，《湖北社会科学》2015 年第 8 期。

施晓光、李俊：《"现代性危机"映射下的大学困境》，《浙江大学学报》（人文社会科学版）2012 年第 5 期。

石伟平：《中国职业教育发展报告 2011》，教育科学出版社 2013 年版。

石伟平、匡瑛：《中国教育改革 40 年：职业教育》，科学出版社 2018 年版。

史普原：《科层为体、项目为用：一个中央项目运作的组织探讨》，《社会》2015年第5期。

史普原：《政府组织间的权责配置——兼论"项目制"》，《社会学研究》2016年第2期。

苏熠慧：《对职业教育发展现状的反思》，《中国工人》2014年第7期。

苏熠慧：《双重商品化与学生工的抗争——以F厂为例》，《中国研究》2015年第1期。

苏熠慧：《网络游戏与底层青年亚文化的形成—以C市A校的学生为例》，《社会发展研究》2017年第1期。

孙翠香、庞学光：《中国高等职业教育评估：现状、问题及改进策略》，《河北师范大学学报》（教育科学版）2014年第5期。

孙天华：《大学治理结构中的委托代理问题——当前中国公立大学委托代理关系若干特点分析》，《北京大学教育评论》2004年第2期。

覃文珍：《世界一流大学的成本与收益》，《北京大学教育评论》2004年第1期。

覃壮才：《市场化及其危机——20年来中国职业教育政策发展的基本取向分析》，《比较教育研究》2003年第11期。

田志磊、李俊、朱俊：《论职业教育产教融合的治理之道》，《中国职业技术教育》2019年第15期。

田志磊、杨龙见、袁连生：《职责同构、公共教育属性与政府支出偏向——再议中国式分权和地方教育支出》，《北京大学教育评论》2015年第4期。

田志磊、赵晓堃、张东辉：《改革开放四十年职业教育财政回顾与展望》，《教育经济评论》2018年第6期。

王鹤鹏、靳光盈：《德国"双元制"职业教育模式对中国发展现代学徒制的启示》，《现代职业教育》2016年第21期。

王慧兰：《全球化话语与教育》，《北京大学教育评论》2006年第4期。

王连森、王秀成：《排名、声誉及大学应有的反应》，《教育科学文摘》2015年第3期。

王蓉：《关于"中国特色一流大学"的思考：财政的视角》，《教育经济评论》2016年第1期。

王蓉：《中国教育财政政策咨询报告》，教育科学出版社2011年版。

王蓉、杨建芳：《中国地方政府教育财政支出行为实证研究》，《北京大学学报》（哲学社会科学版）2008年第4期。

王晓辉：《关于教育治理的理论构思》，《北京师范大学学报》（社会科学版）2017年第4期。

王星：《技能形成的社会建构：德国学徒制现代化转型的社会学分析》，《社会》2015年第1期。

王星：《技能形成的社会建构：中国工厂学徒制变迁历程的社会学分析》，社会科学文献出版社2014年版。

王星：《劳工品质、劳动保护与跨国资本空间转移——基于中印两国的比较研究》，《浙江社会科学》2012年第1期。

王星：《制度优化促本土技能形成》，2017年5月，中国社会科学网（http://orig.cssn.cn/sf/bwsf_sh/201705/t20170517_3522096.shtml）。

王雅静：《高职院校组织策略中的"虚"与"实"——一个新制度主义分析框架》，《职教论坛》2019年第5期。

王雅静：《中国技能劳动力培养及其职业学校重建——社会学的理论框架和方法》，《教育学术月刊》2018年第4期。

王雨磊：《数字下乡：农村精准扶贫中的技术治理》，《社会学研究》2016年第6期。

魏海深：《管办评分离中高等教育协同治理的困境及其突破》，《湖南科技大学学报》（社会科学版）2016年第6期。

武书连：《中国大学排名综述》，《科学学与科学技术管理》2001年第8期。

熊进：《高等教育项目制治理的碎片化及其整体性治理》，《教育科学》2016年第6期。

熊进：《科层制嵌入项目制：大学学术治理的制度审思》，《现代大学教育》2016年第3期。

熊进：《科层制与项目制：高等教育治理"双轨制"的形成研究》，《江苏高教》2016年第6期。

徐国庆：《从分等到分类——职业教育改革发展之路》，华东师范大学出版社2018年版。

许竞：《试论职业教育的制度环境》，《教育与经济》2014年第4期。

杨金土：《职业教育兴衰与新旧教育思想更替——百年职业教育回顾》，《职教论坛》2004年第4期。

杨金土：《中国高职教育形势刍议》，《中国职业技术教育》2003年第26期。

杨钋：《"三限"政策对公立高中择校的影响》，《教育发展研究》2009年第19期。

杨钋：《高校学生资助影响因素的多水平分析》，《教育学报》2009年第6期。

杨钋、刘云波：《省级统筹与高等职业教育的均衡发展》，《北京大学教育评论》2016年第3期。

杨善华：《"项目制"运作方式下中西部农村社会治理的马太效应》，《学术论坛》2017年第1期。

姚荣：《大学治理的"项目制"：成效、限度及其反思》，《江苏高教》2014年第3期。

姚荣：《行政管控与自主变革：中国本科高校转型的制度逻辑》，《中国高教研究》2014年第11期。

姚荣：《制度性利益的重构：高等教育机构"漂移"、趋同与多元的动力机制——基于英国高等教育机构变革的经验》，《教育发展研究》2015年第21期。

姚荣：《中国本科高校转型如何走向制度化——基于组织分析的新制度主义视角》，《教育发展研究》2015年第3期。

殷浩栋、汪三贵、郭子豪：《精准扶贫与基层治理理性——对于A省D县扶贫项目库建设的解构》，《社会学研究》2017年第6期。

游蠡：《学徒制到院校制：19世纪上半叶美国工程教育的大学化进程》，《高等工程教育研究》2019年第3期。

游玉佩、熊进：《单位制与项目制：高等教育资源分配的制度逻辑及反思》，《江苏高教》2017年第2期。

于志晶、刘海、程宇：《从职教大国迈向职教强国——中国职业教育2030研究报告》，《职业技术教育》2016年第6期。

于志晶、刘海、岳金凤：《中国制造2025与技术技能人才培养》，《职业技术教育》2015年第21期。

余祖光：《六城市借鉴德国"双元制"进行职教改革试验的启示（摘要）》，《中国职业技术教育》1995年第2期。

俞启定、和震：《中国职业教育发展史》，高等教育出版社2012年版。

袁广林：《中国公立高校治理结构的改革——新制度经济学的视角》，《清华大学教育研究》2006年第2期。

曾家：《中国高等职业教育政策的演进、问题与调适》，《现代教育管理》2016年第3期。

查吉德：《治理现代化视角下的职业教育政策供给分析》，《河北师范大学学报》（教育科学版）2017年第1期。

张斌贤、李子江：《大学：自由，自治与控制》，北京师范大学出版社2005年版。

张慧洁：《监督、问责：评估与现代大学制度》，《清华大学教育研究》2005年第5期。

张慧洁：《中外大学组织变革》，复旦大学出版社2005年版。

张永宏：《组织社会学的新制度主义学派》，上海人民出版社2007年版。

赵俊芳、姜帆：《中国大学制度研究热点、趋势及理论基础的知识图谱分析》，《高等教育研究》2014年第9期。

赵琳、冯蔚星：《中国职业教育兴衰的制度主义分析——"市场化"制度变迁的考察》，《清华大学教育研究》2003年第6期。

中共中央：《中共中央关于国有企业改革和发展的若干重大问题的决定》，1999年。

中共中央：《中共中央关于教育体制改革的决定》，1985年5月。

中共中央、国务院：《中国教育改革和发展纲要》，1993年。

中国教育发展战略学会：《教育发展战略40年：回顾与展望》，首都师范大学出版社2019年版。

中华人民共和国国家教育委员会计划建设司：《中国教育统计年鉴》（1999），北京人民教育出版社2000年版。

周飞舟：《从汲取型政权到"悬浮型"政权——税费改革对国家与农民关系之影响》，《社会学研究》2006年第3期。

周飞舟：《分税制十年：制度及其影响》，《中国社会科学》2006年第

6期。

周飞舟：《谁为农村教育买单？——税费改革和"以县为主"的教育体制改革》，《北京大学教育评论》2004年第2期。

周黎安：《行政发包的组织边界兼论"官吏分途"与"层级分流"现象》，《社会》2016年第1期。

周雪光：《清华社会学讲义 组织社会学十讲》，社会科学文献出版社2003年版。

周雪光：《权威体制与有效治理：当代中国国家治理的制度逻辑》，《开放时代》2011年第10期。

周雪光：《项目制：一个"控制权"理论视角》，《开放时代》2015年第2期。

周雪光、艾云：《多重逻辑下的制度变迁：一个分析框架》，《中国社会科学》2010年第4期。

朱俊、田志磊：《从初始产权到混合所有：职业院校校企合作的制度变迁——一个基于新制度经济学的分析框架》，《中国职业技术教育》2015年第30期。

朱立凡：《时代变迁的缩影：国有工厂内的"师徒制"》，《中国校外教育》2015年第12期。

［德］安德烈·沃尔特、李超：《从职业教育到学术教育——德国关于"学术化"的辩论》，《北京大学教育评论》2018年第2期。

［法］爱弥尔·涂尔干：《教育思想的演进》，上海人民出版社2006年版。

［法］布迪厄：《国家精英：名牌大学与群体精神》，商务印书馆2004年版。

［加］范德格拉夫（VandeGraaff）：《学术权力：七国高等教育管理体制比较》，王承绪等译，浙江教育出版社2001年第2版。

［美］M.卡诺依：《教育经济学国际百科全书》，高等教育出版社2000年版。

［美］W.理查德·斯科特、杰拉尔德·F.戴维斯：《组织理论：理性、自然与开放系统的视角》，高俊山译，中国人民大学出版社2011年版。

［美］阿弗纳·格雷夫、韩福国：《自我执行的制度：比较历史制度分析（上）》，《经济社会体制比较》2008年第2期。

［美］奥尔森：《国家的兴衰》，李增刚译，上海人民出版社2007年版。

［美］鲍威尔：《组织分析的新制度主义》，上海人民出版社2008年版。

［美］布卢姆：《走向封闭的美国精神》，缪青、宋丽娜译，中国社会科学出版社1994年版。

［美］道格拉斯·C. 诺思：《经济史中的结构与变迁》，上海三联书店1991年版。

［美］道格拉斯·C. 诺思：《制度、制度变迁与经济绩效》，杭行译，上海三联书店2014年版。

［美］凯瑟琳·西伦：《制度是如何演化的：德国、英国、美国和日本的技能政治经济学》，上海人民出版社2010年版。

［美］柯林斯：《文凭社会》，桂冠图书股份有限公司1998年版。

［美］马丁·特罗、徐丹、连进军等：《从精英到大众再到普及高等教育的反思：二战后现代社会高等教育的形态与阶段》，《大学教育科学》2009年第3期。

［美］沃尔特·W. 鲍威尔、保罗·J. 迪马吉奥：《组织分析的新制度主义》，姚伟译，上海人民出版社2008年版。

［英］W. 约翰·摩根、申超：《伦理学、经济学与高等教育——作为一种公共物品的大学》，《北京大学教育评论》2013年第2期。

［英］弗里德利希·冯·哈耶克著：《自由秩序原理：下》，邓正来译，生活·读书·新知三联书店1997年版。

［英］吉登斯·A.：《现代性的后果》，田禾译，译林出版社2000年版。

英文部分

Becker G S., *Human capital theory*. Columbia Press, New York, 1964.

Berger, Peter L. and Luckmann T., "The Social Construction of Reality: A Treatise in the Sociology of Knowlege", *Sociological Analysis*, Vol. 28. No. 1, 1966.

Bowles S. and Gintis H., *Schooling in capitalist America*, New York: Basic Books, 1976.

Bromley P. and Meyer J. W., *Hyper-organization: Global Organizational Expan-*

sion, Oxford University Press, 2015.

Campbell J. L. , *Institutional change and globalization*, Princeton University Press, 2004.

Chubb, John E. and T. M. Moe, "Politics, Markets and America's Schools", *Social Service Review*, vol. 12, No. 3, 1990.

Freeman, Technology and Economic Performance: Lessons from Japan, *Printer Publish*, 1997.

Ling M. , Bad Students Go to Vocational Schools! Education, Social Reproduction and Migrant Youth in Urban China, *The China Journal*, Vol. 73, 2015.

Meyer J. W. , "The Effects of Education As an Institution", *American Journal of Sociology*, 1977.

Meyer J. W. and Rowan G. , "Institutionalized Organizations: Formal Structure As Myth and Ceremony", *The American Journal of Sociology*, 1977.

Meyer J. W. and Scott W. R, *Organizational Environments: Ritual and Rationality*, Sage Publications, 1992.

North D. C. , *Institutions, institutional change and economic performance*, Cambridge university press, 1990.

Pierson P. and Skocpol T. , "Historical Institutionalism in Contemporary Political Science", *Political ence State of the Dipline*, 2002.

Powell W. and DiMaggio P. J. , *The New Institutionalism in Organizational Analysis*, University of Chicago Press, 2012.

Travers M. , "Qualitative Research through Case Studies", *Journal of Advanced Nursing*, Vol. 41, No. 5, 2001.

Woronov T E. , "Learning to serve: Urban youth, vocational schools and new class formations in China", *The China Journal*, Vol. 66, 2011.

Woronov. T. E. , *Class Work-vocational schools and China's Youth*, Stanford University Press, 2016.